國家古籍整理出版專項經費資助項目

李贄全集續編

張建業 主編

李温陵集

張建業 整理 韓喬治 校訂

首都師範大學出版社

圖書在版編目(CIP)數據

李贄全集續編．李温陵集/(明)李贄著；張建業整理、主編．—北京：首都師範大學出版社，2019.10

ISBN 978-7-5656-5177-9

Ⅰ.①李… Ⅱ.①李… ②張… Ⅲ.①李贄(1527-1602)—文集 ②古典哲學—中國—明代—文集 Ⅳ.①B248.915-53

中國版本圖書館CIP數據核字(2019)第155185號

李贄全集續編/張建業 主編

李温陵集

張建業 整理 韓喬治 校訂

項目統籌 楊林玉 責任編輯 韓喬治 楊林玉

責任印製 李春雷 封面設計 王征發

首都師範大學出版社出版發行

地 址 北京西三環北路105號

郵 編 100048

電 話 68418523(總編室) 68982468(發行部)

網 址 http://cnupn.cnu.edu.cn

印 刷 中煤(北京)印務有限公司

經 銷 全國新華書店

版 次 2019年10第1版

印 次 2019年10月第1次印刷

開 本 710mm×1000mm 1/16

印 張 24.75

字 數 320千

定 價 98.00元

前言

二〇〇〇年，由我主編的《李贄文集》七卷本由社會科學文獻出版社出版。李贄的著作在明清兩代一再遭到禁毀，雖然有學者編輯了《李溫陵集》《李氏全書》等，但這些叢書實際上衹收録了李贄部分著作。《李贄文集》則在此基礎上又收録了李贄其他著作，包括人們很少見到的《九正易因》《孫子參同》。而後，我又陸續收集到《讀升庵集》《因果録》《雅笑》等。在收集整理這些著作時，我發現從無人對李贄的著作進行過箋注。因此，一九九六年我與一些學人組建了《李贄全集注》課題組。該課題當年就被確立為國家古籍整理出版規劃『九五』重點項目，同時被全國高等院校古籍整理研究工作委員會確立為資助項目。課題組在注釋工作中，根據經、史、子、集以及各種方志、筆記、雜著等，搜索勾稽，對相關内容盡力予以注解。同時，對所依之書，對李贄研究中的一些誤説以及李贄著作本身的誤書，也進行了細心考核與查對。《李贄全集注》獲二〇一〇年度全國優秀古籍圖書一等獎。

《李贄全集注》是第一次對李贄著作的系統整理與箋注，但當時由於種種原因，李贄著作中的一些孤本、珍本没能收集到手，成為一大遺憾。為了彌補這一遺憾，我們又對《李贄全集注》中没有收録的重要作品進行了收集與整理，就成了這套《李贄全集續編》。本叢書包括《李温陵集》《讀升庵集》《山中一夕話》《易因》《枕中十書》《陽明先生道學鈔》《坡仙集》《龍谿王先生語録鈔》《疑耀》《荔鏡記》。對後兩種作品，歷來存在着不同看法，有人認為是李贄所著，有人認為是託名李贄的偽作。我們經審慎的核查，認為這兩本書均為僞作。但既有不同意見，對之加以整理，以待後人考核也是必要的。

這套《李贄全集續編》，依古籍整理的要求和體式，繁體豎排，以保存原作的文獻面目。古籍整理，極為複雜，李贄的一些著作又多為孤本，其校勘標點都有一定的難度。我們盡力而為，以保編纂標準的一致、校勘標準的統一和規範。但整理成員多位，加之資質的不足，雖勤苦不懈，仍難免存在不當與謬誤，切望方家給予教正。該課題曾得到原新聞出版署與中共福建南安市委宣傳部的資助，特表謝意。首都師範大學出版社負責這套叢書編輯的楊林玉、來曉宇、韓喬治和錢浩同志，查核原作，多方求證，認真負責，極盡心力，深為感謝。

張建業

二〇一九年一月

於首都師範大學

目録

李温陵集卷之六……八五

李温陵集卷之七……一〇四

李温陵集卷之八……一二〇

李温陵集卷之九……一三七

李温陵集卷之十……一五二

李温陵集卷之十一

李温陵集卷之十二

提要

李贄的詩文集主要有《焚書》《續焚書》，《續焚書》是李贄逝世後由其弟子汪鼎甫收集李贄的遺文編輯而成，萬曆四十六年（公元一六一八年）由新安海陽汪氏虹玉齋刻印。《焚書》在李贄生前已經刻印，並有多種刻本流傳。有學者認爲現存《焚書》已非李贄原刻本，而是經過後人增補删改之作。此論是否成立，還需進一步研究。由以上情況看，李贄的詩文集保存至今的最早刻本當爲萬曆間海虞顧大韶（字仲恭）刊刻的《李温陵集》了。《福建通志·藝文志·李温陵集》説該書的内容是「一至十三卷爲書答、雜述，即《焚書》也；十四卷至十七卷爲讀史，即摘録《藏書》史論也；十八、十九兩卷爲道古録，即《説書》也；第二十卷則以所爲詩終焉。」《李温陵集》又名《李氏文集》，泉州蘇大山《紅蘭館藏書目》有《温陵李氏文集》十八卷，明刻本。此次整理以顧大韶刊本爲底本，並參照其他版本作以校訂。

李温陵自序

自有書四種：一曰《藏書》，上下數千年是非，未易肉眼視也，故欲藏之，言當藏於山中以待後世子雲也。一曰《焚書》，則答知己書問，所言頗切近世學者膏肓，既中其痼疾，則必欲殺我矣，故欲焚，言當焚而棄之，不可留也。《焚書》之後又有别録，名爲《老苦》，雖同是《焚書》，而另爲卷目，則欲焚者焚此矣。獨《説書》四十四篇，真爲可喜，發聖言之精蘊，闡日用之平常，可使讀者一過目便知入聖之無難，出世之非假也。信如傳注，則是欲入而閉之門，非以誘人，實以絶人矣，烏乎可？其爲説，原于看朋友作時文，故《説書》亦佑時文，然不佑者故多也。

今既刻《説書》，故再《焚書》亦刻，再《藏書》中一二論著亦刻，焚者不複焚，藏者不複藏矣。或曰：「誠如是，不宜複名《焚書》也，不幾於名之不可言，言之不顧行乎？」噫噫！予安能知，子又安能知。夫欲焚者，謂其逆人之耳也；欲刻者，謂其入人之心也。逆耳者必殺，是可懼也。然予年六十四矣，倘一入人之心，則知我者或庶幾乎！予幸其庶幾也，故刻之。卓吾老子題湖上之聚佛樓

李温陵集卷之一

海虞後學顧大韶仲恭校

書答

答周西巖

天下無一人不生知，無一物不生知，亦無一刻不生知者，但自不知耳，然又未嘗不可使之知也。惟是土木瓦石不可使知者，以其無情，難告語也；賢知愚不肖不可使知者，以其有情，難告語也。除是二種，則雖牛馬驢駝等，當其深愁痛苦之時，無不可告以生知，語以佛乘也。

據渠見處，恰似有人生知，又有人不生知。生知者便是佛，非生知者未便是佛。我不識渠半生以前所作所爲，皆是誰主張乎？不幾于日用而不知乎？不知尚可，更自謂目前不敢冒認作佛。既目前無佛，他日又安得有佛也？若他日作佛時，佛方真有，則今日不作佛時，佛又何處去也？或有或無，自是識心分別，妄爲有無，非汝佛有有有無也明矣。

且既自謂不能成佛矣，亦可自謂此生不能成人乎？吾不知何以自立于天地之間也。既無以自立，則無以自安，無以自安，則在家無以安家，在鄉無以安鄉，在朝廷無以安朝廷。又不知何以度日，何以面于人也。吾恐縱謙讓，决不肯自謂我不成人也審矣。

即成人矣，又何佛不成，而更等待他日乎？天下寧有人外之佛，佛外之人乎？若必待仕宦婚嫁事畢然後學佛，則成佛必待無事，是事有礙于佛也；有事未得作佛，是佛無益于事也。佛無益于事，成佛何爲乎？事有礙于佛，佛亦不中用矣，豈不深可笑哉？纔等待，便千萬億劫，可畏也夫！

答李如真

弟學佛人也，異端者流，聖門之所深闢。弟是以於孔氏之徒不敢輕易請教者，非一日矣。非恐其闢己也，謂其志不在于性命，恐其術業不同，未必能開我之眼，愈我之疾。我年衰老，又未敢汎汎然爲無益之請，以虚度此有限時光，非敢忘舊日親故之恩，如兄所云「親者無失其爲親，故者無失其爲故」之云也。念弟非薄人也，自己學問未曾明白，雖承朋友接引之恩，切欲報之而其道無繇，非能報之而不爲之報也。

承兄遠教，感切難言。第弟禪學也，路徑不同，可如之何！且如「親民」之旨，「無惡」之旨，種種「不厭」「不倦」之旨，非不親切可聽，的的可行。但念弟至今德尚未明，安能作親民事乎？學尚未知所止，安敢自謂我不厭乎？既未能不厭，又安能爲不倦事乎？切恐知學則自能不厭，如饑者之食必不厭飽，寒者之衣必不厭多。今于生死性命尚未如饑寒之甚，雖欲不厭，又可能耶？若不知學，而但取「不厭」者以爲題目工夫，則恐學未幾而厭自隨之矣。欲能如顔子之好學，得歟？欲如夫子之忘食忘憂，不知老之將至，又可得歟？况望其能不倦也乎哉？此蓋或侗老足以當之，若弟則不敢以此自足而必欲人人同宗此學脈也。何也？未能知學之故也，未能自明己德故也，未能成己、立己、盡己之性故也。惟德有未明，故凡能明我者則親之；其不如己者，不敢親也；便佞者、善柔者皆我之損，不敢親也。既不敢親，則惡我者從生焉，我惡之者亦從生焉，亦自然之理耳。譬如父之於子然，子之賢不肖雖各不同，然爲父者未嘗不親之也，未嘗有惡之之心也。何也？父既有子，則田宅財帛欲將有托，功名事業欲將有寄，種種自大父來者，今皆於子乎授之，安能不以子爲念也？今者自身朝餐未知何給，暮宿未知何處，寒衣未審誰授，日夕竊竊焉唯恐失所尚，無心于得子，又安知有子而欲付托此等事乎？正弟之謂也。此弟於侗老之言不敢遽聆者以此也。弟非薄於故舊之人也，雖欲厚之而其道固無從也。吁！安得大事遂明，輪迴永斷，從此一聽長者之教，一意「親民」而宗「不厭」「不倦」學脈乎！

且兄祗欲爲仁，不務識仁，又似于孔門明德致知之教遠矣；今又專向文學之場，精研音釋等事，似又以爲仁爲第二義矣。雜學如此，故弟猶不知所請教也，非薄之謂也，念兄未必能開弟之眼，愈弟之疾也。大抵兄高明過于前人，德行欲列于顏、閔，文學欲高于遊、夏，政事不數于求、由，此亦惟兄之多能能自兼之，弟惟此一事猶惶惶然，恐終身不得到手也。人之賢不肖懸絶且千萬餘里，真不可概論有如是哉！弟今惟自愧爾矣。

答周若莊

明德本也，親民末也。故曰「物有本末」，又曰「自天子以至于庶人，壹是皆以修身爲本」。苟不明德以修其身，是本亂而求末之治，胡可得也。人之至厚者莫如身，苟不能明德以修身，則「所厚者薄」，無所不薄而謂「所薄者厚」，無是理也。故曰「未之有也」。今之談者，乃舍明德而直言親民，何哉？不幾于舍本而圖末，薄所厚而欲厚所薄乎！意者親民即明德事邪？吾之德既明，然後推其所有者以明明德于天下，此大人成己成物之道所當如是，非謂親民然後可以明吾之明德之謂也！

且明德者吾之所本有，明明德于天下者，亦非强人之所本無。故又示之曰「在止於至善」而已。無善無惡，是謂至善，於此而知所止，則明明德之能事畢矣。由是而推其餘者以及于人，於以親民，不亦易易乎！故終篇更不言民如何親，而但言明德；故不言德如何明，而但曰止至善；不曰善如何止，而但曰知止；不曰止如何知，而直曰格物以致其知而已。所格者何物？所致者何知？蓋格物則自無物，無物則自無知。故既知所止，則所知亦止。苟所知未止，亦未爲知止也。故知止，其所不知斯致矣。予觀《大學》如此詳悉開示，無非以德未易明，止未易知，故又贊之曰：人能知止，則常寂而常定也，至静而無欲也，安安而不遷也，百慮而一致也。今之談者，切己自反，果能常寂而常定乎？至静而無欲乎？安固而不摇乎？百慮而致之一乎？是未可知耳。奈之何遽以知止自許，明德自任，而欲上同於大人親民之學也？然則顔子終身以好學稱，曾子終身以守約名，而竟不敢言及親民事者，果皆非邪？果皆偏而不全之學邪？

世固有終其身覓師友，親近善知識，而卒不得收寧止之功者，亦多有之，况未嘗一日親近善知識而遂以善知識自任，可乎？

與焦弱侯

人猶水也，豪傑猶巨魚也。欲求巨魚，必須異水；欲求豪傑，必須異人。此的然之理也。今夫井，非不清潔也，味非不甘美也，日用飲食非不切切於人，若不可缺以旦夕也。然持任公之釣者，則未嘗井焉之之矣，何也？以井不生魚也。欲求三寸之魚亦了不可得矣。

今夫海，未嘗清潔也，未嘗甘旨也。然非萬斛之舟不可入，非生長于海者不可以履于海。蓋能活人，亦能殺人；能富人，亦能貧人。其不可恃之以爲安，倚之以爲常也明矣。然而鯤鵬化焉，蛟龍藏焉，萬寶之都，而吞舟之魚所樂而游遨也。彼但一開口，而百丈風帆並流以入，曾無所於礙，則其腹中固已江、漢若矣。此其爲物，豈豫且之所能制，網罟之所能牽邪？自生自死，自去自來，水族千億，惟有驚怪長太息而已，而況人未之見乎！

予家泉海，海邊人謂予言：「有大魚入港，潮去不得去。呼集數十百人，持刀斧，直上魚背，恣意砍割，連數十百石，是魚猶恬然如故也。俄而潮生，復乘之而去矣。」此猶其小者也。乘潮入港，港可容身，則兹魚亦苦不大也。予有友莫姓者，住雷海之濱，同官滇中，親爲我言：「有大魚如山，初視，猶以爲雲若霧也。中午霧盡收，果見一山在海中，連亘若大行，自東徙西，直至半月日乃休。」則是魚也，其長又奚啻三千餘里者哉！

嗟乎！豪傑之士，亦若此焉爾矣。今若索豪士于千鄉人皆好之中，是猶釣魚於井也，胡可得也！則其人可謂智者歟？何也？豪傑之士決非鄉人之所好，而鄉人之中亦決不生豪傑。古今賢聖皆豪傑爲之，非豪傑而能爲聖賢者，自古無之矣。今日夜汲汲，欲與天下之豪傑共爲賢聖，而乃索豪傑于鄉人，則非但失卻豪傑，亦且失卻賢聖之路矣。所謂北轅而南其轍，亦又安可得也！吾見其人決非豪傑，亦決非有爲聖賢之真志者。何也？若是真豪傑，決無有不識豪傑之人；若是真志要爲聖賢，決無有不知賢聖之路者。尚安有坐井釣魚之理也！

答鄧石陽

穿衣吃飯，即是人倫物理；除卻穿衣吃飯，無倫物矣。世間種種皆衣與飯類耳，故舉衣與飯而世間種種自然在其中，非衣飯之外更有所謂種種絶與百姓不相同者也。學者只宜于倫物上識真空，不當于倫物上辨倫物。故曰：「明于庶物，察于人倫。」於倫物上加明察，則可以達本而識真源；否則只在倫物上計較忖度，終無自得之日矣。支離、易簡之辨，正在于此。明察得真空，則爲由仁義行；不明察，則爲行仁義，入于支離而不自覺矣。可不慎乎！

昨者復書「真空十六字」，已説得無滲漏矣，今復有注解以請正何如。所謂「空不用空」者，謂是太虚空之性，本非人之所能空也。若人能空之，則不得謂之太虚空矣，有何奇妙而欲學者專以見性爲極則也邪？所謂「終不能空」者，謂若空得一毫人力，便是塞了一分真空，塞了一分真空，便是染了一點塵垢。此一點塵垢便是千劫繫驢之橛，永不能出離矣，可不畏乎！世間蕩平大路，千人共由，萬人共履，我在此，兄亦在此，合邑上下俱在此。若自生分別，則反不如百姓日用矣。幸裁之！

弟老矣，作筆草草，甚非其意。兄倘有志易簡之理，不願虚生此一番，則弟雖吐肝胆之血以相究證，亦所甚願；如依舊横此見解，不復以生死爲念，千萬勿勞賜教也！

又答石陽太守

兄所教者正朱夫子之學，非虞廷精一之學也。精則一，一則不二，不二則平；一則精，精則不疎，不疎則實。如渠老所見甚的確，非虚也，正真實地位也；所造甚平易，非高也，正平等境界也。蓋親得趙老之傳者，雖其東西南北，終身馳逐于外，不免遺棄之病，亦其迹耳，獨不有所以迹者乎？迹則人人殊，有如面然。面則千萬其人，亦千萬其面矣。人果有千萬者乎？渠惟知夫人之無千萬也，是以謂之知本也，是以謂之一也；又知其面之不容不千萬而一聽其自千自萬也，是以謂之至一也，是以謂之大同也。

如其迹，則渠老之不同于大老，亦猶大老之不同于心老，心老之不同于陽明老也。若其人，則安有數老之别哉？知數老之不容分别，此數老之學所以能繼千聖之絶，而同歸于「一以貫之」之旨也。若概其面之不同而遂疑其人之有異，因疑其人之有異而遂疑其學之不同，則過矣！渠正充然滿腹也，而我以畫餅不充疑之；渠正安穩在彼岸也，而我以虚浮無歸宿病之。是急人之急而不自急其急者，故弟亦願兄之加三思也。

使兄之學真以朱子者爲是，而以精一之傳爲非是，則弟更何説乎？若猶有疑于朱子，而尚未究于精一之宗，則兄于此當有不容以已者在。今據我二人論之：兄精切于人倫物理之間，一步不肯放過；我則從容于禮法之外，務以老而自佚。其不同者如此。兄誠静聽而細觀之我二人同乎，不同乎？一乎，不一乎？若以不同看我，以不一看我，誤矣。

但得一，萬事畢，更無有許多物事及虚實高下等見解也。到此則誠意爲真誠意，致知爲真致知，格物爲真格物。説誠意亦可，説致知亦可，説格物亦可。何如？何如？我二人老矣，彼此同心，務共證盟千萬古事業，勿徒爲汎汎會聚也！

答李見羅巡撫

昔在京師時多承諸公接引，而承公接引尤勤。發蒙啓蔽，時或未省，而退實沈思，既久，稍通解耳。師友深恩，永矢不忘，非敢佞也。年來衰老非故矣，每念才弱質單，獨力難就，恐遂爲門下鄙棄，故往往極意參尋，多方選勝，冀或有以贊我者，而詎意學者之病又盡與某相類耶！但知爲人，不知爲己；惟務好名，不肯務實。夫某既如此矣，又復與此人處，是相隨而入於陷穽也。

「無名，天地之始」，誰其能念之乎！以故閉户却掃，怡然獨坐。或時飽後散步涼天，箕踞行遊，出從二三年少，聽彼俚歌，聆此笑語，謔弄片時，亦足供醒脾之用，可以省却枳術丸子矣。及其飽悶已過，清景適可，則仍舊如前鎖門獨坐而讀我書也。其踪跡如此，豈誠避人哉！若樂于避人，則山林而已矣，不城郭而居也，故土而可矣，不以他鄉遊也。公其以我爲誠然否？然則此道也，非果有夕死之大懼，朝聞之真志，聰明蓋世，剛健篤生，卓然不爲千聖所摇奪者，未可遽以與我共學此也。蓋必其人至聰至明，至剛至健，而又逼之以夕死，急之以朝聞，乃能退就實地，不驚不震，安穩而踞坐之耳。區區世名，且視爲浼己也，肯耽之乎？

向時尚有賤累，今皆發回原籍，獨身在耳。太和之遊，未便卜期。年老力艱，非大得所不敢出門户。且山水以人爲重，未有人而千里尋山水者也。閑適之餘，著述頗有，嘗自謂當藏名山，以俟後世子雲。今者有公，則不啻玄晏先生也。計即呈覽，未便以覆酒甕，其如無力繕寫何！

飄然一身，獨往何難。從此東西南北，信無不可，但不肯入公府耳。此一點名心，難終脱却，然亦不須脱却也。世間人以此謂爲學者不少矣。由此觀之，求一真好名者，舉世亦無，則某之閉户又宜矣。近作二首，附便，請正于左。

答焦從吾

承諭，《李氏藏書》，謹抄録一通，耑人呈覽。年來有書三種，惟此一種繫千百年是非，人更八百，簡帙亦繁，計不止二千葉矣。更有一種，專與朋輩往來談佛乘者，名曰《李氏焚書》，大抵多因緣語忿激語，不比尋常套語。恐覽者或生怪憾，故名曰《焚書》，言其當焚而棄之也。見在者百有餘紙，陸續則不可知，今姑未暇録上。又一種則因學士等不明題中大旨，乘便寫數句貽之，積久成帙，名曰《李氏説書》，中間亦甚可觀。如得數年未死，將《語》《孟》逐節發明，亦快人也。惟《藏書》宜閉秘之，而喜其論著稍可，亦欲與知音者一談，是以呈去也。其中人數既多，不盡妥當，則《晉書》《唐書》《宋史》之罪，非予責也。

竊以魏、晉諸人標致殊甚，一經穢筆，反不標致。真英雄子，畫作罷軟漢矣；真風流名世者，畫作俗士；真啖名不濟事客，畫作褒衣大冠，以堂堂巍巍自負，豈不真可笑？耻也哉！因知范曄尚爲人傑，《後漢》尚有可觀。今不敢謂此書諸傳皆已妥當，但以其是非堪爲前人出氣而已，斷斷然不宜與俗士觀之。望兄細細批閲一過，如兄的然以爲無害，則題數句于前，發出弟編次本意可矣，不願他人作半句文字于其間也。何也？今世想未有知卓吾子者也。然此亦惟兄斟酌行之。弟既處遠，勢難遥度，但不至取怒于人，又不至污辱此書，即爲愛我。中間差訛甚多，須細細一番乃可。若論著則不可改易，此吾精神心術所繫，法家傳爰之書，未易言也。

本欲與上人偕往，面承指教，聞白下荒甚，恐途次有儆，稍待麥熟，或可買舟來矣。生平慕西湖佳勝，便于舟航，且去白下密邇。又今世俗子與一切假道學，共以異端目我，我謂不如遂爲異端，免彼等以虚名加我，何如？夫我既已出家矣，特餘此種種耳，又何惜此種種而不以成此名耶！或一會兄而往，或不及會，皆不可知，第早晚有人往白下報曰「西湖上有一白鬚老而無髮者」，必我也夫！必我也夫！從此未涅槃之日，皆以閲藏爲事，不復以儒書爲意也。

前書所云鄧和尚者果何似？第一機即是第二機，月泉和尚以婢爲夫人也。第一機不是第二機，豁渠和尚以爲真有第二月在天上也。此二老宿，果致虚極而守静篤者乎？何也？蓋惟其知實之爲虚，是以虚不極；惟其知動之即静，是以静不篤。此是何等境界，而可以推測擬議之哉！故曰「億則屢中」；非不屢中也，而億焉則其害深矣。夫惟聖人不億，不億故不中，不中則幾焉。何時聚首合并，以與兄共證斯事乎！

潘雪松聞已行取《三經解》，已刻在金華，雪松當必有刻相遺。遺者多，則分我一二部。我於《南華》已無稿矣，當時特爲要删太繁，故于隆寒病中不四五日塗抹之。《老子解》亦以九日成，蓋爲蘇注未愜，故就原本添改數行。《心經提綱》則爲友人寫《心經》畢，尚餘一幅，遂續墨而填之，以還其人。皆草草了事，欲以自娱，不意遂成木災也！若《藏書》則真實可喜。潘新安何如人乎？既已行取，便當居言路作諍臣爲顯官矣，不肖何以受知於此老也。其信我如是，豈真心以我爲可信乎，抑亦從兄口頭來，便相隨順信我也？若不待取給他人口頭便能自著眼睛，索我于牝牡驪黄之外，知卓吾子之爲世外人也，則當今人才，必不能逃于潘氏藻鑑之外，可以稱具眼矣。

答何克齋尚書

某生于閩，長于海，丐食于衛，就學于燕，訪友于白下，質正于四方。自是兩都人物之淵，東南才富之産，陽明先生之徒若孫及臨濟的派、丹陽正脈，但有一言之幾乎道者，皆某所參禮也，不扣盡底藴固不止矣。五十而至滇，非謀道矣，直糊口萬里之外耳。三年而出滇，復寓楚，今又移寓于楚之麻城矣。人今以某爲麻城人，雖某亦自以爲麻城人也。公百福具備，俗之人皆能頌公，某若加一辭，贅矣。故惟道其平生取友者如此。

復丘若泰

丘書云：「僕謂丹陽實病。」柳塘云：「何有于病？且要反身默識。識默耶？識病耶？此時若纖念不起，方寸皆空，當是丹陽，但不得及此境界耳。」柳塘柬附覽，幸教之。

苦海有八，病其一也。既有此身，即有此海；既有此病，即有此苦。丹陽安得而與人異邪？人知病之苦，不知樂之苦——樂者苦之因，樂極則苦生矣。人知病之苦，不知病之樂——苦者樂之因，苦極則樂至矣。苦樂相乘，是輪迴種；因苦得樂，是因緣法。丹陽雖上僊，安能棄輪迴、舍因緣、自脱于人世苦海之外邪？但未嘗不與人同之中，而自然不與人同者，以行糧素具，路頭素明也。此時正在病，只一心護病，豈容更有别念乎？豈容一毫默識工夫參于其間乎？是乃真第一念也，是乃真無二念也；是乃真空也，是乃真纖念不起，方寸皆空之實境也。非謂必如何空之而後可至丹陽境界也。若要如何，便非實際，便不空矣。

復鄧石陽

昨承教言，對使裁謝，尚有未盡，謹復録而上之。蓋老丈專爲上上人説，恐其過高，或有遺棄之病；弟則直爲下下人説，恐其沈溺而不能出，如今之所謂出家兒者，衹知有持鉢糊口事耳。然世間惟下下人最多，所謂滔滔者天下皆是也。若夫上上人，則舉世絶少，非直少也，蓋絶無之矣。如弟者，滔滔皆是人也。彼其絶無者，舉世既無之矣，又何説焉。

年來每深嘆憾，光陰去矣，而一官三十餘年，未嘗分毫爲國出力，徒竊其俸餘以自潤。既幸雙親歸土，弟妹七人婚嫁各畢。各幸而不缺衣食，各生兒孫。獨予連生四男三女，惟留一女在耳。而年逼耳順，體素(羸)〔羸〕弱，以爲弟姪已滿目，可以無歉矣，遂自安慰焉。蓋所謂欲之而不能，非能之而自不欲也。惟此一件人生大事未能明了，心下時時煩懣，故遂棄官入楚，事善知識以求少得。蓋皆陷溺之久，老而始覺，絶未曾自棄于人倫之外者。

平生師友散在四方，不下十百，盡是仕宦忠烈丈夫，如兄輩等耳。弟初不敢以彼等爲狗人，彼等亦不以我爲絶世，各務以自得而已矣。故相期甚遠，而形迹頓遺。願作聖者師聖，願爲佛者宗佛。不問在家出家，人知與否，隨其資性，一任進道，故得相與共爲學耳。然則所取于渠者，豈取其棄人倫哉？取其志道也。中間大畧不過曰：「其爲人倔强難化如此。始焉不肯低頭，而終也遂爾稟服師事。因其難化，故料其必能得道；又因其得道，而復喜其不負倔强初志。如此而已。」然天下之倔强而不得道者多矣，若其不得道，則雖倔强何益，雖出家何用？雖至于斷臂燃身，亦衹爲喪身失命之夫耳，竟何補也！故苟有志于道，則在家可也，孔、孟不在家乎？出家可也，釋迦佛不出家乎？今之學佛者，非學其棄浄飰王之位而苦行於雪山之中也，學其能成佛之道而已。今之學孔子者，非學其能在家也，學其能成孔子之道而已。若以在家者爲是，則今之在家學聖者多矣，而成聖者其誰邪？若以出家爲非，則今之非釋氏者亦不少矣，而終不敢謂其非佛，又何也？然則學佛者，要于成佛爾矣。渠既學佛矣，又何説乎？

承示云，趙老與胡氏書，極詆渠之非，曰：「雲水瓢笠之中，作此乞墦登壟之態。」覽教至此，不覺泫然！斯言毒害，實刺我心，我與彼得無盡墮其中而不自知者乎？當時胡氏必以致仕爲高品，輕功名富貴爲善學者，故此老痛責渠之非以曉之，所謂言不怒則聽者不入是也。今夫人人盡知求富貴利達者之爲乞墦矣，而孰知雲水瓢笠之衆，皆乞墦耶！使胡氏思之，得無知斯道之大，而不專在于輕功名富貴之間乎？然使趙老而別與溺于富貴功名之人言之，則又不如此矣。所謂因病發藥，因時治病，不得一概，此道之所以爲大也。吾謂趙老真聖人也。渠當終身依歸，而奈何其遽舍之而遠去邪！然要之各從所好，不可以我之意而必渠之同此意也。獨念乞墦之辱，心實耻之，而卒不得免者何居？意者或借聞見以爲聰明，或籍耳目以爲心腹歟！或憑册籍以爲斷案，或依孔、佛以爲泰山歟！有一于此，我乃齊人，又安能笑彼渠也。此弟之所痛而苦也，兄其何以教之？

承諭欲弟便毁此文，此實無不可，但不必耳。何也？人各有心，不能皆合。喜者自喜，不喜者自然不喜；欲覽者覽，欲毁者毁，各不相妨礙，此學之所以爲妙也。若以喜者爲是，而必欲兄丈之同喜；兄又以毁者爲是，而復責弟之不毁。則是各見其是，各私其學，學斯僻矣。抑豈以此言爲有累于趙老乎？夫趙老何人也，巍巍泰山，學貫千古，乃一和尚能累之，則亦無貴于趙老矣。夫惟陳相倍師，而後陳良之學始顯；惟西河之人疑子夏于夫子，而後夫子之道益尊。然則趙老固非人之所能累也。若曰吾謂渠，惜其以倍師之故，頓爲後世嗤耳，則渠已絶棄人世，逃儒歸佛，陷于大戮而不自愛惜矣，吾又何愛惜之有焉？吾以爲渠之學若果非，則當以此暴其惡于天下後世，而與天下後世共改之；若果是，則當以此顯其教于天下後世，而與天下後世共爲之。此仁人君子之用心，所以爲大同也。且觀世之人，孰能不避名色而讀異端之書者乎？堂堂天朝行頒「四書」「五經」于天下，欲其幼而學，壯而行，以博高爵重禄，顯榮家世。不然者，有黜有罰如此其詳明也，然猶有（束）〔束〕書而不肯讀者，况佛教乎？佛教且然，况鄧和尚之語乎？况居士數句文字乎？吾恐雖欲拱手以奉之，彼即置而棄之矣，而何必代之毁與棄也？弟謂兄聖人之資也，且又聖人之徒也。弟異端者流也，本無足道者也。自朱夫子以至今日，以老、佛爲異端，相襲而排擯之者，不知其幾百年矣。弟非不知，而敢以直犯衆怒者，不得已也，老而怕死也。且國家以「六經」取士，而有「三藏」之收；以六藝教人，而又有戒壇之設，則亦未嘗以出家爲禁矣。則如渠者，固國家之所不棄，而兄乃以爲棄邪？

屢承接引之勤，苟非木石，能不動念？然謂弟欲使天下之人皆棄功名妻子而後從事于學，果若是，是爲大蠹，弟不如是之愚也。然斯言也，吾謂兄亦太早計矣，非但未卵而求時夜者也。夫渠生長于内江矣，今觀内江之人，更有一人效渠之爲者乎？ 吾謂即使朝廷出令，前鼎鑊而後白刃，驅而之出家，彼寧有守其妻孥以死者耳，必不願也。 而謂一鄧和尚能變易天下之人乎？ 一無緊要居士，能以幾句閑言語，能使天下人盡棄妻子功名，以從事於學佛乎？ 蓋千古絶無之事，千萬勿煩杞慮也。 吾謂真正能接趙老之脈者，意者或有待于兄耳。 異日必有端的同門，能共推尊老丈，以爲師門顔、閔。 區區異端之徒，自救不暇，安能並驅争先也？ 則此鄙陋之語，勿毁之亦可。

然我又嘗推念之矣。 夫黄面老瞿曇，少而出家者也；李耳厭薄衰周，亦遂西游不返，老而後出家者也。 獨孔子老在家耳，然終身周流，不暇暖席，則在家時亦無幾矣。 妻既出矣，獨一子耳，更不聞其再娶誰女也，又更不聞其復有幾房妾媵也，則于室家之情，亦太微矣。 當時列國之主，盡知禮遇夫子，然而夫子不仕也，最久者三月而已，不曰「接淅而行」，則曰「明日遂行」，則于功名之念亦太輕矣。 居常不知叔梁紇葬處，乃葬其母于五父之衢，然後得合葬于防焉，則于掃墓之禮亦太簡矣。 豈三聖人於此，顧爲輕于功名妻子哉？ 恐亦未免遺棄之病哉！ 然則渠上人之罪過，亦未能遽定也。

然以予斷之，上人之罪不在于後日之不歸家，而在于其初之輕于出家也。 何也？ 一出家即棄父母矣。 所貴于有子者，謂其臨老得力耳。 蓋人既老，便自有許多疾病。 苟有子，則老來得力，病困時得力，卧牀難移動時得力，奉侍湯藥時得力，五内分割、痛苦難忍時得力，臨終嗚咽、分付訣別、聲氣垂絶時得力。 若此時不得力，則與無子等矣，又何在于奔喪守禮，以爲他人之觀乎？ 往往見今世學道聖人，先覺士大夫，或父母八十有餘，猶聞拜疾趨，全不念風中之燭，滅在俄頃。 無他，急功名而忘其親也。 此之不責，而反責彼出家兒，是爲大惑，足稱顛倒見矣。

吁吁！ 二十餘年傾蓋之友，六十七歲皓皤之夫，萬里相逢，聚首他縣，誓吐肝胆，盡脱皮膚。 苟一毫衷赤不盡，尚有纖芥爲名作誑之語，青霄白日，照耀我心。便當永墮無間，萬刼爲驢，與兄騎乘。此今日所以報答百泉上知己之感也。縱兄有憾，我終不敢有恐。

復周三魯

三魯壯年雄才，抱璞未試者也。如僕本無才可用，故自不宜于用，豈誠與雲與鶴相類，如三魯所許與者哉？感媿甚矣！夫世間惟才不易得，故曰「才難」，非虛言也。唯無其才而虛有其名，如殷中軍以竹馬之好，欲與大司馬抗衡，以自附于王、謝，是爲不自忖度耳，此則僕無是矣。僕惟早自揣量，故毅然告退。又性剛不能逶蛇，性疎稍好靜僻，以此日就鹿豕，群無賴，蓋適所宜。然如三魯，大才盛年，際明世，正宜藏蓄待時，爲時出力也。

古有之矣：有大才而不見用于世者。世既不能用，而亦不求用，退而與無才者等，不使無才者疑，有才者忌。所謂容貌若愚，深藏若虛，老聃是也。今觀渭濱之叟，年八十矣，猶把釣持竿不顧也。使八十而死，或不死而不遇西伯獵于渭，縱遇西伯而西伯不尊以爲師，敬養之以爲老，有子若發不武，不能善承父志，太公雖百萬韜畧，不用也。此皆所謂善藏其用者也。

若夫嚴子陵、陳希夷，汲汲欲用之矣，而有必用之心，無必用之形，故被裘隨驢，終名隱士。雖不遁心，而能遁迹；雖不見用才，亦見隱才矣。黃、老而下，可多見邪！又若有大用之才，而能委曲以求其必用，時不必明良，道不論泰否，與世浮沈，因時升降，而用常在我，卒亦舍我不用而不可得，則管夷吾輩是也。此其最高矣乎！

乃若切切焉以求用，操一已之繩墨，持前王之規矩，以方枘欲入圓鑿，此豈用世才哉？徒負却切切欲用本心矣。吾儒是也。幸而見幾明決，不俟終日，得勇退之道焉。然削跡伐木，餓陳畏匡，其得免者亦幸耳，非勝算也。今三魯親遭明時，抱和璧，如前數子，皆所熟厭，當必有契詣者，僕特崖略之以俟擇耳。不然，欲用而不能委曲以濟其用，此儒之所以卒爲天下後世非笑也。

答鄧明府

何公死，不關江陵事。江陵爲司業，何公只與朋輩同往一會言耳。言雖不中，而殺之之心無有也。及何公出而獨向朋輩道「此人有欲飛不得」之云，蓋直不滿之耳。何公聞之，遂有「此人必當國，當國必殺我」等語。則以何公平生自許太過，不意精神反爲江陵所攝，於是憮然便有懼色，蓋皆英雄莫肯相下之實，所謂兩雄不並立于世者，此等心腸是也。自後江陵亦不記何公，而何公終日有江陵在念。

偶攻江陵者，首吉安人，江陵遂怨吉安，日與吉安縉紳爲讎。然亦未嘗讎何公者，以何公不足讎也，特何公自爲讎耳。何也？何公「必爲首相，必殺我」之語，已傳播于吉安及四方久矣。至是欲承奉江陵者，憾無有緣，聞是，誰不甘心何公者乎？殺一布衣，本無難事，而可以取快江陵之胸腹，則又何憚而不敢爲也？故巡撫緝訪之于前，而繼者踵其步。方其緝解至湖廣也，湖廣密進揭帖于江陵。江陵曰：「此事何須來問，輕則決罰，重則發遣已矣。」及差人出閣門，應城李義河遂授以意曰：「此江陵本意也，特不欲自發之耳。」吁吁！江陵何人也，膽如天大，而肯姑息此哉！應城之情狀可知矣。應城于何公，素有論學之忤，其殺之之心自有。又其時，勢焰熏灼，人之事應城者如事江陵，則何公雖欲不死，又安可得耶！

江陵此事甚錯，其原起於憾吉安人，而必欲殺吉安人爲尤錯。今日俱爲談往事矣！然何公布衣之傑也，故有殺身之禍；江陵宰相之傑也，故有身後之辱。不論其敗而論其成，不追其跡而追其心，不責其過而責其功，則二老者皆吾師也。非與世之局瑣取容，埋頭顧影，竊取聖人之名，以自蓋其貪位固寵之私者比也。是以復並論之，以裁正于大方焉。所論甚見中藴，可爲何公出氣，恐猶未察江陵初心，故爾贅及。

李温陵集卷之一

李温陵集卷之二

海虞後學顧大韶仲恭校

書答

答耿中丞

昨承教言，深中狂愚之病。夫以(卒)〔率〕性之真，推而擴之，與天下爲公，乃謂之道。既欲與斯世斯民共由之，則其範圍曲成之功大矣。「學其可無術歟」，此公至言也，此公所得于孔子而深信之以爲家法者也。僕又何言哉！然此乃孔氏之言也，非我也。夫天生一人，自有一人之用，不待取給于孔子而後足也。若必待取足于孔子，則千古以前無孔子，終不得爲人乎？故爲願學孔子之説者，乃孟子之所以止于孟子，僕方痛憾其非夫，而公謂我願之歟？

且孔子未嘗教人之學孔子也。使孔子而教人以學孔子，何以顔淵問仁，而曰「爲仁由己」而不由人也歟哉？何以曰「古之學者爲己」，又曰「君子求諸己」也歟哉？惟其由己，故諸子自不必問仁于孔子；惟其爲己，故孔子自無學術以授門人。是無人無己之學也。無己，故學莫先于克己；無人，故教惟在于因人。試舉一二言之。如仲弓，居敬行簡人也，而問仁焉，夫子直指之曰敬恕而已。雍也聰明，故悟焉而請事。司馬牛遭兄弟之難，嘗懷優懼，是謹言慎行人也，而問仁焉，夫子亦直指之日「其言也訒」而已。牛也不聰，故疑焉而反以爲未足。由此觀之，孔子亦何嘗教人之學孔子也哉！孔子未嘗教人之學孔子，而學孔子者務舍己而必以孔子爲學，雖公亦必以爲真可笑矣。

夫惟孔子未嘗以孔子教人學，故其得志也，必不以身爲教于天下。是故聖人在上，萬物得所，有由然也。夫天下之人得所也久矣，所以不得所者，貪暴者擾之，而「仁者」害之也。「仁者」以天下之失所也而憂之，而汲汲焉欲貽之以得所之域。於是有德禮以格其心，有政刑以縶其四體，而人始大失所矣。

夫天下之民物衆矣，若必欲其皆如吾之條理，則天地亦且不能。是故寒能折膠，而不能折朝市之人；熱能伏金，而不能伏競奔之子。何也？富貴利達所以厚吾天生之五官，其勢然也。是故聖人順之，順之則安之矣。是故貪財者與之以禄，趨勢者與之以爵，彊有力者與之以權，能者稱事而官，愞者夾持而使。有德者隆之虛位，但取具瞻；高才者處以重任，不問出入。各從所好，各騁所長，無一人之不中用。何其事之易也！雖欲飾詐以投其好，我自無好之可投；雖欲掩醜以著其美，我自無醜之可掩。何其説之難也！是非真能明明德于天下，而坐致太平者歟！是非真能不見一絲作爲之迹，而自享心逸日休之效者歟！然則孔氏之學術亦妙矣，則雖謂孔子有學有術以教人亦可也。然則無學無術者，其茲孔子之學術歟！

公既深信而篤行之，則雖謂公自己之學術亦可也，但不必人人皆如公耳。故凡公之所爲自善，所用自廣，所學自當，僕自敬公，不必僕之似公也。公自當愛僕，不必公之賢于僕也。則公此行，人人有彈冠之慶矣；否則同者少而異者多，賢者少而愚不肖者多，天下果何時而太平乎哉！

又答耿中丞

心之所欲爲者，耳更不必聞于人之言，非不欲聞，自不聞也。若欲不聞，孰若不爲。此兩者從公決之而已。且世間好事甚多，又安能一一盡爲之邪？

且夫吾身之所繫于天下者大也，古之君子，平居暇日，非但不能過人，亦且無以及人。一旦有大故，平居暇日表表焉欲以自見者，舉千億莫敢當前，獨此君子焉，稍出其緒餘者以整頓之，功成而衆不知，則其過人也遠矣。譬之龍泉、太阿，非斬鮫斷犀，不輕試也。蓋小試則無味，小用則無餘，他日所就，皆可知矣。

阿世之語，市井之談耳，何足復道之哉！然渠之所以知公者，其責望亦自頗厚。渠以人之相知，貴於知心，苟四海之内有知我者，則一鍾子足矣，不在多也。以今觀公，實未足爲渠之知己。夫渠欲與公相從于形骸之外，而公乃索之于形骸之内，嘵嘵焉欲以口舌辨説渠之是非，以爲足以厚相知，而答責望于我者之深意，則大謬矣！

夫世人之是非，其不足爲渠之輕重也審矣。且渠初未嘗以世人之是非爲一己之是非也。若以是非爲是非，渠之行事，斷必不如此矣。此尤其至易明焉者也。蓋渠之學主于出世，故每每直行而無諱；今公之學既主于用世，則尤宜韜藏固閉而深居。迹相反而意相成，以此厚之，不亦可乎？因公言之，故爾及之。然是亦嘵嘵者，知其無益也。

與楊定見

此事大不可。世間是非紛然，人在是非場中，安能免也。于是非上加起買好遠怨等事，此亦細人常態，不足怪也。古人以真情與人，卒至自陷者，不知多少，祇有一笑爲無事耳。

今彼講是非，而我又與之講是非，講之不已，至于争辨。人之聽者，反不以其初之講是非者爲可厭，而反厭彼争辨是非者矣。此事昭然，但迷在其中而不覺耳。既惡人講是非矣，吾又自講是非。講之不已，至于争，争不已，至于失聲，失聲不已，至于爲讐。失聲則損氣，多講則損身，爲讐則失親，其不便宜甚矣。人生世間，一點便宜亦自不知求，豈得爲智乎？

且我以信義與人交，已是不智矣，而又責人之背信背義，是不智上更加不智，愚上加愚，雖稍知愛身者不爲，而我可爲之乎？雖稍知便宜者必笑，而可坐令人笑我乎？此等去處，我素犯之，但能時時自反而克之，不肯讓便宜以與人也。千萬一笑，則當下安妥，精神復完，胸次復舊開爽。且不論讀書作舉業事，只一場安穩睡覺，便屬自己受用矣。此大可嘆事，大可耻事，彼所争與誣者，反不見可嘆可耻也。

與焦從吾

此間自楚倥去後，寥寥太甚，因思向日親近善知識時，全不覺知身在何方，相看度日，真不知老之將至。蓋真切友朋，死生在念，萬分精進，亦自不知故耳。自今實難度日矣。

去年十月曾一到亭州，以無處館宿，不數日即回。今春三月復至此中，擬邀無念、曾承庵汎舟白下，與兄相從。夫兄以蓋世聰明，而一生全力盡向詩文草聖場中，又不幸而得力，故於死生念頭不過一分兩分，微而又微也，如此，且當處窮之日，未必能爲地主，是以未敢决來。然念兄實不容不與弟會者，兄雖强壯，然亦幾于知命矣，此時不在念，他年功名到手，事勢益忙，精力漸衰，求文字者造門日益衆，恐益不暇爲此矣。功名富貴等，平生盡能道是身外物，到此反爲主而性命反爲賓，奈之何！我與兄相處，惟此一事，故不覺如此。

又與從吾

無念來歸，得尊教，今三閲月矣，絶無音使，豈科場事忙不暇作字乎？抑湖中無鴻雁江中少鯉魚也？都院信使不斷，亦可附之，難曰不便也。此中如坐井，舍無念無可談者。雖時時對古人，終有眼昏氣倦時。想白下一字如萬金，兄何故靳不與邪？

念弟實當會兄。古人言語多有來歷，或可通千古未必可通于今者，時時對書，則時時想兄，願得侍兄之側也，此弟之不可少兄者一也。學問一事，至今未了，此弟之不可少兄者二也。老雖無用，而時時疑著三聖人經綸大用，判若黑白，不啻千里萬里，但均爲至聖，未可輕議之，此又弟之不可少兄者三也。若夫目擊在道，晤言消憂，則半刻離兄不得，此弟之所以日望兄往來佳信也。聞霍丘有高中門生，便一往賀，順道至此，慰我渴懷，然後赴京，不亦可歟？萬勿以多事自托也。

《福建録孝弟策》冠絶，當與陽明《山東試録》並傳。「朱紫陽斷案」至引伯玉四十九、孔子七十從心，真大手段，大見識，弟向云「善作者純貶而褒意自寓，純褒而貶意自存」是也。兄于大文章殊佳，如碑記等作絶可。蘇長公片言隻字與金玉同聲，雖千古未見其比，則以其胸中絶無俗氣，下筆不作尋常語，不步人脚故耳。如大文章終未免有依倣在。後輩有志向者何人，暇中一一示我，我亦愛知之。世間無根器人莫引之談學，彼不爲名便是爲利，無益也。

又與從吾孝廉

經云：「塵勞之儔，爲如來種。」彼真正具五力者，向三界中作如意事，入魔王侶爲魔王伴，全不覺知是魔與佛也。願兄早了業緣，速登上第，完世間人，了出世法，乃見全力云。

近居龍湖，漸遠城市，比舊更覺寂寞，更是弟之晚年便宜處耳。嘗謂百姓生而六十，便免差役，蓋朝廷亦知其精力既衰；放之閒食，全不以世間事責問之矣。而自不知暇逸，可乎？

《弘明集》無可觀者，只有一件最得意事。昔時讀《謝康樂》，自負慧業文人，頗疑其誇；日于集中見其「辨學」諸篇，乃甚精細。彼其自志學之年即事遠公，得會道生諸名侶，其自負固宜。然則陶公雖同時，亦實未知康樂，矧遺民諸賢哉！謝公實重遠公，遠公實雅愛謝公，彼謂嫌其心雜不許入社者，俗士之妄語耳。遠公甚愛賢，所見亦高，觀其與人書，委曲過細，唯恐或傷，況謝公聰悟如是，又以師道事遠公，遠公安忍拒之！千載高賢，埋没至今，得我方爾出見于世，此一喜也。王摩詰以詩名，論者雖謂其通于禪理，猶未遽以真禪歸之，況知其文之妙乎！蓋禪爲詩所掩，而文章又爲禪所掩，不欲觀之矣。今觀《六祖塔銘》等，文章清妙，豈減詩才哉！此又一喜也。

意欲别集《儒禪》一書，凡説禪者依世次彙入，而苦無書；有者又多分散，如楊億、張子韶、王荆公、文文山集皆分散無存。若《僧禪》則專集僧語，又另爲一集，與《儒禪》並行，大約以精切簡要爲貴。使讀者開卷了然，醍醐一味，入道更易耳。

《華嚴合論》精妙不可當，一字不可改易，蓋又一《華嚴》也。如向、郭注《莊子》，不可便以《莊子》爲經，向、郭爲注；如左丘明傳《春秋》，不可便以《春秋》爲經，左氏爲傳。何者？使無《春秋》，左氏自然流行，以左氏又一經也。使無《莊子》，向、郭自然流行，以向、郭又一經也。然則執向、郭以解《莊子》，據左氏以論《春秋》者，其人爲不智矣。

復耿中丞

四海雖大而朋友實難，豪士無多而好學者益鮮。若夫一往參詣，務于自得，直至不見是而無悶，不見知而不悔者，則令弟子庸一人實當之，而今不幸死矣！僕尚友四方，願欲生死于友朋之手而不可得，故一見子庸，遂自謂可以死矣，而詎意子庸乃先我以死也邪！興言及此，我懷何如也！

公素篤于天倫，五内之割，不言可知。且不待遠求而自得同志之朋于家庭之内，祝予之嘆，豈虚也哉！屢欲附一書奉慰，第神緒忽忽，自心且不能平，而敢遽以世俗遊詞奉勸于公也邪？今已矣！惟念此問學一事，非小小根器者所能造詣耳。夫古人明以此學爲大學，此人爲大人矣。夫大人者，豈尋常人之所能識邪？當老子時，識老子者惟孔子一人；當孔子時，識孔子者又止顔子一人。蓋知己之難如此。使令弟子庸在時，若再有一人能知之，則亦不足以爲子庸矣。

嗟嗟！勿言之矣！今所憾者，僕數千里之來，直爲公兄弟二人耳。今公又在朝矣，曠然離索，其誰陶鑄我也？夫爲學而不求友與求友而不務勝己者，不能屈耻忍痛，甘受天下之大鑪錘，雖曰好學，吾不信也。欲成大器，爲大人，稱大學，可得邪？

復京中友朋

來教云：「『無求飽，無求安，此心無所繫著，即便是學。』注云：『心有在而不暇及，若别有學在，非也。

就有道則精神相感，此心自正，若謂别出所知見相正，淺矣。』」又云：「『苟，志于仁矣，無惡也』。惡當作去聲，即候明、撻記，第欲並生，纔説殄行，猶不憒疾于頑。可見自古聖賢，原無惡也。曰：『舉直錯諸枉』錯非舍棄之，蓋錯置之錯也。即諸枉者亦要錯置之，使之得所，未忍終棄也。又曰：『大學之道，在明明德，在親民。』只此一親字便是孔門學脈。能親便是生機。些子意思，人人俱有，但知體取，就是保任之擴充之耳。」

來示如此，敢以實對。

夫曰安飽不求，非其性與人殊也。人生世間，惟有學問一事，故時敏以求之，自不知安飽耳，非有心于不求也。若無時敏之學，而徒用心于安飽之間，則僞矣。既時敏于學，則自不得不慎于言。何也？吾之學未曾到手，則何敢言？亦非有意慎密其間，而故謹言以要嘗于人也。今之敢爲大言，便偃然高坐其上，必欲爲人之師者，皆不敏事之故耳。

夫惟真實敏事之人，豈但言不敢出，食不知飽，居不知安而已，自然奔走四方，求有道以就正。有道者，好學而自有得，大事到手之人也。此事雖大，而路徑萬千，有頓入，有漸入。漸者雖迂遠費力，猶可望以深造；若北行而南其轍，入海而上太行，則何益矣！此事猶可，但無益耳，未有害也。苟一入邪途，豈非求益反損，所謂「非徒無益而又害之」者乎？是以不敢不就正也。如此就正，方謂好學，方能得道，方是大事到手，方謂不負時敏之勤矣。

如此，則我明明德。既能明德，則自然親民。如向日四方有道，爲我所就正者，我既真切向道，彼决無有厭惡之理，决無不相親愛之事，决無不吐肝露胆與我共證明之意。何者？明明德者，自然之用固如是也。非認此爲題目，爲學脈，而作意以爲之也。今無明明德之功，而遽曰親民，是未立而欲行，未走而欲飛，且使聖人「明明德」吃緊一言，全爲虚説矣。故苟志于仁，則自無厭惡。何者？天下之人，本與仁者一般，聖人不曾高，衆人不曾低，自不容有惡耳。所以有惡者，惡鄉愿之亂德，惡久假之不歸，名爲好學而實不好學者耳。若世間之人，聖人與仁人胡爲而惡之哉！蓋已至于仁，則自然無厭惡；已能明德，則自能親民。皆自然而然，不容思勉，此聖學之所以爲妙也。故曰：「學不厭，知也；教不倦，仁也。性之德也，合内外之道也，故時措之宜也。」何等自然何等不容已。今人把「不厭」「不倦」做題目，在手裏做，安能做得成？安能真不厭不倦也？

聖人只教人爲學耳，實能好學，則自然到此。若不肯學，而但言「不厭」「不倦」，則孔門諸子，當盡能學之矣，何以獨稱顔子爲好學也？既稱顔子爲好學不厭，而不曾説顔子爲教不倦者，可知明德親民，教立而道行，獨有孔子能任之，雖顔子不敢當乎此矣。今人未明德而便親民，未能不厭而先學不倦，未能慎言以敏于事，而自謂得道，肆口妄言之，不耻未能一日就有道以求正，而便以有道自居，欲以引正于人人，吾誠不知其何説也。

故未明德者，便不可説親民；未能至仁者，便不可説無厭惡。故曰：「毋友不如已者。」以此慎交，猶恐有便辟之友，善柔之友，故曰：「賜也日損。」以其悦與不若己者友耳。如之何其可以妄親而自處于不聞過之地也乎？故欲敏事而自明己德，須如顔子終身以孔子爲依歸，庶幾無失身之悔，而得好學之實。若其他弟子，則不免學夫子之不厭而已，學夫子之不倦而已，畢竟不知夫子之所學爲何物，自己之所當有事者爲何事。雖同師聖人，而卒無得焉者，豈非以此之故歟！吁！當夫子時，而其及門之徒，已如此矣。何怪于今！何怪于今！吁！是亦予之過望也，深可惡也。

又答京友

善與惡對，猶陰與陽對、柔與剛對、男與女對。蓋有兩則有對，既有兩矣，其勢不得不立虚假之名以分别之，如張三、李四之類是也。若謂張三是人而李四非人，可歟？

不但是也，均此一人也，初生則有乳名，稍長則有正名，既冠而字，又有别號，是一人而三四名稱之矣。然稱其名則以爲犯諱，故長者咸諱其名而稱字，同輩則以字爲嫌而稱號，是以號爲非名也。若以爲非名，則不特號爲非名，字亦非名，諱亦非名。自此人初生之時，則已未嘗有一名字夾帶將來矣，胡爲乎而有許多名？又胡爲乎而有可名與不可名之别也乎？若直曰名而已，則諱固名也，字亦名也，號亦名也，與此人原不相干也，又胡爲而諱，胡爲而不諱也乎？

甚矣，世人之迷也。然猶可委曰號之稱美，而名或不美焉耳。然朱晦翁之號不美矣，朱熹之名美矣。熹者光明之稱，而晦者晦昧不明之象，朱子自謙之號也。今者稱晦庵則學者皆喜，若稱之曰朱熹，則必甚怒而按劍矣。是稱其至美者則以爲諱，而舉其不美者則反以爲喜。是不欲朱子美而欲朱子不美也，豈不亦顛倒之甚歟！

近世又且以號爲諱，而直稱曰翁曰老矣。夫使翁而可以尊人，則曰爺曰爹，亦可以尊人也。若以爲爺者奴隸之稱，則今之子稱爹，孫稱爺者，非奴隸也。爺之極爲翁，爹之極爲老，稱翁稱老者，非奴隸事，獨非兒孫事乎？又胡爲而舉世皆與我爲兒孫也邪？近世稍知反古者，至或同儕相與呼字，以爲不俗。吁！若真不俗，稱字固不俗，稱號亦未嘗俗也，蓋直曰名之而已，又何爲乎獨不可同（干）〔于〕俗也？吾以謂稱爹與稱爺亦無不可也。

由是觀之，則所謂善與惡之名，率若此矣。蓋惟志于仁者，然後無惡之可名，此蓋自善惡未分之前言之耳。此時善且無有，何有于惡也邪！噫！非苟志于仁者，其孰能知之？苟者誠也，仁者生之理也。學者欲知無惡乎？其如志仁之學，吾未之見也歟哉！

復宋太守

千聖同心，至言無二。紙上陳語皆千聖苦心苦口，爲後賢後人。但隨機説法，有大小二乘，以待上下二根耳。苟是上士，則當究明聖人上語；若甘爲下士，只作世間完人，則不但孔聖以及上古經籍爲當服膺不失，雖近世有識名士一言一句，皆有切于身心者，皆不可以陳語目之也。且無徵不信久矣，苟不取陳語以相證，恐聽者益以駭愕，故凡論説，必據經引傳，亦不得已焉耳。今據經則以爲陳語，漫出胸臆則以爲無當，則言者亦難矣。凡言者，言乎其不得不言者也。爲自己本分上事未見親切，故取陳語以爲考驗，庶幾若合符契耳，非有閑心事閑工夫，欲替古人擔憂也。古人往矣，自無憂可擔，所以有憂者，謂于古人上乘之談，未見有契合處，是以日夜焦心，見朋友則共討論。况兄爲真切友朋，安得汎汎焉而不相探討乎？若只作一世完人，則千古格言盡足受用，半字無得説矣。所以但相見便相訂證者，以心志頗大，不甘爲一世人士耳。兄若恕其罪而取其心，則弟猶得免于罪責；如以弟爲大言不慚，貢高矜己，則弟之終將緘默，亦容易耳。

答耿中丞論淡

世人白晝寐語，公獨於寐中作白晝語，可謂常惺惺矣。周子禮于此净業，亦見得分數明，但不知湔磨刷滌之云，果何所指也。

夫古之聖人，蓋嘗用湔刷之功矣。但所謂湔磨者，乃湔磨其意識，所謂刷滌者，乃刷滌其聞見耳。若當下意識不行，聞見不立，則此皆爲寐語矣，但有纖毫，便不是淡，非常惺惺法也。蓋必不厭，然後可以語淡。故曰「君子之道，淡而不厭」。若苟有所忻羨，則必有所厭舍，非淡也。又惟淡則自然不厭，故曰「我學不厭」。若以不厭爲學的，而務學之以至于不厭焉，則終不免有厭時矣，非淡也，非虞廷精一之旨也。蓋精則一，一則純；不精則不一，不一則雜，雜則不淡矣。

由此觀之，淡豈可以易言乎？是以古之聖人，終其身于問學之場焉，講習討論，心解力行，以至于寢食俱廢者，爲淡故也。淡又非可以智力求，淡又非可以有心得，而其所以不得者有故矣。蓋世之君子，厭常者必喜新，而惡異者則又不樂語怪。不知人能放開眼目，固無尋常而不奇怪，亦無奇怪而不尋常也。經世之外，寧別有出世之方乎？出世之旨，豈復有外于經世之事乎？念彼達士宏識，一見虞廷揖讓，便與三盃酒齊觀；巍巍堯舜事業，便與太虛空浮雲並壽。無他故焉，其見大也。見大故心泰，心泰故無不足。既無不足矣，而又何羨邪？若祇以平日之所飫聞習見者爲平常，而以其罕聞驟見者爲怪異，則怪異平常便是兩事，經世出世便是兩心。勳、華之盛，揖遜之隆，比之三家村裏甕牖酒人，真不啻其幾千萬里矣。雖欲淡，得歟？雖欲「無然歆羨」，又將能歟？此無他，其見小也。

願公更不必論湔磨刷滌之功，而惟直言問學開大之益；更不必慮虛見積習之深，而惟切究師友淵源之自。則康節所謂「玄酒味方淡，大音聲正希」者，當自得之，不期淡而自淡矣，不亦庶乎契公作人之微旨，而不謬爲「常惺惺」語也邪！

答劉憲長

自孔子後，學孔子者便以師道自任，未曾一日爲人弟子，便去終身爲人之師，以爲此乃孔子家法，不如是不成孔子也。不知一爲人師，便只有我教人，無人肯來教我矣。且孔子而前，豈無聖人？要皆遭際明時，得位行志。其不遇者，如太公八十以前，傅説版築之先，使不遇文王、高宗，終身渭濱老叟，岩穴胥靡之徒而已，夫誰知之。彼蓋亦不求人知也。直至孔子而始有師生之名，非孔子樂爲人師也，亦以逼迫不過。如關令尹之遇老子，攔住當關，不肯放出，不得已而後授以五千言文字耳。但老子畢竟西游，不知去向。惟孔子隨順世間，周遊既廣，及門漸多，又得天生聰明顔子與之辨論。東西遨遊既無好興，有賢弟子亦足暢懷，遂成師弟名目，亦偶然也。然顔子没而好學遂亡，則雖有弟子之名，亦無有弟子之實矣。

弟每笑此等輩，是以情願終身爲人弟子，不肯一日爲人師父。兹承遠使童子前來出家，弟謂剃髮未易，且令觀政數時，果發願心，然後落髮未晚。縱不落髮，亦自不妨，在彼在此，可以任意，乃爲方便，不必立定跟脚也。蓋生死事大，非辦鐵石心腸，未易輕造。如果真怕生死，在家出家，無有異。目今巍冠博帶，多少肉身菩薩在于世上，何有棄家去髮，然後成佛事乎？如弟不才，資質魯鈍，又性僻嬾，倦于應酬，故托此以逃，非謂真實究竟當如是也。如丈朴實英發，非再來菩薩而何？若果必待功成名遂，乃去整頓手脚，晚矣。今不必論他人，即今友山見在西川，他何曾以做官做佛爲兩事哉？得則頓同諸佛，不理會則當面錯過，但不宜以空談爲事耳。

答周友山

劉玉屏回，頗有夔府麫，得以甘口，但無多耳。所諭豈不是，第各人各自有過活物件。以酒爲樂者以酒者爲生，如某是也；以色爲樂者以色爲命，如某是也。至如種種或以博奕，或以妻子，或以功業，或以文章，或以富貴，隨其一件，皆可度日。獨予不知何説，專以良友爲生，故有之則樂，舍之則憂。甚者馳神于數千里之外，明知不可必得，而神思奔逸不可得而制也，此豈非天之所獨苦邪！無念已往南京，庵中甚清氣。楚倜回，雖不曾相會，然覺有動移處，所憾不得細細商確一番，彼此俱老矣。縣中一月間報赴閻王之召者遂至四五人，年皆未滿五十，令我驚憂，又不免重爲楚倜老子憂也。蓋今之道學，亦未有勝楚倜老者。叔臺想必過家，過家必到舊縣，則得相聚也。

答周柳塘

伏中微洩，秋候自當清泰。弟苦不小洩，是以火盛，無之奈何耳。樓下僅容喘息，念上天降虐，祇爲大地人作惡，故重譴之，若不勉受酷責，是愈重上帝之怒也。有飯吃而受熱，比空腹受熱者何如？以此思之，故雖熱不覺熱也。且天災時行，人亦難逃，人人亦自有過活良法。所謂君子用智，小人用力，彊者有搬運之能，弱者有就食之策，自然生出許多計智出來。至最下者無力無策，又自有身任父母之憂者大爲設法區處，非我輩並生並育之民所能與謀也。蓋自有受命治水之禹，承命教稼之稷，自然當任已饑已溺之事，救焚拯溺之憂，我輩安能代大匠斵哉！我輩惟是各親其親，各友其友。各自有親友，各自相告訴，各各盡心量力各相救助，以過此時艱難耳。若非吾親友，非吾所能謀，亦非吾所宜謀也。何也？願外之思，出位之誚也。

與耿司寇告别

新色明睿，唯公家二三子姪可以語上者。可與言而不與之言，失人，此則不肖之罪也。其餘諸年少或聰明未啟，或志向未專，所謂不可與言而與之言，則爲失言，此則僕無是矣。雖然，寧可失言，不可失人。失言猶可，失人豈可乎哉！蓋人才自古爲難也。夫以才人難得如此，苟幸一得焉，而又失之，豈不憾哉？

嗟夫！顔子没而未聞好學。在夫子時，固已苦于人之難得矣，况今日乎？是以求之七十子之中而不得，乃求之于三千之衆；求之三千而不得，乃不得已焉周流四方以求之。既而求之上下四方而卒無得也，于是動歸予之嘆曰：「歸與歸歟！吾黨小子，亦有可裁者。」其切切焉唯恐失人如此，以是知中行真不可以必得也。狂者不蹈故襲，不踐往迹，見識高矣。所謂如鳳皇翔于千仞之上，誰能當之？而不信凡鳥之平常，與己均同於物類。是以見雖高而不實，不實則不中行矣。狷者行一不義、殺一不辜而得天下不爲，如夷、齊之倫，其守定矣。所謂虎豹在山，百獸震恐，誰敢犯之？而不信凡走之皆獸。是以守雖定而不虚，不虚則不中行矣。是故曾點終于狂而不實，而曾參信道之後，遂能以中虚而不易終身之定守者，則夫子來歸而後得斯人也。不然，豈不以失此人爲憾乎哉！

若夫賊德之鄉愿，則雖過門而不欲其入室，蓋拒絶之深矣，而肯遽以人類視之哉！而今事不得已，亦且與鄉愿爲侣，方且盡忠告之誠，欲以納之于道，其爲所讐疾，無足怪也，失言故耳。雖然，失言亦何害乎？所患惟恐失人耳。苟萬分一有失人之悔，則終身抱痛，死且不瞑目矣。蓋論好人極好相處，則鄉愿爲第一；論載道而承千聖絶學，則舍狂狷將何之乎？

公今宦遊大半天下矣，兩京又人物之淵，左顧右盼，招提接引，亦曾得斯人乎？抑求之而未得也？抑亦未嘗求之者歟？抑求而得者皆非狂狷之士，縱有狂者，終以不實見棄；而清如伯夷，反以行之似廉潔者當之也？審如此，則公終不免有失人之侮矣。

夫夷、齊就養于西伯，而不忍幸生于武王。父爲西伯，則千里就食，而甘爲門下之客，以其能服事殷也。子爲周王，則寧餓死而不肯一食其土之薇，爲其以暴易暴也。曾元之告曾子曰：「夫子之病亟矣，幸而至于旦，更易之！」曾子曰：「君子之愛人以德，世人之愛人以姑息。吾何求哉？吾得正而斃焉，斯已矣。」元起易簀，反席未安而没。此與伯夷餓死何異，而可遂以鄉願之廉潔當之也？故學道而非此輩人，終不可以得道；傳道而非此輩人，終不可以語道。有狂狷而不聞道者有之矣，未有非狂狷而能聞道者也。

僕今不久將告別矣，數年蒙愛感恩難酬，故復致意于狂狷與夫失人、失言之輕重者，亦謂惟此可以少答萬一云爾。賤眷思歸已甚，不得已欲遣之；僕則行遊四方，効古人之求友。蓋孔子求友之勝己者，欲以傳道，所謂智過于師，方堪傳授是也。吾輩求友之勝己者，欲以證道，所謂三上洞山，九到投子是也。

李温陵集卷之二

李温陵集卷之三

海虞後學顧大韶仲恭校

書答

答耿司寇

此來一番承教，方可稱真講學，方可稱真朋友。公不知何故而必欲教我，我亦不知何故而必欲求教于公，方可稱是不容已真機，自有莫知其然而然者矣。

嗟夫！朋友道絶久矣。予嘗謬謂千古有君臣，無朋友，豈過論歟！夫君猶龍也，下有逆鱗，犯者必死，然而以死諫者相踵也。何也？死而博死諫之名，則志士亦願爲之，況未必死而遂有巨福邪？避害之心不足以勝其名利之心，以故犯害而不顧，況無其害而且有大利乎！若夫朋友則不然：幸而入，則分毫無我益；不幸而不相入，則小者必争，大者爲讐。何心老至以此殺身，身殺而名又不成，此其昭昭可監也。故予謂千古無朋友者，謂無利也。是以犯顔敢諫之士，恒見于君臣之際，而絶不聞之朋友之間。今者何幸而見僕之于公邪！是可貴也。又何幸而得公之教僕邪！真可羨也。快哉怡哉！居然復見偲偲切切景象矣。然則豈惟公愛依倣孔子，僕亦未嘗不願依倣之也。

惟公之所不容已者，在于泛愛人，而不欲其擇人；我之所不容已者，在于爲吾道得人，而不欲輕以與人。微覺不同耳。公之所不容已者，乃人生十五歲以前《弟子職》諸篇入孝出弟等事；我之所不容已者，乃十五成人以後爲大人明《大學》，欲去明明德于天下等事。公之所不容已者博，而惟在于痛癢之末；我之所不容已者專，而惟直收吾開眼之功。公之所不容已者，多雨露之滋潤，是故不請而自至，如村學訓蒙師然，以故取効寡而用力艱；我之所不容已者，多霜雪之凛冽，是故必待價而後沽，又如大將用兵，直先擒王，以故用力少而奏功大。雖各各手段不同，然其爲不容已之本心一也。心苟一矣，則公不容已之論，固可以相忘于無言矣。若謂公之不容已者爲是，我之不容已者爲非；公之不容已者是聖學，我之不容已者是異學：則吾不能知之矣。公之不容已者是知其不可以已，而必欲其不已者，爲真不容已；我之不容已者是不知其不容已，而自然不容已者，非孔聖人之不容已：則吾又不能知之矣。恐公于此，尚有執己自是之病在。恐未可遽以人皆悦之，而遂自以爲是，而遽非人之不是也。恐未可遽以在邦必聞，而遂居之不疑，而遂以人盡異學，通非孔、孟之正脈笑之也。我謂公之不容已處若果是，則世人之不容已處總皆是；若世人之不容已處誠未是，則公之不容已處亦未必是也。此又我之真不容已處耳。未知是否，幸一教焉！

試觀公之行事，殊無甚異于人者。人盡如此，我亦如此，公亦如此。自朝至暮，自有知識以至于今日，均之耕田而求食，買地而求種，架屋而求安，讀書而求科第，居官而求尊顯，博求風水以求福蔭子孫。種種日用，皆爲自己身家計慮，無一釐爲人謀者。及乎開口談學，便説爾爲自己，我爲他人；爾爲自私，我欲利他；我憐東家之饑矣，又思西家之寒難可忍也；某等肯上門教人矣，是孔、孟之志也，某等不肯會人，是自私自利之徒也；某行雖不謹，而肯與人爲善，某等行雖端謹，而好以佛法害人。以此而觀，所講者未必公之所行，所行者又公之所不講，其與言顧行、行顧言何異乎？以是謂爲孔聖之訓可乎？翻思此等，反不如市井小夫，身履是事，口便説是事，作生意者但説生意，力田作者但説力田，鑿鑿有味，真有德之言，令人聽之忘厭倦矣。

夫孔子所云言顧行者，何也？彼自謂於子臣弟友之道有未能，蓋真未之能，非假謙也。人生世間，惟是此四者終身用之，安有盡期？若謂我能，則自止而不復有進矣。聖人知此最難盡，故自謂未能。己實未能，則説我不能，是言顧其行也。説我未能，實是不能，是行顧其言也。故爲慥慥，故爲有恒，故爲主忠信，故爲毋自欺，故爲真聖人耳。不似今人全不知己之未能，而務以此四者責人教人。所求于人者重，而所自任者輕，人其肯信之乎？

聖人不責人之必能，是以人人皆可以爲聖。故陽明先生曰：「滿街皆聖人。」佛氏亦曰：「即心即佛，人人是佛。」夫惟人人之皆聖人也，是以聖人無别不容已道理可以示人也。故曰：「予欲無言。」夫惟人人之皆佛也，是以佛未嘗度衆生也。無衆生相，安有人相？無道理相，安有我相？無我相，故能舍己；無人相，故能從人。非强之也，以親見人人之皆佛而善與人同故也。善既與人同，何獨於我而有善乎？人與我既同此善，何有一人之善而不可取乎？故曰：「自耕稼陶漁以至爲帝，無非取諸人者。」後人推而誦之曰：即此取人爲善，便自與人爲善矣。舜初未嘗有欲與人爲善之心也，使舜先存與善之心以取人，則其取善也必不誠。人心至神，亦遂不之與，舜亦必不能以與之矣。舜惟終身知善之在人，吾惟取之而已。耕稼陶漁之人既無不可取，則千聖萬賢之善，獨不可取乎？又何必專學孔子而後爲正脈也！

夫人既無不可取之善，則我自無善可與，無道可言矣。然則子禮不許講學之談，亦大苦心矣。安在其爲挫抑柳老，而必欲爲柳老伸屈，爲柳老遮護至此乎？又安見其爲子禮之口過，而又欲爲子禮掩蓋之邪？

公之用心，亦太瑣細矣！ 既已長篇大篇書行世間，又令別人勿傳，是何背戾也？ 反覆詳翫，公之用心，亦太不直矣！ 且子禮未嘗自認以爲己過；縱有過，渠亦不自蓋覆，而公乃反爲之覆，此誠何心也？ 古之君子，其過也如日月之食，人皆見而又皆仰；今之君子，豈徒順之，而又爲之辭。 公其以爲何如乎？ 柳老平生正坐，冥然寂然，不以介懷，故不長進，公獨以爲柳老誇，又何也？ 豈公有憾于柳老而不欲其長進邪？ 然則子禮之愛柳老者心髓，公之愛柳老者皮膚，又不言可知矣。 柳老於子禮爲兄，渠之兄弟尚多也，而獨注意于柳老；柳老又不在仕途，又不與之鄰舍與田，無可争者。 其不爲毁柳老以成其私，又可知矣。 既無半點私意，則所云者純是一片赤心。 公固聰明，何獨昧此乎？ 縱子禮之言不是，則當爲子禮惜，而不當爲柳老憂。 若子禮之言是，則當爲柳老惜，固宜將此平日自負孔聖正脈，不容已真機，直爲柳老委曲開導。 柳老惟知敬信公者也，所言未必不入也。 今若此，則何益于柳老，柳老又何貴于與公相知哉！ 然則子禮口過之稱，亦謂無可奈何，姑爲是言以宣責耳。 設使柳老之所造已深，未易窺見，則公當大爲柳老喜，而又不必患其介意矣。 何也？ 遯世不見知而不悔，此學的也。 衆人不知我之學，則吾爲賢人矣，此可喜也。 賢人不知我之學，則我爲聖人矣，又不愈可喜乎？ 聖人不知我之學，則吾爲神人矣，尤不愈可喜乎？ 當時知孔子者唯顔子，雖子貢之徒亦不之知，此真所以爲孔子耳。 又安在乎必于子禮之知之也？ 又安見其爲挫抑柳老，使劉金吾諸公輩輕視我等也邪？ 我謂不患人之輕視我等，我等正自輕視耳。 區區護名，何時遮蓋得完邪？

且吾聞金吾亦人傑也，公切切焉欲其講學，是何主意？ 豈以公之行履，有加于金吾邪？ 若有加，幸一一示我，我亦看得見也。 若不能有加，而欲彼就我講此無益之虛談，是又何説也？ 吾恐不足以誑三尺之童子，而可以誑豪傑之士哉？ 然則孔子之講學非歟？ 孔子直謂聖愚一律，不容加損，所謂麒麟與凡獸並走，凡鳥與鳳凰齊飛，皆同類也。所謂萬物皆吾同體是也。而獨有出類之學，唯孔子知之，故孟子言之有味耳。然究其所以出類者，則在于巧中焉，巧處又不可容力。今不于不可用力處參究，而唯欲于致力處著脚，則已失孔、孟不傳之秘矣。此爲何等事，而又可輕以與人談邪？

公聞此言，必以爲異端人只宜以訓蒙爲事，而但借「明明德」以爲題目可矣，何必説此虚無寂滅之教，以眩惑人邪？夫所謂仙佛與儒，皆其名耳。孔子知人之好名也，故以名教誘之；大雄氏知人之怕死也，故以死懼之；老氏知人之貪生也，故以長生引之。皆不得已，權立名色以化誘後人，非真實也。唯顔子知之，故曰夫子善誘。今某之行事，有一不與公同者乎？亦好做官，亦好富貴，亦有妻孥，亦有廬舍，亦有朋友，亦會賓客，公豈能勝我乎？何爲乎公獨有學可講，獨有許多不容已處也？我既與公一同，則一切棄人倫、離妻室、削髮披緇等語，公亦可以相忘于無言矣。何也？僕未嘗有一件不與公同也，但公爲大官耳，學問豈因大官長乎？學問如因大官長，則孔、孟當不敢開口矣。

且東廓先生，非公所得而擬也。東廓先生專發揮陽明先生「良知」之旨，以繼往開來爲己任，其妙處全在不避惡名以救同類之急，公其能此乎？我知公詳矣，公其再勿説謊也！須如東廓先生，方可説是真不容已。近時唯龍溪先生足以繼之，近溪先生稍能繼之。公繼東廓先生，終不得也。何也？名心太重也，回護太多也，實多惡也，而專談志仁無惡；實偏私所好也，而專談泛愛博愛；實執定己見也，而專談不可自是。公看近溪有此乎？龍溪有此乎？况東廓哉！此非强爲爾也，諸老皆實實見得善與人同，不容分别故耳。既無分别，又何惡乎？公今種種分别如此，舉世道學無有當公心者，雖以心齋先生亦在𥜥種不入公彀率矣，况其他乎！其同時所喜者，僅僅胡廬山耳。麻城、周柳塘、新邑吴少虞，只此二公爲特出，則公之取善亦太狹矣，何以能明明德于天下也？

我非不知敬順公之爲美也，以「齊人莫如我敬王」也。亦非不知順公則公必愛我，公既愛我，則合縣士民俱禮敬我，吴少虞亦必敬我，官吏師生人等俱來敬我，何等好過日子，何等快活也哉！但以衆人俱來敬我，終不如公一人獨知敬我；公一人敬我，終不如公之自敬也。

吁！公果能自敬，則予何説乎！自敬伊何？戒謹不覩，恐懼不聞，毋自欺，求自慊，慎其獨。孔聖人之自敬者蓋如此。若不能自敬，而能敬人，未之有也。所謂本亂而求末之治，無是理也。故曰：「一是皆以修身爲本。」此正脈也，此至易至簡之學，守約博施之道，故曰：「君子之守，修其身而天下平」，又曰：「人人親其親，長其長，而天下平」；又曰：「上老老而民興孝」，更不言如何去平天下，但只道修身二字而已。孔門之教，如此而已，吾不知何處更有不容已之説也。

公勿以修身爲易，明明德爲不難，恐人便不肯用工夫也。實實欲明明德者，工夫正好艱難，在埋頭二三十年，尚未得到手，如何可説無工夫也？龍溪先生年至九十，自二十歲爲學，又得明師，所探討者盡天下書，所求正者盡四方人，末年方得實詣，可謂無工夫乎？公但用自己工夫，勿愁人無工夫用也。有志者自然來共學，無志者雖與之談何益。近溪先生從幼聞道，一第十年乃官，至今七十二歲，猶歷涉江湖各處訪人，豈專爲傳法計歟！蓋亦有不容已者。彼其一生好名，近來始知藏名之法，歷江右、兩浙、姑蘇以至秣陵，無一道學不去參訪。雖弟子之求師，未有若彼之切者，可謂致了良知，更無工夫乎？然則公第用起工夫耳，儒家書儘足參詳，不必别觀釋典也。解釋文字，終難契入；執定己見，終難空空；耘人之田，終荒家穰。願公無以芻蕘陶漁之見而棄忽之也。古人甚好察此言耳。

名乃錮身之鎖，聞近老一路無一人相知信者。柳塘初在家時，讀其書便十分相信，到南昌則七分，至建昌又減二分，則得五分耳。及乎南京，雖求一分相信，亦無有矣。柳塘之徒曾子，雖有一二分相信，大概亦多驚訝。焦弱侯自謂聰明特達，方子及亦以豪傑自負，皆棄置大法師不理會之矣。乃知真具隻眼者，舉世絶少，而坐令近老受遯世不見知之妙用也。至矣！近老之善藏其用也。曾子回，對我言曰：「近老無知者，唯先生一人知之。」吁！我若不知近老，則近老有何用乎！惟我一人知之足矣，何用多知乎！多知即不中用，猶是近名之累，曷足貴歟！故曰：「知我者希則我貴矣。」吾不甘近老之太尊貴也。近老于生，豈同調乎？正爾似公舉動耳。乃生深信之，何也？五臺與生稍相似，公又謂五臺公心熱，僕心太冷。吁！何其相馬于牝牡驪黄之間也！

展轉千百言，畧不識忌諱，又家貧無代書者，執筆草草，絶不成句。又不敢縱筆作大字，恐重取怒于公。書完，遂封上。極知當重病數十日矣，蓋賤體尚未甚平，此勞遂難當。但得公一二相信，即刻死填溝壑，亦甚甘願。公思僕此等何心也？僕佛學也，豈欲與公争名乎？抑争官乎？皆無之矣。公儻不信僕，試以僕此意質之五臺，以爲何如？以五臺公所信也。若以五臺亦佛學，試以問之近溪老何如？

公又云：「前者《二鳥賦》原爲子禮而發，不爲公也。」夫《二鳥賦》若專爲子禮而發，是何待子禮之厚，而視不肖之薄也！生非護惜人也，但能攻發吾之過惡，便是吾之師。吾求公施大鑪錘久矣。物不經鍛練，終難成器；人不得切琢，終不成人。吾來求友，非求名也；吾來求道，非求聲稱也。公其勿重爲我蓋覆可焉！我不喜吾之無過而喜吾過之在人，我不患吾之有過而患吾過之不顯。此佛説也，非魔説也；此確論也，非戲論也。公試虚其心以觀之何如？

每思公之所以執迷不返者，其病在多欲。古人無他妙巧，直以寡欲爲養心之功，誠有味也。公今既宗孔子矣，又欲兼通諸聖之長；又欲清，又欲任，又欲和。既于聖人之所以繼往開來者，無日夜而不發揮，又于世人之所以光前裕後者，無時刻而不繫念。又以世人之念爲俗念，又欲時時蓋覆，只單顯出繼往開來不容已本心以示于人。分明貪高位厚禄之足以尊顯也，三品二品之足以褒寵父祖二親也，此公之真不容已處也，是正念也。却回護之曰：「我爲堯、舜君民而出也，吾以先知先覺自任而出也。」是又欲蓋覆此欲也，非公不容已之真本心也。且此又是伊尹志，非孔子志也。孔、孟之志，公豈不聞之乎！孔、孟之志曰：「故將大有爲之君，必有所不召之臣，欲有謀焉則就之，其尊德樂道不如是，不足與有爲也。」是以魯繆公無人乎？子思之側，則不能安子思。孔、孟之家法，其自重如此，其重道也又如此。公法仲尼者，何獨于此而不法，而必以法伊尹爲也？豈以此非孔聖人之真不容已處乎？吾謂孔、孟當此時若徒隨行逐隊，旅進旅退，以戀崇階，則寧終身空室陋巷窮餓而不悔矣。此顔子之善學孔子處也。

不特是也。分明憾克明好超脱，不肯注意生孫，却回護之曰：「吾家子姪好超脱，不以嗣續爲念。」乃又錯怪李卓老曰：「因他超脱，不以嗣續爲重，故兒效之耳。」吁吁！生子生孫何事也，乃亦效人乎？且超脱又不當生子乎？即兒好超脱，故未有孫，而公不超脱者也，何故不見多男子乎？我連生四子俱不育，老來無力，故以命自安，實未嘗超脱也。公何誣我之甚乎！

又不特是也。分明憾克明好超脱，不肯注意舉子業，却回護之曰：「吾家子姪好超脱，不肯著實盡平常分內事。」乃又錯怪李卓老曰：「因他超脱，不以功名爲重，故害我家兒子。」吁吁！卓吾自二十九歲做官以至五十三歲乃休，何曾有半點超脱也！克明年年去北京進場，功名何曾經乎？時運未至，渠亦未嘗不堅忍以俟。而翁性急，乃歸咎于舉業之不工，是而翁欲心太急也。世間工此者何限，必皆一一中選，一一早中，則李、杜文章不當見遺，而我與公亦不可以僥倖目之矣。

夫所謂超脱者，如淵明之徒，官既懶做，家事又懶治，乃可耳。今公自謂不超脱者固能理家，而克明之超脱者亦未嘗棄家不理也，又何可以超脱憾之也！即能超脱，足追陶公，我能爲公致賀，不必憾也。此皆多欲之故，故致背戾，故致錯亂，故致昏蔽如此耳。且克明何如人也，筋骨如鐵，而肯效顰學步從人脚跟走乎？即依人便是優人，亦不得謂之克明矣。故使克明即不中舉，即不中進士，即不作大官，亦當爲天地間有數奇品，超類絶倫，而可以公眼前蹊逕限之歟！

吴少虞曾對我言曰：「楚倥放肆無忌憚，皆爾教之。」我曰：「安得此無天理之談乎？」吴曰：「雖然，非爾亦由爾，故放肆方穩妥也。」吁吁！楚倥何曾放肆乎？且彼乃吾師，吾惟知師之而已。渠眼空四海，而又肯隨人脚跟走乎？苟如此，亦不得謂之楚倥矣。大抵吴之一言一動，皆自公來，若出自公意，公亦太乖張矣。縱不具隻眼，獨可無眼乎？吾謂公且虚心以聽賤子一言，勿蹉跎誤了一生也。如欲專爲光前裕後事，吾知公必不甘，吾知公决兼爲繼往開來之事者也。一身而二任，雖孔聖必不能。故鯉死則死矣，顔死則慟焉，妻出更不復再娶，鯉死更不聞再買妾以求復生子。無他，爲重道也。爲道既重，則其他自不入念矣。公于此亦可遽以超脱病之乎？

然吾觀公，實未嘗有傳道之意，實未嘗有重道之念。自公倡道以來，誰是接公道柄者乎？他處我不知，新邑是誰繼公之真脈者乎？面從而背違，身教自相與遵守，言教則半句不曾奉行之矣。以故，我絶不欲與此間人相接，他亦自不與我接。何者？我無可趨之勢故耳。吁吁！爲師者忘其奔走承奉而來也，乃直任之而不辭曰：「吾道德之所感召也。」爲弟子者亦忘其爲趨勢附熱而至也，乃久假而不歸曰：「吾師道也」，「吾友德也。」吁！以此爲學道，即稍稍有志向者，亦不願與之交，况如僕哉！其杜門不出，非簡亢也，非絶人逃世也；若欲逃世，則入山之深矣。

麻城去公稍遠，人又頗多，公之言教亦頗未及，故其中亦自有真人稍可相與處耳。雖上智之資未可即得，然箇箇與語，自然不俗。黄陂祝先生，舊曾屢會之于白下，生初謂此人質實可與共學，特氣骨太弱耳。

近會方知其能不昧自心，雖非肝胆盡露者，亦可謂能吐肝胆者矣。使其稍加健猛，亦足承載此事，願公加意培植之也。

聞麻城新選邑侯初到，柳塘因之欲議立會，請父母爲會主。余謂父母愛民，自有本分事，日夜不得閑空，何必另標門户，使合縣分黨也？與會者爲賢，則不與會者爲不肖矣。使人人有不肖之嫌，是我輩起之也。且父母在，誰不願入會乎？既願入會，則入會者必多不肖；既多不肖，則賢者必不肯來：是此會專爲會不肖也。豈爲會之初意則然哉，其勢不得不至此耳。况爲會何益于父母，徒使小人乘此紛擾縣公。縣公賢則處置自妙，然猶未免分費精神，使之不得專理民事；設使聰明未必過人，則此會即爲斵性命之刀斧矣，有仁心者肯爲此乎？蓋縣公若果以性命爲重，則能自求師尋友，不必我代之勞苦矣。何也？我思我學道時，正是高閣老、楊吏部、高禮部諸公禁忌之時，此時絶無有會，亦絶無有開口説此件者。我時欲此件切，自然尋得朋友，自能會了許多不言之師，安在必立會而後爲學乎？此事易曉，乃柳塘亦不知，何也？若謂柳塘之道，舉縣門生無有一個接得者，今欲趁此傳與縣公，則宜自將此道指點縣公，亦不宜將此不得悟入者盡數招集以亂聰聽也。若謂縣公得道，柳塘欲聞，則柳塘自與之商證可矣。且縣公有道，縣公自不容已，自能取人會人，亦不必我代之主赤幟也。反復思惟，總是名心牽引，不得不顛倒耳。

答鄧明府

某偶爾遊方之外，畧示形骸虚幻于人世如此，且因以逃名避譴於一時所謂賢聖大人者。兹承過辱，勤懇慰諭，雖真骨肉不啻矣，何能謝？第日者奉教，尚有未盡請益者，謹畧陳之。

夫舜之好察邇言者，予以謂非至聖則不能察，非不自聖則亦不能察也。已至于聖，則自能知衆言之非邇，無一邇言而非真聖人之言者。無一邇言而非真聖人之言，則天下無一人而不是真聖人之人，明矣。非强爲也，彼蓋曾實用知人之功，而真見本來面目無人故也；實從事爲我之學，而親見本來面目無我故也。本來無我，故本來無聖，本來無聖，又安得見己之爲聖人，而天下之人之非聖人邪？本來無人，則本來無邇，本來無邇，又安見邇言之不可察，而更有聖人之言之可以察也邪？故曰：「自耕稼陶漁，無非取諸人者。」居深山之中，木石居而鹿豕遊，而所聞皆善言，所見皆善行也。此豈强爲，法如是故。今試就生一人論之。

生狷隘人也，所相與處，至無幾也。間或見一二同參從入無門，不免生菩提心，就此百姓日用處提撕一番。如好貨，如好色，如勤學，如進取，如多積金玉，如多買田宅爲子孫謀，博求風水爲兒孫福蔭，凡世間一切治生産業等事，皆其所共好而共習，共知而共言者，是真邇言也。于是果能反而求之，頓得此心，頓見一切賢聖佛祖（太）〔大〕機大用，識得本來面目，則無始曠刼未明大事，當下了畢。此予之實證實得處也，而皆自于好察邇言得之。故不識諱忌，時時提唱此語。而令師反以我爲害人，誑誘他後生小子，深痛惡我。不知他之所謂後生小子，即我之後生小子也，我又安忍害之？但我之所爲好察者，百姓日用之邇言也。則我亦與百姓同其邇言者，而奈何令師之不好察也！

生言及此，非自當于大舜也，亦以不自見聖，而能見人人之皆聖人者與舜同也；不知其言之爲邇，而能好察此邇言者與舜同也。今試就正于門下，門下果以與舜同其好察者是乎？不與舜同其好察者是乎？自然好察者是乎？强以爲邇言之中必有至理，然後從而加意以察之者爲是乎？愚以爲强而好察者，或可强于一時，必不免敗缺于終身；可强勉于衆人之前，必不免敗露于一人之後也。此豈予好求勝而務欲令師之必予察也哉！蓋此正舜、蹠之分，利與善之間，至甚可畏而至甚不可以不察也。既繫朋友性命，真切甚于肉骨，容能自已而一任其不知察乎？俗人不知，謬謂生于令師有所言説，非公聰明，孰能遽信予之衷赤也哉！

然此好察邇言，原是要緊之事，亦原是最難之事。何者？能好察則得本心，然非實得本心者決必不能好察。故愚每每大言曰：「如今海内無人。」正爲此也。所以無人者，以世之學者但知欲做無我無人工夫，而不知原來無我無人，自不容做也。若有做作，即有安排，便不能久，不免流入欺己欺人不能誠意之病。欲其自得，終無日矣。然愚雖以此好察日望于令師，亦豈敢遂以此好察邇言取必于令師也哉！但念令師于此，未可遽以爲害人，使人反笑令師耳。何也？若以爲害人，則孔子「仁者，人也」之説，孟氏「仁，人心也」之説，達磨西來單傳直指諸説，皆爲欺世誣人，作誑語以惑亂天下後世矣。尚安得有周、程，尚安得有陽明、心齋、大洲諸先生及六祖、馬祖、臨濟諸佛祖事邪？是以不得不爲法辯耳。千語萬語，只是一語；千辯萬辯，不出一辯。恐令師或未能察，故因此附發于大智之前，冀有方便或爲我轉致之耳。

且愚之所好察者，邇言也。而吾身之所履者，則不貪財也，不好色也，不居權勢也，不患失得也，不遺居積于後人也，不求風水以圖福蔭也。言雖邇而所爲復不邇者何居？愚以爲此特世之人不知學問者以爲不邇耳，自大道觀之，則皆邇也；未曾問學者以爲邇耳，自大道視之，則皆不邇也。然則人人各自有一種方便法門，既不俟取法于予矣，况萬物並育，原不相害者，而謂予能害之，可歟？

吾且以邇言證之：凡今之人，自生至老，自一家以至萬家，自一國以至天下，凡邇言中事，孰待教而後行乎？趨利避害，人人同心。是謂天成，是謂衆巧，邇言之所以爲妙也。大舜之所以好察而爲古今之大智也。今令師之所以自爲者，未嘗有一釐自背于邇言；而所以詔學者，則必曰專志道德，無求功名，不可貪位慕禄也，不可患得患失也；不可貪貨貪色，多買寵妾田宅爲子孫業也。視一切邇言，皆如毒藥利刃，非但不好察之矣。審如是，其誰聽之？若曰：「我亦知世之人惟邇言是躭，必不我聽也；但爲人宗師，不得不如此立論以教人耳。」果如此自不妨，古昔皆然，皆以此教導愚人，免使法堂草加深三尺耳矣。但不應昧却此心，便説我害人也。世間未有以大舜望人，而乃以爲害人者也。以大舜事令師，而乃以爲慢令師者也。此皆至邇至淺至易曉之言，想令師必然聽察，第此時作惡已深，未便翻然若江河决耳，故敢直望門下，惟門下大力，自能握此旋轉機權也。若曰：「居士向日儒服而强談佛，今居佛國矣，又强談儒。」則于令師當絶望矣。

復周柳塘

弟早知兄不敢以此忠告進耿老也。弟向自通劄，此直試兄耳。乃知生平聚友講學之舉，遷善去惡之訓，亦太欺人矣。欺人即自欺，更又何説乎！夫彼專談無善無惡之學，我則以無善無惡待之；若于彼前而又談遷善去惡事，則我爲無眼人矣。彼專談遷善去惡之學者，吾則以遷善去惡望之；若於彼前而不責以遷善去惡事，則我亦爲無眼人矣。世間學者原有此二種，弟安得不以此二種應之也邪？惟是一等無緊要人，縱有一言之失，不過彼自失耳；一行之差，不過彼自差耳。於世初無與，可勿論也。若特地出來，要扶綱常，立人極，繼往古，開群蒙，有如許擔荷，則一言之失，乃四海之所觀聽，一行之謬，乃後生小子輩之所效尤，豈易放過乎？

如弟豈特于世上爲無要緊人，息焉游焉，直與草木同腐，遂亦自視爲朽敗不堪復用之器，是以任狂恣意，偷取一時之快，誠不足責也。若此二老，自負何如，關繫何如，而可輕耶！弟是以效孔門之忠告，竊前賢之善道，卑善柔之賤態，附直諒之後列，直欲以完名全節付二老，而遂不自知其犯于不可則止之科耳。雖然，二老何如人邪，夫以我一無要緊之人，我二老猶時時以遷善改過望之，况如耿老，而猶不可以遷善去惡之説進乎？而安敢以不可則止之戒事二老也。

偶有匡廬之興，且小樓不堪熱毒，亦可因以避暑。秋涼歸來，與兄當大講，務欲成就人世間要緊漢矣。

寄答大中丞

觀二公論學，一者説得好聽，而未必皆其所能行；一者説得未見好聽，而皆其所能行，非但己能行，亦衆人之所能行也。己能行而後言，是謂先行其言；己未能行而先言，則謂言不顧行。吾從其能行者而已，吾從衆人之所能行者而已。

夫知己之可能，又知人之皆可能，是己之善與人同也，是無己而非人也，而何己之不能舍？既知人之可能，又知己之皆可能，是人之善與己同也，是無人而非己也，而何人之不可從？此無人無己之學，參贊位育之實，扶世立教之原，蓋真有見于善與人同之極故也。今不知善與人同之學，而徒慕舍己從人之名，是有意于舍己也。有意舍己，即是有己；有意從人，即是有人。况未能舍己而徒言舍己以教人乎？若真能舍己，則二公皆當舍矣。今皆不能舍己以相從，又何日夜切切以舍己言也？教人以舍己，而自不能舍，則所云舍己從人者妄也，非大舜舍己從人之謂也。言舍己者可以反而思矣。

真舍己者，不見有己。不見有己，則無己可舍，故曰舍己。所以能然者，學先知己故也。真從人者，不見有人。不見有人，則無人可從，故曰從人。所以然者，學先知人故也。今不知己而但言舍己，不知人而但言從人，毋怪其執恪不舍，堅拒不從，而又日夜言舍己從人以欺人也。人其可欺乎？徒自欺耳。毋他，扶世立教之念爲之祟也。扶世立教之念，先知先覺之任爲之先也。先知先覺之任，好臣所教之心爲之驅也。以故終日言扶世，而未嘗扶得一時，其與未嘗以扶世爲己任者等耳。終日言立教，未嘗教得一人，其與未嘗以立教爲己任者均焉。此可耻之大者，所謂「耻其言而過其行者」非邪？所謂「不耻不若人何若人有者」又非邪？

吾謂欲得扶世，須如海剛峯之憫世，方可稱真扶世人矣。欲得立教，須如嚴寅所之宅身，方可稱真立教人矣。然二老有扶世立教之實，而絶口不道扶世立教之言；雖絶口不道扶世立教之言，人亦未嘗不以扶世立教之實歸之。今無其實，而自高其名，可乎？

且所謂扶世立教，參贊位育者，雖聾瞽侏跛亦能之。則仲子之言，既已契于心矣，縱能扶得世教，成得參贊位育，亦不過能侏跛聾瞽之所共能者，有何奇巧而必欲以爲天下之重而任之邪？若不信侏跛聾瞽之能參贊位育，而别求所謂參贊位育以勝之，以爲今之學道者皆自私自利而不知此，則亦不得謂之參贊位育矣。是一己之位育參贊也，聖人不如是也。

李温陵集卷之三

李温陵集卷之四

海虞後學顧大韶仲恭校

書答

與莊純夫

日在到，知葬事畢，可喜可喜！ 人生一世，如此而已。 相聚四十餘年，情境甚熟，亦猶作客并州，既多時，自同故鄉，難遽離割也。 夫婦之際，恩情尤甚，非但枕席之私，亦以辛勤拮據，有内助之益。 若平日有如賓之敬，齊眉之誠，孝友忠信，損己利人，勝似今世稱學道者，徒有名而無實，則臨别猶難割捨也。 何也？ 情愛之中兼有婦行婦功婦言婦德，更令人思念耳，爾岳母黄宜人是矣。 獨有講學一事不信人言，稍稍可憾，餘則皆今人所未有也。 我雖鐵石作肝，能不慨然？ 況臨老各天，不及永訣邪！ 已矣！ 已矣！

自聞訃後，無一夜不入夢，但俱不知是死。 豈真到此乎？ 抑吾念之，魂自相招也？ 想他平生謹慎，必不輕履僧堂。 然僧堂一到亦有何妨。 要之皆未脱灑耳。 既單有魂靈，何男何女，何遠何近，何拘何礙！ 若猶如舊日拘礙不通，則終無出頭之期矣。 即此魂靈猶在，便知此真身不死，自然無所拘礙，而更自作拘礙，可乎？即此無拘無礙，便是西方浄土，極樂世界，更無别有西方世界也。

純夫可以此書焚告爾岳母之靈，俾知此意。勿貪托生之樂，一處胎中，便有隔陰之昏；勿貪人天之供，一生天上，便受供養，頓忘却前生自由自在夙念。報盡業現，還來六趣，無有窮時矣。

爾岳母平日爲人如此，决生天上無疑。須記我語，莫忘却，雖在天上，時時不忘記取，等我壽終之時，一來迎接，則轉轉相依，可以無錯矣。或暫寄在念佛場中，尤妙。或見我平生交遊，我平日所敬愛者，得與相歸依，以待我至亦可。幸勿貪受胎，再托生也。純夫千萬焚香化紙錢，苦讀三五遍，對靈叮囑，明白誦説，則宜人自能知之。

答周二魯

士貴爲己，務自適。如不自適而適人之適，雖伯夷、叔齊同爲淫僻；不知爲己，惟務爲人，雖堯、舜同爲塵垢秕糠。此儒者之用，所以竟爲蒙莊所排，青牛所訶，而以爲不如良賈也。蓋其朝聞夕可，雖無異路，至于用世處身之術，斷斷乎非儒者所能企及。後世稍有知其畧者，猶能致清浄寧一之化，如漢文帝、曹相國、汲長孺等，自利利他，同歸于至順極治，則親當黄帝、老子時又何如邪？僕實喜之而習氣太重，不能庶幾其萬一，蓋口説自適而終是好適人之適，口説爲己而終是看得自己太輕故耳。

老子曰："挫其鋭，解其紛，和其光，同其塵。""處衆人之所惡，則幾于道矣。"僕在黄安時，終日杜門，不能與衆同塵；到麻城，然後遊戲三昧，出入于花街柳市之間，始能與衆同塵矣，而又未能和光也。何也？以與中丞猶有辯學諸書也。自今思之，辯有何益？祇見紛紛不解，彼此鋒鋭益甚，光鋩愈熾，非但無益而反涉于吝驕，自蹈於宋儒攻新法之故轍而不自知矣。豈非以不知爲己，不知自適，故不能和光，而務欲以自炫其光之故歟？　静言思之，實爲可恥。故決意去髮，欲以入山之深，免與世人争長較短。蓋未能對面忘情，其勢不得不復爲閉户獨處之計耳。雖生死大事不必如此，但自愧勞擾一生，年已六十二，風前之燭，曾無幾時，況自此以往，皆未死之年，待死之身，便宜歲月日時也乎！若又不知自適，更待何時乃得自適也邪？且遊戲翫要者，衆人之所同，而儒者之所惡；若落髮毀貌，則非但儒生惡之，雖衆人亦惡之矣。和光之道，莫甚于此，僕又何惜此幾莖毛而不處于衆人之所惡邪？非敢自謂庶幾于道，特以居卑處辱，居退處下，居虚處獨，水之爲物，本自至善，人特不能似之耳。僕是以勉强爲此舉動，蓋老而無用，尤相宜也。

白下此時，五臺先生在刑曹，而近溪先生亦已到。僕愧老矣，不能匍匐趨侍。兄既同官于此，幸早發興一會之。五臺先生骨剛膽烈，更歷已久，練熟世故，明解朝典，不假言矣。至其出世之學，心領神解，又已多年，而絶口不談，逢人但説因説果，令人鄙笑。遇真正儒者，如痴如夢，翻令見疑。則此老欺人太甚，自謂海内無人故耳。亦又以見此老之善藏其用，非人可及也。兄有丈夫志願，或用世，或出世，俱不宜蹉過此老也。近老今年七十四矣，少而學道，蓋真正英雄，真正俠客，而能回光斂焰，專精般若之門者；老而糟粕盡棄，穢惡聚躬，蓋和光同塵之極。俗儒不知，盡道是實如此不肖。老子云：「天下謂我大，似不肖。夫惟大，故似不肖；若肖，久矣其細。」蓋大之極則何所不有，其以爲不肖也固宜。人盡以此老爲不肖，則知此老者自希；知此老者既希，則此老益以貴矣。又何疑乎！

僕實知此二老者，今天下之第一流也，後世之第一流也。用世處世，經世出世，俱已至到。兄但細心聽之，決知兄有大受用處也。然此言亦僕之不能自適處也，不真爲己處也。何也？兄未嘗問我此兩人，又未嘗欲會此兩人者，我何故説此兩人至此極也，豈非心腸太熱之故歟！一笑！一笑！

復焦秫陵

無念回，甚悉近況。我之所以立計就兄者，以我年老，恐不能待也。既兄官身，日夜無閑空，則雖欲早晚不離左右請教，安能得？官身不妨，我能蓄髮屈己相從，縱日間不閑，獨無長夜乎？但聞兄身心俱不得閑，則我決不可往也無疑也。至于冲庵，方履南京任，當用才之時，值大用之人，南北中外尚未知税駕之處，而約我于焦山，尤爲大謬。舍穩便，就跋涉，株守空山，爲侍郎守院，則亦安用李卓老爲哉？計且住此，與無念、鳳里、近城數公朝夕龍湖之上，雖主人以我爲臭穢不潔，不恤也。所望兄長盡心供職業！

弟嘗謂世間有三等作怪人，致使世間不得太平，皆由于兩頭照管。第一等，怕居官束縛，而心中又舍不得官。既苦其外，又苦其内。此其人頗高，而其心最苦，直至舍了官方得自在，弟等是也。又有一等，本爲富貴，而外矯詞以爲不願，實欲托此以爲榮身之梯，又兼採道德仁義之事以自蓋。此其人身心俱勞，無足言者。獨有一等，怕作官便舍官，喜作官便作官；喜講學便講學，不喜講學便不肯講學。此一等人，心身俱泰，手足輕安，既無兩頭照顧之患，又無掩蓋表揚之醜，故可稱也。趙文肅先生云：「我這箇嘴，張子這箇臉，也做了閣老，始信萬事有前定。只得心閒一日，便是便宜一日。」世間功名富貴，與夫道德性命，何曾束縛人，人自束縛耳。狂言如此，有可采不？

無念得會顧冲庵，甚奇，而不得一會李漸庵，亦甚可憾！鄒公有教賜我，楊公有俸及我，皆當謝之。然我老矣，伏枕待死，筆墨久廢，且以衰朽田野之老，通刺上國，恐以我爲不祥也。罷罷！自告免狀，知不我怪。向鄒公過古亭時，弟偶外出，不得摳趨侍從，悔者數日。夫金馬玉堂，所至蓬篳生光，既過三日，餘香猶在，孰不争先快覩邪？鄙人獨不得與，何緣之寡薄也。

有《出門如見大賓篇》(《説書》)，附往請教。尚有《精一》題、《聖賢所以盡其性》題，未寫出，容後録奉。大抵聖言最切實，最有用，不是空頭語。若如説者注解，則安用聖言爲邪！世間講學諸書，明快透髓，自古至今未有如龍溪先生者。弟舊收得頗全，今俱爲人取去，無一存者。諸朋友中讀經既難，讀《大慧法語》及《中峯廣録》又難，惟讀龍溪先生書，無不喜者。以此知先生之功在天下後世不淺矣。聞有《水滸傳》，無念欲之，幸寄與之，雖非原本亦可；然非原本，真不中用矣。方訒庵至今在滇，何邪？安得與他一會面也！無念甚得意此行，以謂得遇諸老。聞山東李先生向往甚切，有絶類離羣之意。審此，則令我寤寐爾思，展轉反側，曷其已邪！袁公果能枉駕過龍湖，明年夏初當掃館烹茶以俟之，幸匆爽約也！楊復所憾與兄居住稍遠，弟向與柳老處，見其《心如穀種論》及《惠迪從逆》作，是大作家。論首三五翻，透徹明甚，可惜末後作道理議論，稍不稱耳。然今世要未能作此者，所謂學從信門入是也。自此有路徑可行，有大門可啓，堂堂正正，日以深造，近溪先生之望不孤，而兄等亦得良侣矣。弟雖衰朽，不堪雕琢，敢自外于法席之下邪？聞此老求友不止，决非肯以小成自安者，喜何如也！

我已主意在湖上，只欠五十金脩理一小塔，冬盡即搬其中。祝無功過此一會，雖過此，亦不過使人道他好學，孳孳求友如此耳。大抵今之學道者，官重于名，名又重于學。以學起名，以名起官。使學不足以起名，名不足以起官，則視棄名如敝箒矣。無怪乎有志者多不肯學，多以我輩爲真光棍也。于此有耻，則羞惡之心自在。今于言不顧行處不知羞惡，而惡人作耍遊戲，所謂不能三年喪而小功是察也，悲夫！

近有《不患人之不己知患不知人》(《説書》)一篇。世間人誰不説我能知人，然夫子獨以爲患，而帝堯獨以爲難，則世間自説能知人者，皆妄也。于問學上親切，則能知人；能知人則能自知。是知人爲自知之要務，故曰：「我知言」，又曰：「不知言，無以知人也。」於用世上親切不虛，則自能知人；能知人由于能自知。

是自知爲知人之要務，故曰：「知人則哲，能官人」，「堯、舜之知而不偏物，急先務也。」先務者，親賢之謂也。親賢者，知賢之謂也。自古明君賢相，孰不欲得賢而親之，而卒所親者皆不賢，則以不知其人之爲不賢而妄以爲賢而親之也。故又曰：「不知其人，可乎？」知人則不失人，不失人則天下安矣。此堯之所難，夫子大聖人之所深患者，而世人乃易視之。嗚呼！亦何其猖狂不思之甚也！况乎以一時之喜怒，以一人之愛憎，而欲視天下高蹈遠引之士，混俗和光之徒，皮毛臭穢之夫，如周丘其人者哉！故得位非難，立位最難。若但取一概順己之侣，尊己之輩，則天下之士不來矣。今誦詩讀書者有矣，果知人論世否也？平日視孟軻若不足心服，及至臨時，恐未如彼「尚論」切實可用也。極知世之學者以我此言爲妄誕逆耳，然逆耳不受，將未免復蹈同心商證故轍矣，則亦安用此大官以誑朝廷，欺天下士爲哉？毒藥利病，刮骨刺血，非大勇如關雲長者不能受也。不可以自負孔子、孟軻者而顧不如一關義勇武安王者也。祇此一書耳，終身之交在此，半路絶交亦在此，莫以狀元恐嚇人也。世間友朋如我者絶無矣。

蘇長公何如人，故其文章自然驚天動地。世人不知，祇以文章稱之，不知文章直彼餘事耳。世未有其人不能卓立而能文章垂不朽者。弟于全刻抄出作四册，俱世人所未嘗取者。世人所取者，世人所知耳，亦長公俯就世人而作者也。至其真洪鍾大吕，大扣大鳴，小扣小應，俱繫彼精神髓骨所在。弟今盡數録出，間時一披閲，平生心事宛然如見，如對長公披襟面語，朝夕共游也。憾不得再寫一部，呈去請教耳。倘印出，令學生子置在案頭，初場二場三場畢具矣。龍溪先生全刻，千萬記心遺我！若近溪先生刻，不足觀也。蓋《近溪語録》須領悟者乃能觀于言語之外，不然未免反加繩束。非如王先生字字皆脱解門，得者讀之，足以印心，未得者讀之，足以證入也。

弟今年六十三矣，病又多，在世日少矣，故所言者皆直致不委曲。雖若倚恃年老無賴，然於相知之前，亦安用委曲爲也！若説相知而又須委曲，則不得謂之相知矣。然則弟終無一相知乎？以今觀之，當終吾身無一相知也。

又與焦秣陵

李氏《藏書》再讀一遍，多所更定矣，完日當送覽，再求訂正也。原稿乞檢付的當人還我，我此已無別副矣。

鄭子玄者，丘長孺父子之文會友也。文雖不如其父子，而質實有耻，不肯講學，故喜之。蓋彼全不曾親見顔、曾、思、孟，又不曾親見周、程、張、朱，但見今之講周、程、張、朱者，以爲周、程、張、朱實實如是爾也，故耻而肯不講。不講雖是過，然使學者耻而不講，以爲周、程、張、朱卒如是而止，則今之講周、程、張、朱者可誅也。彼以爲周、程、張、朱者皆口談道德而心存高官，志在巨富爾矣；既已得高官巨富矣，仍講道德，説仁義自若也；又從而嘵嘵然語人曰：「我欲厲俗而風世。」彼謂敗俗傷世者，莫甚于講周、程、張、朱者也，是以益不信，不信故不講。然則不講亦未爲過矣。

黄生過此，聞其自京師往長蘆抽豐，復跟長蘆長官别赴新任。至九江，遇一顯者，乃舍舊從新，隨轉而北，衝風冒寒，不顧年老生死。既到麻城，則不容不見我。見我言曰：「我欲游嵩少，彼顯者亦欲游嵩少，拉我同行，故至此，幸得相會也。然顯者俟我于城中，勢不能一宿。回日當復道此，道此則多聚三五日而别，兹卒卒誠難割捨云。其言如此，其情何如？我揣其中實爲林汝寧好一口食難割捨耳。然林汝寧向者三任，彼無一任不往，往必滿載而歸，兹尚未厭足，如饑狗思想隔日屎，乃敢欺我以爲游嵩少。夫以游嵩少藏林汝寧之抽豐來嗛我；又恐林汝寧之疑其爲再尋己也，復以舍不得李卓老，當再來訪李卓老，以嗛林汝寧：名利兩得，身行俱全。我與林汝寧幾皆在其術中而不悟矣，可不謂巧乎！今之道學，何以異此！

由此觀之，今之所謂聖人者，其與今之所謂山人者一也，特有幸不幸之異耳。幸而能詩，則自稱曰山人；不幸而不能詩，則辭却山人而以聖人名。幸而能講良知，則自稱曰聖人；不幸而不能講良知，則謝却聖人而以山人稱。展轉反覆，皆欺世盜名者。名爲山人而心同商賈，口談道德而志在穿窬。夫名山人而心同商賈，既可鄙也，乃反掩抽豐而顯嵩少，謂人可得而欺焉，猶可鄙也！今之講道德性命者，皆游嵩少者也；今之患得患失，志在高官重禄，好田宅，美風水，以爲子孫蔭者，皆其托名于林汝寧，以爲舍不得李卓老者也。然則鄭子玄之不肯講學，信乎其不足怪矣。

且商賈亦何可鄙之有？挾數萬之貲，經風濤之險，受辱于關吏，忍詬于市易，辛勤萬狀，所挾者重，所得者末。然必交結于卿大夫之門，然後可以收其利而遠其害，安能傲然而坐于公卿大夫之上哉！今山人者，名之爲商賈，則其實不持一文；稱之爲山人，則非公卿之門不履，故可賤耳。雖然，我寧無有是乎？然安知我不以商賈之行之心，而釋迦其衣以欺世而盜名也邪？有則幸爲我加誅，我不護痛也。雖然，若其患得而又患失，買田宅求風水等事，决知免矣。

復鄧鼎石

杜甫非〔來〕〔耒〕陽之賢，則不免于大水之厄；相如非臨邛，則程鄭、卓王孫輩當以糞壤視之矣。勢到逼迫時，一粒一金一青目，便高增十倍價，理勢然也，弟此時此際大難爲區處耳。謹謝！謹謝！

焦心勞思，雖知情不容已，然亦無可如何，衹得盡吾力之所能爲者。毒熱如此，玉體甚重，不可過也。聞長沙、衡、永間大熟，襄陽亦好。但得官爲糴本，付托得人，不拘上流下流，或麥或米，令慣糴上户各齎銀兩，前去出産地面糴買，流水不絶，運到水次。官復定爲平價，貧民來糴者，不拘銀數多少，少者雖至二錢三錢亦與方便。但有銀到，即流水收銀給票，令其自赴水次搬取。出糴者有利則樂于趨事，而糴本自然不失；貧民來轉糴者既有糧有米，有穀有麥，亦自然不慌矣。至于給票發穀之間，簡便周至，使人不阻不滯，則自有仁慈父母在。且當此際，便一分，實受一分賜，其感戴父母，又自不同也。

僕謂在今日，其所當爲，與所得爲，所急爲者，不過如此而已。若曰「救荒無奇策」，此則俗儒之妄談，何可聽哉！世間何事不可處，何時不可救乎？堯無九年水，以有救水之奇策也。湯無七年旱，以有救旱之奇策也。彼謂蓄積多而備先具者，特言其豫備之一事耳，非臨時救之之策也。惟是世人無才無術，或有才術矣，又恐利害及身，百般趨避，故亦遂因循不理，安坐而待斃焉耳。然雖自謂不能，而未敢遽謂人皆不能也。獨有一等俗儒，己所不能爲者，便謂人决不能爲，而又敢倡爲大言曰：「救荒無奇策。」嗚呼！斯言出而阻天下之救荒者，必此人也。然則俗儒之爲天下虐，其毒豈不甚哉！

寄答京友

「才難，不其然乎！」今人盡知才難，盡能言才難，然竟不知才之難，才到面前竟不知愛。幸而知愛，竟不見有若己有者，不見有稱喜讚揚不啻若自其口出者，如孔北海之薦禰正平，跣足救揚彪也。何也？以其非真惜才也；雖惜才，亦以惜才之名好，以名好故而惜之耳。則又安望其能若己有、不啻若口出如孔北海然也？嗚呼！吾無望之矣！

舉春秋之天下，無有一人能惜聖人之才者，故聖人特發此嘆，而深羨于唐、虞之隆也。然則才固難矣，猶時時有之；而惜才者則千古未見其人焉。孔子惜才矣，又知人之才矣，而不當其位。入齊而知晏平仲，居鄭而知公孫子産，聞吴有季子，直往觀其葬。其惜才也如此，使其得志，肯使之湮滅而不見哉？然則孔子之嘆「才難」，非直嘆才難也，直嘆惜才者之難也。

夫才有巨細，巨才方可稱才也。有巨才矣，而肯任事者爲尤難。既有大才，又能不避禍害，身當其任，勇以行之，而不得一第，則無憑，雖惜才，其如之何！幸而登上第，有憑據，可籍手以薦之矣，而年已過時，則雖才如張襄陽，亦安知聽者不以過時而遂棄，其受薦者又安知不以既老而自懈乎？

夫凡有大才者，其可以小知處必寡，其瑕疵處必多，非真具眼者與之言必不信。當此數者，則雖有大才，又安所施乎？故非自己德望過人，才學冠世，爲當事者所倚信，未易使人信而用之也。然非委曲竭忠，真若自己有，真不啻若口出，縱人信我，亦未必能信我所信之人，憾不得與之並時，朝聞而夕用之也。嗚呼！可嘆也夫！

答周柳塘

耿老與周書云：「往見説卓吾狎妓事，其書尚存，而頃書來乃謂弟不能參會卓吾禪機。昔顔山農于講學會中忽起就地打滚，曰：『試看我良知。』士友至今傳爲笑柄。卓吾種種作用，無非打滚意也。第惜其發之無當，機鋒不妙耳。」又謂：「魯橋諸公之會讌鄧令君也，卓吾將優旦調弄，此亦禪機也，打滚意也。蓋彼謂魯橋之學，隨身規矩太嚴，欲解其枷鎖耳。然魯橋之學，原以恭敬求仁，已成章矣。今見其舉動如是，第益重其狎主辱客之憾耳。未信先横，安能悟之令解脱哉！」又謂：「卓吾曾强其弟狎妓，此亦禪機也。」又謂：「卓吾曾率衆僧入一嫠婦之室乞齋，卒令此婦冒帷簿之羞，士紳多憾之，此亦禪機也。夫子見南子是也。南子聞車聲而知伯玉之賢，必其人可與言者。卓吾蔑視吾黨無能解會其意，故求之婦人之中。吾黨不己之憾，而卓吾之憾，過矣。弟恐此婦聰明未及南子，則此機鋒又發不當矣。」

予觀侗老此書，無非爲我掩醜，故作此極好名色以代我醜耳。不知我生平喫虧正在掩醜著好，掩不善以著善，墮在「小人閒居無所不至」之中，自謂人可得欺，而卒陷于自欺者。幸賴真切友朋針砭膏肓，不少假借，始乃覺悟知非，痛憾追省，漸漸發露本真，不敢以醜名介意耳。在今日正恐猶在詐善掩惡途中，未得全真還元，而侗老乃直以我爲醜，曲爲我掩，甚非我之所以學于友朋者也，甚非我之所以千里相求意也。跡其用意，非不忠厚欵至，而吾病不可瘳矣。

夫所謂醜者，亦據世俗眼目言之耳。俗人以爲醜，則人共醜之；俗人以爲美，則人共美之。世俗非真能知醜美也，習見如是，習聞如是。聞見爲主于内，而醜美遂定于外，堅于膠脂，密不可解，故雖有賢智者亦莫能出指非指，而况頑愚固執如不肖者哉！然世俗之人雖以是爲定見，賢人君子雖以是爲定論，而察其本心，有真不可欺者。既不可欺，故不能不發露于暗室屋漏之中，惟見以爲醜，故不得不昭昭申明于大廷廣衆之下，亦其勢然耳。夫子所謂獨之不可不慎者，正此之謂也。故《大學》屢言慎獨則毋自欺，毋自欺則能自慊，能自慊則能誠意，能誠意則出鬼門關矣。人鬼之分，實在于此，故我終不敢掩世俗之所謂醜者，而自沈于鬼窟之下也。使侗老而知此意，决不忍爲我粉飾遮護至此矣。

中間所云「禪機」，亦大非是。夫祖師于四方學者初入門時，未辯深淺，顧以片言單詞，或棒或喝試之，所謂探水竿也。學者不知，粘著竿頭，不肯捨放，即以一棒趁出，如微有生意，然後畧示鞭影，而虚實分矣。後學不知，指爲機鋒，已自可笑。况我則皆真正行事，非禪也；自取快樂，非機也。我于丙戌之春，脾病載餘，幾成老廢，百計調理，藥轉無效。及家屬既歸，獨在在楚，時時出遊，恣意所適。然後飽悶自消，不須山查導化之劑；鬱火自降，不用參蓍扶元之藥。未及半載，而故吾復矣。乃知真藥非假金石，疾病多因牽强，則到處從衆攜手聽歌，自是吾自取適，極樂真機，無一毫虚假掩覆之病，故假病自瘳耳。吾已吾病，何與禪機事乎？既在外，不得不用舍弟輩相隨；弟以我故隨我，我得所托矣。弟輩何故棄妻孥從我于數千里之外乎？心實憐之，故自體念之耳，又何禪機之有邪？

至于嫠婦，則兄所素知也。自我入邑中來，遣家屬後，彼氏時時送茶饋果，供奉肉身菩薩極其虔恪矣。我初不問，惟有等視十方諸供佛者，但有接而無答也。後因事聞縣中，言語頗雜，我亦怪之，叱去不受彼供，此又邑中諸友所知也。然我心終有一點疑以爲其人既誓不嫁二宗，雖强亦誓不許，專心供佛，希圖來報，如此誠篤，何緣更有如此傳聞事，故與大衆共一訪之耳。彼氏有嗣子三十餘歲，請主陪客，自有主人，既一訪問，乃知孤寡無聊，真實受人欺嚇也。其氏年已不稱天之外矣，老年嫠身，係秣陵人氏，親屬無堪倚者，子女俱無，其情何如？流言止于智者，故予更不信而反憐之耳。此又與學道何與乎？

念我入麻城以來，三年所矣，除相愛數人外，誰肯以升合見遺者？氏既初終如一，敬禮不廢，我自報德而重念之，有冤必代雪，有屈必代伸，亦其情然者，亦何禪機之有，而以見南子事相證也？大抵我一世俗庸衆人心腸耳，雖孔夫子亦庸衆人類也。人皆見南子，吾亦可以見南子，何禪而何機乎？子路不知，無怪其弗悦夫子之見也，而况千載之下邪！人皆可見，而夫子不可見，是夫子有不可也。夫子無不可者，而何不可見之有？若曰禮，若曰禪機，皆子路等倫，可無辯也。

所云山農打滚事，則淺學未曾聞之；若果有之，則山農自得良知真趣，自打而自滚之，何與諸人事，而又以爲禪機也？夫世間打滚人何限，日夜無休時，大廷廣衆之中，諂事權貴人以保一日之榮；暗室屋漏之内，爲奴顔婢膝事以倖一時之寵。無人不然，無時不然，無一刻不打滚，而獨山農一打滚便爲笑柄也！倘老恐人效之，便日日滚將去。予謂山農亦一時打滚，向後絶不聞有道山農滚者，則雖山農亦不能終身滚，而况他人乎？即他人亦未有聞學山農滚者，而何必愁人之學山農滚也？此皆平日杞憂太重之故，吾獨憾山農不能終身滚滚也。當滚時，内不見己，外不見人，無美于中，無醜于外，不背而身不獲，行庭而人不見，内外兩忘，身心如一，難矣，難矣。不知山農果有此乎？不知山農果能終身滚滚乎？吾恐亦未能到此耳。若果能到此，便是吾師，吾豈敢以他人笑故，而遂疑此老耶？若不以自考，而以他人笑，惑矣！非自得之學，實求之志也。然此亦自山農自得處耳，與禪機揔不相干也。山農爲己之極，故能如是，儻有一毫爲人之心，便做不成矣。爲己便是爲人，自得便能得人，非爲己之外别有爲人之學也。非山農欲于大衆之中試此機鋒，欲人人信己也。不信亦何害！然果有上根大器，默會深契，山農亦未始不樂也。吾又安知其中無聰明善悟者如羅公其人，故作此醜態以相參乎？此皆不可知。然倘有如羅公其人者在，則一打滚而西來大意默默接授去矣，安得恐他人傳笑而遂已也？笑者自笑，領者自領，幸有領者，即千笑萬笑，百年笑，千年笑，山農不理也。何也？佛法原不爲庸衆人説也，原不爲不可語上者説也，原不以恐人笑不敢説而止也。今切切于他人笑之恐，而不急急于一人領之喜，吾又不知其何説矣。其亦太狥外而爲人矣。

至于以劉魯橋爲恭敬，又太悖謬。侗老之麄浮有可憐憫者，不妨饒舌重爲注破，何如？夫恭敬豈易易邪！古人一篤恭而天下平，一恭己而南面正，是果魯橋之恭乎？吾特憾魯橋之未恭耳，何曾以恭爲魯橋病也！古人一脩敬而百姓安，一居敬而南面可，是果魯橋之敬乎？吾特憾魯橋之未敬耳，何曾以敬爲魯橋病也！甚矣吾之痛苦也！若信如魯橋便以爲恭敬，則臨朝端默如神者决不召禍敗。衛士傳餐，衡石程書，如此其敬且勤也，奈何一再世而遂亡也邪？故知恭敬未易言也。非恭敬之未易言也，以恭敬之未易知也。知而言之，則爲聖人；不知而言之而學之，則爲趙括讀父書，優孟學孫叔，豈其真乎！豈得不謂之假乎！誠可笑也。

弟極知兄之痛我，侗老之念我，然終不敢以庸衆人之心事兄與侗老者，亦其禀性如是；亦又以侗老既肯出此言以教我矣，我又安敢默默置可否于度外，而假爲世間承奉之語以相奉承，取快于二公一時之忻悦已邪！

寄答留都

觀兄所示彼書，凡百生事，皆是仰資于人者。此言誰欺乎！然其中字字句句皆切中我之病，非但我時時供狀招稱，雖與我相處者亦洞然知我所患之症候如此也。所以然者，我以自私自利之心，爲自私自利之學，直取自己快當，不顧他人非刺。故雖屢承諸公之愛，誨諭之勤，而卒不能改者，懼其有礙于晚年快樂故也。自私自利，則與一體萬物者別矣；縱狂自恣，則與謹言慎行者殊矣。萬千醜態，其原皆從此出。彼之責我是也。

然已無足責矣。何也？我以供招到官，問罪歸結，容之爲化外之民矣。若又責之無已，便爲已甚，非「萬物一體」之度也，非「無有作惡」也，非心肝五臟皆仁心之蘊蓄也，非愛人無己之聖賢也，非言爲世法、行爲世則百世之師也。故予每從而反之曰：吾之所少者，萬物一體之仁也，作惡也。今彼於我一人尚不能體，安能體萬物乎？於我一人尚惡之如是，安在其無作惡也？屢反責之而不知痛，安在其有惻隱之仁心也？彼責我者，我件件皆有，我反而責彼者亦件件皆有。而彼便斷然以爲妄，故我更不敢説耳。雖然，縱我所言未必有當于彼心，然中間豈無一二之幾乎道者？而皆目之爲狂與妄，則以作惡在心，固結而難遽解，是以雖有中聽之言，亦並棄置不理。則其病與我均也，其爲不虚與我若也，其爲有物與我類也；其爲捷捷辯，言惟務己勝，欲以成全師道，則又我之所不屑矣。而乃以責我，故我不服之。使建昌先生以此責我，我敢不受責乎？何也？彼真無作惡也，彼真萬物一體也。

今我未嘗不言孝弟忠信也，而謂我以孝弟爲剩語，何説乎？夫責人者必己無之而後可以責人之無，己有之而後可以責人之有也。今己無矣而反責人令有，己有矣而反責人令無，又何也？然此亦好意也。我但承彼好意，更不問彼之有無何如；我但虚己，勿管彼之不虚；我但受教，勿管彼之好臣所教；我但不敢害人，勿管彼之説我害人。則處己處彼，兩得其當，紛紛之言，自然冰釋。何如？何如？

然弟終有不容默者。兄固純是仁體矣，合邑士大夫亦皆有仁體者也。今但以仁體稱兄，恐合邑士夫皆以我爲麻痹不仁之人矣。此甚非長者之言「一體」之意也。分别太重，自視太高，於「親民」「無作惡」之旨亦太有欠缺在矣。前與楊太史書亦有批評，倘一一寄去，乃足見兄與彼相處之厚也。不然，便是敬大官，非真彼之益友矣。且彼來書時時怨憾鄧和尚，豈以彼所惡者必令人人皆惡之，有一人不惡，便時時讐憾此人乎？不然，何以千書萬書駡鄧和尚無時已也？即此一事，其作惡何如！其忌刻不仁何如！人有謂鄧和尚未嘗害得縣中一箇人，害縣中人者彼也。今彼回矣，試虚心一看，一時前呼後擁，填門塞路，趨走奉承，稱説老師不離口者，果皆鄧和尚所教壞之人乎？若有一箇肯依鄧豁渠之教，則門前可張雀羅，誰肯趨炎附勢，假師托弟名色以争奔競邪？彼惡鄧豁渠，豁渠决以此惡彼，此報施常理也。但不作惡，便無回禮。至囑！至囑！

與曾中野

昨見公，令我兩個月心事頓然冰消凍解也。乃知向之勸我者，祇爲我添油熾薪耳。而公絶無一語，勤渠之意愈覺有加，故我不覺心醉矣。已矣已矣，自今以往不復與柳老爲怨矣。

夫世間是與不是，亦何常之有，乃羣公勸我者不曾于是非之外有所發明，而欲我藏其宿怨，以外爲好合，是以險側小人事我也。苟得面交，即口密腹劍，皆不顧之矣，以故，所是愈堅而愈不可解耳。善乎朱仲晦之言曰：「隱者多是帶性負氣之人。」僕隱者也，負氣人也。路見不平，尚欲拔刀相助，况親當其事哉！然其實乃痴人也，皆爲鬼所迷者也，苟不遇良朋勝友，其迷何時返乎？以此思勝己之友一日不可離也。

嗟乎！楚侄既逝，而切骨之談罔聞；友山日踈，而苦口之言不至。僕之迷久矣，何特今日也邪！自今已矣，不復與柳老爲怨矣。且兩人皆六十四歲矣，縱多壽考，决不復有六十四年在人世上明矣。如僕者，非但月化，亦且日衰，其能久乎？死期已逼，而豪氣尚在，可笑也已！

與曾繼泉

聞公欲薙髮，此甚不可。公有妻妾田宅，且未有子。未有子，則妻妾田宅何所寄托；有妻妾田宅，無故割棄，非但不仁，亦甚不義也。果生死道念真切，在家方便，尤勝出家萬倍。今試問公果能持鉢沿門丐食乎？果能窮餓數日，不求一餐于人乎？若皆不能，而猶靠田作過活，則在家修行，不更方便乎？

我當初學道，非但有妻室，亦且爲宰官，奔走四方，往來數萬里，但覺學問日日得力耳。後因寓楚，欲親就良師友，而賤眷苦不肯留，切欲歸去，故令小壻小女送之歸耳。然有親女外甥等朝夕伏侍，居官俸餘又以盡數交與，只留我一人隻身在外，則我黄宜人雖然回歸，我實不用牽掛，以故我得安心寓此，與朋友嬉遊也。其所以落髮者，則因家中閒雜人等時時望我歸去，又時時不遠千里來迫我，以俗事彊我，故我剃髮以示不歸，俗事亦决然不肯與理也。又此間無見識人多以異端目我，故我遂爲異端以成彼豎子之名。兼此數者，陡然去髮，非真心也。實則以年紀老大，不多時居人世故耳。

如公壯年，正好生子，正好做人，正好向上。且田地不多，家業不大，又正好過日子，不似大富貴人，家計滿目，無半點閒空也。何必落髮出家，然後學道乎？我非落髮出家始學道也。千萬記取！

書常順手卷呈顧冲庵

無念歸自京師，持顧冲庵書。予不見顧十年餘矣，聞欲攀我于焦山之上。余不喜焦山，喜顧君爲焦山主也。雖然，儻得從顧君遊，即四方南北可耳，何必焦山？必焦山，則焦山重；若從顧君，則不復知有山，況焦山特江邊一髻者哉！可不必也。

余有友在四方，無幾人也。老而無朋，終日讀書，非老人事，今惟有等死耳。既不肯死于妻妾之手，又不肯死于假道學之手，則將死何手乎？顧君當知我矣，何必焦山之之也邪？南北中邊，隨其所到，我能從焉，或執鞭，或隨後乘，或持拜帖匣，或拿交牀俱可，非戲論也。昔季子葬子于嬴、博之間，子尚欲其死得所也，況其身乎？梁鴻欲埋于要離塚傍，死骨猶忻慕之，況人傑蓋世，正當用世之人乎？吾志決矣。

因無念高徒常順執卷索書，余正欲其往見顧君以訂此盟約也，即此是書，不必再寫書也。

李温陵集卷之四

李温陵集卷之五

海虞後學顧大韶仲恭校

書答

答劉方伯書

此事如饑渴然：饑定思食，渴定思飲。夫天下曷嘗有不思食飲之人哉！其所以不思食飲者有故矣：病在雜食也。今觀大地衆生，誰不犯是雜食病者。雜食謂何？見小而欲速也，所見在形骸之内，而形骸之外則不見也；所欲在數十世之久，而萬億世數則不欲也。

夫功名富貴，大地衆生所以奉此七尺之身者也，是形骸以内物也，其急宜也。是故終其身役役焉勞此心以奉此身，直至百歲而後止。是百歲之食飲也，凡在百歲之内者所共饑渴而求也。而不知止者猶笑之曰：「是奚足哉！男兒須爲子孫立不拔之基，安可以身死而遂止乎？」於是卜宅而求諸陽，卜地而求諸陰，務圖吉地以覆蔭後人，是又數十世之食飲也。凡貪此數十世之食飲者所共饑渴而求也。故或積德於冥冥，或施報於昭昭，其用心至繁至密，其爲類至頤至衆。然皆貪此一口無窮茶飯以貽後人耳。而賢者又笑之曰：「此安能久！此又安足云！且夫形骸外矣。勞其心以事形骸，智者不爲也，況復勞其形骸，以爲兒孫作牛馬乎？男兒生世，要當立不朽之名。」是啖名者也。名既其所食啖之物，則饑渴以求之，亦自無所不至矣。不知名雖長久，要與天壤相敝者也，天地有盡，則此名亦盡，安得久乎？而達者又笑之曰：「名與身孰親？夫役此心以奉此身，已謂之愚矣，況役此心以求身外之名乎？」然則名不親于身審矣，而乃謂「疾没世而名不稱」者，又何説也？蓋衆人之病，病在好利，賢者之病，病在好名，苟不以名誘之，則其言不入。夫惟漸次導之，使令歸實，歸實之後，名亦無有，故曰「夫子善誘。」然顔氏没而能知夫子之善誘者亡矣，故顔子没而夫子善誘之術遂窮。

吁！大地衆生惟其見小而欲速，故其所食飲者盡若此止矣，而達者其誰乎？而欲其思孔、顔之食飲者，不亦難乎？故愚謂千載而下，雖有孔子出而善誘之，亦必不能易其所饑渴，以就吾之食飲也。計惟有自飽自歌自飲自舞而已。況如生者，方外托身，離群逃世，而敢呶呶曉曉，不知自止，以犯非徒無益而且有禍之戒乎！然則今之自以爲孔子而欲誘人使從我者，可笑也。何也？孔子已不能得之於顔子之外也，其誰興饑渴之懷，以與我共食飲乎此也邪！縱滿盤堆積，極山海之羞，盡龍鳳之髓，跪而獻納，必遭怒遣而訶斥矣。縱或假相承奉，聊一舉筯，即吐噦隨之矣。何者？原非其所食飲之物，自不宜招呼而求以與之共也。然則生孔子之後者，講學終無益矣，雖欲不落髮出家，求方外之友以爲伴侣，又可得邪！然則生乎今之世，果終莫與共食飲也歟？誠終莫與共食飲也已！

答莊純夫書

學問須時時拈掇，乃時時受用，縱無人講，亦須去尋人講。蓋日講則日新，非爲人也，乃專專爲己也。

龍溪、近溪二大老可以觀矣。渠豈不知此事無巧法邪！佛祖真仙，大率没身於此不衰也。今人不知，皆以好度人目之，即差却題目矣。

與周友山書

不肖株守黄、麻一十二年矣，近日方得一覽黄鶴之勝，尚未眺晴川，游九峯也，即蒙憂世者有左道惑衆之逐。弟反覆思之，平生實未曾會得一人，不知所惑何人也。然左道之稱，弟實不能逃焉。何也？孤居日久，善言罔聞，兼以衰朽，怖死念深，或恐犯此耳。不意憂世者乃肯垂大慈悲教我如此也！即日加冠畜髮，復完本來面目，二三侍者，人與圓帽一頂，全不見有僧相矣。如此服善從教，不知可逭左道之誅否？想仲尼不爲已甚，諸公遵守孔門家法，決知從寬發落，許其改過自新無疑。然事勢難料，情理不常，若守其禁約，不肯輕恕，務欲窮之於其所往，則大地皆其禁域，又安所逃死乎！弟於此進退維谷，將欲「明日遂行」，則故舊難捨；將遂「微服過宋」，則司城貞子未生。兄高明爲我商之如何？然弟之改過實出本心，蓋一向以貪佛之故，不自知其陷於左道，非明知故犯者比也。既係誤犯，則情理可恕；既肯速改，則更宜加奬，供其饋食，又不但直赦其過誤已也。倘肯如此，弟當托兄先容，納拜大宗師門下，從頭指示孔門「親民」學術，庶幾行年六十有五，猶知六十四歲之非乎！

又與周友山書

承教塔事甚是，但念我既無眷屬之樂，又無朋友之樂，煢然孤獨，無與晤語，只有一塔墓室可以厝骸，可以娱老，幸隨我意，勿見阻也！至于轉身之後，或遂爲登臨之會，或遂爲讀書之所，或遂爲瓦礫之場，則非智者所能逆爲之圖矣。

古人所見至高，只是合下見得甚近，不能爲子子孫孫萬年圖謀也。汾陽之宅爲寺，馬燧之第爲園，可遂謂二老無見識乎？以禹之神智如此，八年勤勞如此，功德在民如此，而不能料其孫太康遂爲羿所篡而失天下，則雖智之大且神者，亦只如此已矣。

元世祖初平江南，問劉秉忠曰：「自古無不敗之家，無不亡之國。朕之天下，後當何人得之？」秉忠對曰：「西方之人得之。」及後定都燕京，築城掘地，得一石匣，開視，乃一匣紅頭蟲，復詔問秉忠。秉忠對曰：「異日得陛下天下者，即此物也。」由此觀之，世祖方得天下，而即問失天下之日；秉忠亦不以失天下爲不祥，侃然致對。視亡若存，真英雄豪傑，誠不同於時哉！秉忠自幼爲僧，世祖至大都見之，乃以釋服相從軍旅間，末年始就冠服，爲元朝開國元老，非偶然也。

我塔事無經營之苦，又無抄化之勞，聽其自至，任其同力，只依我規制耳。想兄聞此，必無疑矣。

與焦漪園

弟今又居武昌矣。江漢之上，獨自遨遊，道之難行，已可知也；「歸與」之歎，豈得已邪！然老人無歸，以朋友爲歸，不知今者當歸何所歟！漢陽城中尚有論説到此者，若武昌則往來絕跡，而况譚學！寫至此，一字一淚，不知當向何人道，當與何人讀，想當照舊薙髮歸山去矣！

與劉晉川書

昨約其人來接，其人竟不來，是以不敢獨自闖入衙門，恐人疑我無因自至，必有所干與也。今日暇否？

暇則當堂遣人迎我，使衙門中人，盡知彼我相求，只有性命一事可矣。緣我平生素履未能取信於人，不得不謹防其謗我者，非尊貴相也。

與友朋書

顧虎頭雖不通問學，而具隻眼，是以可嘉；周公瑾既通學問，又具隻眼，是以尤可嘉也。二公皆盛有識見，有才料，有膽氣，智仁勇三事皆備。周善藏，非萬全不發，故人但見其巧於善刀，而不見其能於遊刃。顧善發，然發而人不見，故人但見其能於遊刃，而不見其巧于善刀。周收斂之意多，平生惟知爲己，以故相知少而其情似寡，然一相知而膠漆難並矣。顧發揚意多，平生惟不私己，以故相愛甚博而其情似不專。然情之所專，愛固不能分也。何也？以皆具隻眼也。

吾謂二公者，皆能知人而不爲知所眩，能愛人而不爲愛所蔽，能用人而不爲人所用者也。周裝聾作啞，得老子之體，是故與之語清净寧一之化，無爲自然之用，如以石投水，不相逆也。所謂不動聲色而措天下于泰山之安者，此等是也，最上一乘之人也，何可得也！顧託孤寄命，有君子之風，是故半夜叩門，必不肯以親爲解，而况肩鉅任大，扶危持顛，肯相辜負哉！是國家大可倚仗人也，抑又何可得也！

顧通州人，周麻城人。

答劉晉川書

弟年近古稀矣，單身行遊，只爲死期日逼，閻君鐵棒難支，且生世之苦目擊又已如此，使我學道之念轉轉急迫也。既學道不得不資先覺，資先覺不得不遊四方，遊四方不得不獨自而受孤苦。何者？眷屬徒有家鄉之念，童僕俱有妻兒之思，與我不同志也。志不同則難留，是以盡遣之歸，非我不願有親隨，樂于獨自孤苦也。爲道日急，雖孤苦亦自甘之，蓋孤苦日短而極樂世界日長矣。

久已欲往南北二都爲有道之就，二都朋友亦日望我。近聞二都朋友又勝矣。承示吴中丞札，知其愛我甚。然顧通州雖愛我，人品亦我所師，但通州實未嘗以生死爲念也。此間又有友山，又有公家父子，則舍此何之乎？今須友山北上，公别轉，乃往南都一遊。七十之年，有友我者，便當安心度日，以與之友，似又不必奔馳而自投苦海矣。吴中丞雖好意，弟謂不如分我俸資，使我蓋得一所禪室于武昌城下。草草奉笑，可即以此轉致之。

别劉肖川書

「大」字，公要藥也。不大則自身不能庇，而能庇人乎？且未有丈夫漢不能庇人而終身受庇於人者也。大人者，庇人者也；小人者，庇於人者也。凡大人見識力量與衆不同者，皆從庇人而生，日充日長，日長日昌。若徒蔭於人，則終其身無有見識力量之日矣。

今之人皆受庇於人者也，初不知有庇人事也。居家則庇蔭於父母，居官則庇蔭於官長，立朝則求庇蔭於宰臣，爲邊帥則求庇蔭於中官，爲聖賢則求庇蔭於孔、孟，爲文章則求庇蔭於班、馬，種種自視，莫不皆自以爲男兒，而其實則皆孩子而不知也。

豪傑凡民之分，只從庇人與庇於人處識取。

答友人書

或曰：「李卓吾謂暴怒是學，不亦異乎！」有友答曰：「卓老斷不説暴怒是學，當説暴怒是性也。」或曰：「發而皆中節方是性，豈有暴怒是性之理！」曰：「怒亦是未發中有的。」

吁吁！夫謂暴怒是性，是誣性也；謂暴怒是學，是誣學也。既不是學，又不是性，吾真不知從何處而來也，或待因緣而來乎？每見世人欺天罔人之徒，便欲手刃直取其首，豈特暴哉！縱遭反噬，亦所甘心，雖死不悔，暴何足云！然使其復見光明正大之夫，言行相顧之士，怒又不知向何處去，喜又不知從何處來矣。則雖謂吾暴怒可也，謂吾不遷怒亦可也。

答以女人學道爲見短書

昨聞大教，謂婦人見短，不堪學道。誠然哉！誠然哉！夫婦人不出閫域，而男子則桑弧蓬矢以射四方，見有長短，不待言也。但所謂短見者，謂所見不出閨閣之間；而遠見者則深察乎昭曠之原也。短見者只見得百年之内，或近而子孫，又近而一身而已；遠見則超于形骸之外，出乎死生之表，極於百千萬億刼不可算數譬喻之域也。短見者秖聽得街談巷議，市井小兒之語；而遠見則能深畏乎大人，不敢侮於聖言，更不惑於流俗憎愛之口也。余竊謂欲論見之長短者當如此，不可止以婦人之見爲見短也。故謂人有男女則可，謂見有男女豈可乎？謂見有長短則可，謂男子之見盡長，女人之見盡短，又豈可乎？設使女人其身而男子其見，樂聞正論而知俗語之不足聽，樂學出世而知浮世之不足戀，則恐當世男子視之，皆當羞愧流汗，不敢出聲矣。此蓋孔聖人所以周流天下，欲庶幾一遇而不可得者，今反視之爲短見之人，不亦冤乎！冤不冤與此人何與，但恐傍觀者醜耳。

自今觀之：邑姜以一婦人而足九人之數，不妨其與周、召、太公之流並列爲十亂；文母以一聖女而正「二南」之《風》，不嫌其與散宜生、太顛之輩並稱爲四友。彼區區者特世間法，一時太平之業耳，猶然不敢以男女分別，短長異視，而况學出世道，欲爲釋迦老佛、孔聖人朝聞夕死之人乎？此等若使閭巷小人聞之，盡當責以闚觀之見，索以利女之貞，而以文母、邑姜爲罪人矣，豈不冤甚也哉！故凡自負遠見之士，須不爲大人君子所笑，而莫汲汲欲爲市井小兒所喜可也。若欲爲市井小兒所喜，則亦市井小兒而已矣。其爲遠見乎，短見乎，當自辨也。予謂此等遠見女子，正人家吉祥善瑞，非數百年積德未易生也。

夫薛濤蜀産也，元微之聞之，故求出使西川，與之相見。濤因走筆作《四友贊》以答其意，微之果大服。夫微之，貞元傑匠也，豈易服人者哉！吁！一文才如濤者，猶能使人傾千里慕之，况持黄面老子之道以行遊斯世，苟得出世之人，有不心服者乎？未之有也。不聞龐公之事乎？龐公，爾楚之衡陽人也，與其婦龐婆、女靈照同師馬祖，求出世道，卒致先後化去，作出世人，爲今古快事。願公師其遠見可也。若曰「待吾與市井小兒輩商之」，則吾不能知也。

復耿侗老書

世人厭平常而喜新奇，不知言天下之至新奇，莫過於平常也。日月常而千古常新，布帛菽粟常而寒能煖、饑能飽，又何其奇也！是新奇正在於平常，世人不察，反於平常之外覓新奇，是豈得謂之新奇乎？蜀之仙姑是已。衆人咸謂其能知未來過去事，爭神怪之。夫過去則余已知之矣，何待他説；未來則不必知，又何用他説邪！故曰「智者不惑」，不惑於新奇，以其不憂于未來之禍害也。故又曰「仁者不憂」，不憂禍於未來，則自不求先知於幻説而爲新奇所惑矣。此非真能見利不趨，見害不避，如夫子所云「志士不忘在溝壑，勇士不忘喪其元，志士仁人無求生以害仁，有殺身以成仁」，孰能當之。故又曰「勇者不懼」。夫合智仁勇三德而後能不厭於平常，不惑于新奇，則世人之欲知未來，而以蜀仙爲奇且新，又何足怪也。何也？不智故也。不智故不仁，故無勇，而智實爲之先矣。

與李惟清

昨領教，深覺有益，因知公之所造已到聲聞佛矣。青州夫子之鄉，居常未曾聞有佛號，陡然劇談至此，真令人歡悦無量。

蒙勸諭同皈西方，甚善。但僕以西方是阿彌陀佛道場，是他一佛世界，若願生彼世界者，即是他家兒孫。既是他家兒孫，即得暫免輪迴，不爲一切天堂地獄諸趣所攝是的。彼上上品化生者，便是他家至親兒孫，得近佛光，得聞佛語，至美矣。若上品之中，離佛稍遠，上品之下，見面亦難，况中品與下品乎。是以雖生彼，亦有退墮者，以佛又難見，世間俗念又易起，一起世間念即墮矣。是以不患不生彼，正患生彼而不肯住彼耳。此又欲生西方者之所當知也。若僕則到處爲客，不願爲主，隨處生發，無定生處。既爲客，即無常住之理，是以但可行遊西方，而以西方佛爲暫時主人足矣，非若公等發願生彼，甘爲彼家兒孫之比也。

且佛之世界亦甚多。但有世界，即便有佛；但有佛，即便是我行遊之處，爲客之塲。佛常爲主，而我常爲客，此又吾因果之最著者也。故欲知僕千萬億劫之果者，觀僕今日之因即可知也。是故或時與西方佛坐談，或時與十方佛共語，或客維摩浄土，或客祇桓精舍，或遊方丈、蓬萊，或到龍宫海藏。天堂有佛，即赴天堂；地獄有佛，即赴地獄。何必拘拘如白樂天之專往兜率内院，天台智者、永明壽禪師之專一求生西方乎？此不肖之志也。非薄西方而不生也，以西方特可以當吾今日之大同耳。若公自當生彼，何必相拘。

所諭禁殺生事，即當如命戒殺。又謂僕性氣重者，此則僕膏肓之疾，從今聞教，即有瘳矣。第亦未可全戒，未可全瘳。若全戒全瘳，即不得入阿脩羅之域，與毒龍魔王等爲侣矣。

與明因

世上人總無甚差别，惟學出世法，非出格丈夫不能。今我等既爲出格丈夫之事，而欲世人知我信我，不亦惑乎！既不知我，不信我，又與之辯，其爲惑益甚。若我則直爲無可奈何，只爲汝等欲學出世法者或爲魔所撓亂，不得自在，故不得不出頭作魔王以驅逐之，若汝等何足與辯邪！况此等皆非同住同食飲之輩，我爲出世人，光彩不到他頭上，我不爲出世人，羞辱不到他頭上，如何敢來與我理論！對面唾出，亦自不妨，願始終堅心此件大事。釋迦佛出家時，净飯王是其親爺，亦自不理，况他人哉！成佛是何事，作佛是何等人，而可以世間情量爲之。

與焦弱侯

兄所見者向年之卓吾耳，不知今日之卓吾固天淵之懸也。兄所喜者亦向日之卓吾耳，不知向日之卓吾甚是卑弱，若果以向日之卓吾爲可喜，則必以今日之卓吾爲可悲矣。夫向之卓吾且如彼，今日之卓吾又何以卒能如此也，此其故可知矣。人但知古亭之人時時憎我，而不知實時時成我。古人比之美疢藥石，弟今實親領之矣。

聞有欲殺我者，得兄分剖乃止。此自感德，然弟則以爲生在中國而不得中國半箇知我之人，反不如出塞行行，死爲胡地之白骨也。兄胡必勸我復反龍湖乎？龍湖未是我死所，有勝我之友，又真能知我者，乃我死所也。嗟嗟！以鄧豁渠八十之老，尚能忍死於保定傭夫之手，而不肯一食趙大洲之禾，况卓吾子哉！與其不得朋友而死，則牢獄之死，戰場之死，固甘如飴也，兄何必救我也？死猶聞俠骨之香，死猶有烈士之名，豈龍湖之死所可比邪！大抵不肯死於妻孥之手者，必其决志欲死於朋友之手者也，此情理之易見者也。惟世無朋友，是以雖易見而卒不見耳。我豈貪風水之人邪！我豈坐枯禪，圖寂滅，專一爲守屍鬼之人邪！何必龍湖而後可死，認定龍湖以爲塚舍也！

更可笑者：一生學孔子，不知孔夫子道德之重自然足以庇蔭後人，乃謂孔林風水之好足以庇蔭孔子，則是孔子反不如孔林矣。不知孔子教澤之遠自然遍及三千七十，以至萬萬世之同守斯文一脈者，乃學其講道學，聚徒衆，收門下，以博名高，圖富貴，不知孔子何嘗爲求富貴而聚徒黨乎？貧賤如此，患難如此，至不得已又欲浮海，又欲居九夷，而弟子懽然從之，不但餓陳、蔡，被匡圍，乃見相隨不捨也。若如今人，一日無官則弟子離矣，一日無財則弟子散矣，心悦誠服其誰乎？非無心悦誠服之人也，無可以使人心悦誠服之師也。若果有之，我願爲之死，莫勸我回龍湖也！

與弱侯

客生曾對我言：「我與公大略相同，但我事過便過，公則認真耳。」予時甚愧其言，以謂「世間戲場耳，戲文演得好和反，一時總散，何必太認真乎。然性氣帶得來是箇不知討便宜的人，可奈何！時時得近左右，時時得聞此言，庶可漸消此不自愛重之積習也。」余時之答客生者如此。令兄之認真，未免與僕同病，故敢遂以此説進。

蘇長公云：「世俗俚語亦有可取之處：處貧賤易，處富貴難；安勞苦易，安閒散難；忍痛易，忍癢難。」余又見乩筆下有甚説得好者：「樂中有憂，憂中有樂。」夫當樂時，衆人方以爲樂，而至人獨以爲憂；正當憂時，衆人皆以爲憂，而至人乃以爲樂。此非反人情之常也，蓋禍福常相倚伏，惟至人真見倚伏之機，故寧處憂而不肯處樂。人見以爲愚，而不知至人得此微權，是以終身常樂而不憂耳，所謂落便宜處得便宜是也。又乩筆云：「樂時方樂，憂時方憂。」此世間一切庸俗人態耳，非大賢事也。僕以謂「樂時方樂，憂時方憂」，此八箇字，説透世人心髓矣。世人所以敢相侮者，以我正樂此樂也，若知我正憂此樂，則彼亦悔矣。此自古至人所以獨操上人之柄，不使權柄落在他人手者，兄倘以爲然否？

僕何如人，敢吐舌於兄之傍乎？聊有一管之窺，是以不覺潦倒如許。

與方伯雨柬

去年詹孝廉過湖，接公手教，乃知公大孝人也。以先公之故，猶能記憶老朽于龍湖之上，感感念念。汪本鈳道公講學，又道公好學。然好學可也，好講學則不可也，好講之於口尤不可也。知公非口講者，是以敢張言之。本鈳與公同經，欲得公爲之講習，此講即有益後學，不妨講矣。呵凍草草。

與楊定見

世人之我愛者，非愛我爲官也，非愛我爲和尚也，愛我也。世人之欲我殺者，非敢殺官也？非敢殺和尚也，殺我也。我無可愛，則我直爲無可愛之人耳，彼愛我者何妨乎！我不可殺，則我自當受天不殺之祐，殺我者不亦勞乎！然則我之加冠，非慮人之殺和尚而冠之也。侗老原是長者，但未免偏聽。故一切飲食耿氏之門者，不欲侗老與我如初，猶朝夕在武昌倡爲無根言語，本欲甚我之過，而不知反以彰我之名。恐此老不知，終始爲北輩敗壞，須速達此意於古愚兄弟。不然或生他變，而令侗老坐受主使之名，爲耿氏累甚不少也。小人之流不可密邇，自古若是，特恨此老不覺，恐至覺時，噬臍又無及。此書覽訖，即封寄友山，仍書一紙專寄古愚兄弟。

與楊鳳里

醫生不必來，爾亦不必來，我已分付取行李先歸矣。我痢尚未止，其勢必至十月初間方敢出門，到此時，可令道來取箇的信。塔屋既當時胡亂做，如今獨不可胡亂居乎？世間人有家小、田宅、禄位、名壽、子孫、牛馬、猪羊、雞犬等，性命非一，自宜十分穩當。我僧家清高出塵之士，不見山寺盡在絶頂白雲層乎？我只有一副老骨，不怕朽也，可依我規制速爲之！

又與楊鳳里

行李已至湖上，一途無雨，可謂順利矣。我湖上屋低處就低處做，高處就高處做，可省十分氣力，亦又方便。低處作佛殿等屋，以塑佛聚僧，我塔屋獨獨一座，高出雲表，又像西方妙喜世界矣。我回，只主張衆人念佛，專修西方，不許一個閒説嘴。曾繼泉可移住大樓下，懷捷令上大樓歇宿。

與梅衡湘答書二首附

承示繫單于之頸，僕謂今日之頸不在夷狄而在中國。中國有作梗者，朝廷之上自有公等諸賢聖在，即日可繫也。若外夷，則外之耳。外之爲言，非繫之也。惟漢時冒頓最盛强，與漢結怨最深。白登之辱，嫚書之辱，中行説之辱，嫁以公主，納之歲幣，與宋之獻納何殊也？故賈誼慨然任之，然文帝猶以爲生事擾民，不聽賈生之策，况今日四夷效服如此哉！若我邊彼邊各相戕伐，則邊境常態，萬古如一，何足掛齒牙邪！

附衡湘答書

「佛高一尺，魔高一丈。」昔人此言，只要人知有佛即有魔，如形之有影，聲之有響，必然不相離者。知其必然，便不因而生恐怖心，生退悔心矣。世但有魔而不佛者，未有佛而不魔者。人患不佛耳，毋患魔也。不佛而魔，宜佛以消之；佛而魔，愈見其佛矣。佛左右有四天王、八金剛，各執刀劍寶杵擁護，無非爲魔。終不若山鬼伎倆有限，老僧不答無窮也。自古英雄豪傑，欲建一功，立一節，尚且屈耻忍辱以就其事，况欲成此一段大事邪？

又

丘長孺書來，云翁有老態，令人茫然。楨之於翁，雖心向之而未交一言，何可老也。及問家人，殊不爾。又讀翁扇頭細書，乃知轉復精健耳。目病一月，未大愈，急索《焚書》讀之，笑語人曰：「如此老者，若與之有隙，只宜捧之蓮花座上，朝夕率大衆禮拜以消折其福；不宜妄意挫抑，反增其聲價也！」

復麻城人書

謂身在是之外則可，謂身在非之外即不可，蓋皆是見得恐有非於我，而後不敢爲耳。謂身在害之外則可，謂身在利之外即不可，蓋皆是見得無所利於我，而後不肯爲耳。如此説話，方爲正當，非漫語矣。

今之好飲者，動以高陽酒徒自擬，公知高陽之所以爲高陽乎？若是真正高陽，能使西夏叛卒不敢逞，能使叛卒一起即撲滅，不至勞民動衆，不必損兵費糧，無地無兵，無處無糧，亦不必以兵寡糧少爲憂，必待募兵於他方，借糧於外境也。此爲真正高陽酒徒矣。方亞夫之擊吴、楚也，將兵至洛陽，得劇孟，大喜曰：「吴、楚舉大事而不得劇孟，吾知其無能爲矣。」一箇博徒有何烜赫，能使真將軍得之如得數千萬雄兵猛將然？然得三十萬猛將强兵，終不如得一劇孟，而吴楚失之，其亡便可計日。是謂真正高陽酒徒矣。是以周候情願爲之執盃而控馬首也。漢淮陰費千金覓生左車，得即東嚮坐，西嚮侍，師事之。以此見真正高陽酒徒之能知人下士，識才尊賢又如此，故吾以謂真正高陽酒徒可敬也。彼蓋真知此輩之爲天下寶，又知此輩之爲天下無價寶也，是以深寶惜之。縱然涓滴不入口，亦當以高陽酒徒目之矣。

曾聞李邢州之飲許趙州云：「白眼風塵一酒巵，吾徒猶足傲當時。城中年少空相慕，説著高陽總不知。」此詩俗子輩視之便有褒貶，吾以謂皆實語也，情可哀也。漫書到此，似太無謂，然亦因公言發起耳，非爲公也。

時有麻城人舊最相愛，後兩年不寄一書，偶寄書便自謂高陽酒徒，貪盃無暇，是以久曠。又自謂置身于利害是非之外，故不欲問我於利害是非之内。其尊己卑人甚矣。吁！果若所云，豈不爲余之良朋勝友哉！然其怕利害是非之實如此，則其沈溺利害是非爲何如者，乃敢大言欺余。時聞靈、夏兵變，因發憤感歎於高陽，遂有《二十分識》與《因記往事》之説。設早聞有梅監軍之命，亦慰喜而不發憤矣。

與河南吴中丞書

僕自禄仕以來，未嘗一日獲罪於法禁；自爲下僚以來，未嘗一日獲罪於上官。雖到處時與上官迕，然上官終不以我爲迕己者，念我職雖卑而能自立也。自知參禪以來，不敢一日觸犯于師長；自四十歲以至今日，不敢一日觸犯于友朋。雖時時與師友有諍有講，然師友總不以我爲嫌者，知我無諍心也，彼此各求以自得也。邇居武昌，甚得劉晉老之力，昨冬獲讀與晉老書，欲僕速離武昌，甚感遠地惓惓至意。茲因晉老經過之便，謹付《焚書》四册，蓋新刻也。稍能發人道心，故附請教。

答陸思山

承教方知西事，然倭奴水寇，不足爲慮，蓋此輩舍舟無能爲也。特中原有奸者，多引結之以肆其狼貪之欲，實非真奸雄也，特爲高麗垂涎耳。諸老素食厚禄，抱負不少，卓異屢薦，自必能博此蜂蠆，似不必代爲之慮矣。

晉老此時想當抵任。此老胸中甚有奇抱，然亦不見有半箇奇偉卓絶之士在其肺腑之間，則亦比今之食禄者聰明忠信，可敬而已。舍公練熟素養，置之家食，吾不知天下事誠付何人料理之也！些小變態，便倉惶失措，大抵今古一局耳，今日真令人益思張江陵也。

熱甚，寸絲不掛，故不敢出門。

與周友山

晉老初别，尚未覺别，别後真不堪矣。來示云云，然弟生平未嘗見有與我綢繆者，但不見我觸犯之過，免其積怒，即爲幸事，安得綢繆也！劉晉老似稍綢繆矣，然皆以觸犯致之。以觸犯致綢繆，此亦可也，然不可有二也。

與友山

疏中「且負知己」四字，甚妙。惟不負知己，故生殺不計，况毁譽榮辱得喪之小者哉！江陵，兄知己也，何忍負之以自取名邪？不聞康德涵之救李獻吉乎：但得脱獻吉於獄，即終身廢棄，受劉瑾黨誣而不悔，則以獻吉知己也。士爲知己死，死且甘焉，又何有于廢棄歟！但此語只可對死江陵與活温陵道耳，持以語朝士，未有不笑我説謊者。今惟無江陵其人，故西夏叛卒至今負固，壯哉梅公之疏請也，莫謂秦遂無人也！

令師想必因其弟高遷抵家，又因克念自省回去，大有醒悟，不復與我計較矣。我於初八夜，夢見與侗老聚，顔甚懽悦。我亦全然忘記近事，只覺如初時一般，談説終日。此夢又不是思憶，若出思憶，即當略記近事，安得全無影響也。我想日月定有復圓之日，圓日即不見有蝕時迹矣。果如此，即老漢有福，大是幸事，自當復回龍湖，約兄同至天臺無疑也。若此老終始執拗，未能脱然，我亦不管，我只有盡我道理而已。諺曰：「冤讐可解不可結。」渠縱不解，我當自有以解之。劉伯倫有言：「雞肋不足以當尊拳」，其人遂笑而止。吾知此老終當爲我一笑而止也。

世事如此，若似可慮，然在今日實爲極盛之時，向中之日，而二三叛卒爲梗，廟堂專閫竟無石畫，是則深可愧者！兄可安坐圍棋，收租築室，自爲長計邪？

寄京友書

弟今秋苦痢，一疾幾廢矣。乃知有身是苦，佛祖上仙所以孜孜學道，雖百般富貴，至於上登轉輪聖王之位，終不足以易其一盼者，以爲此分段之身禍患甚大，雖轉輪聖王不能自解免也。故窮苦極勞以求之。不然，佛乃是世間一箇極拙極痴人矣，舍此富貴好日子不會受用，而乃十二年雪山，一麻一麥，坐令烏鵲巢其頂乎？想必有至富至貴，世間無一物可比尚者，故竭盡此生性命以圖之。在世間顧目前者視之，似極痴拙，佛不痴拙也。今之學者不必言矣。中有最號真切者，猶終日皇皇計利避害，離實絶根，以寶重此大患之身，是尚得爲學道人乎？

《坡仙集》我有批削旁註在内，每開看便自懽喜，是我一件快心却疾之書，今已無底本矣，千萬交付深有來還我！大凡我書皆謂求以快樂自己，非爲人也。

與焦弱侯書

昨閒步清涼，瞻拜一拂鄭先生之祠，知一拂，兄之鄉先哲前賢也。一拂自少至老讀書此山寺，後之人思慕遺風，祠而祀之。今兄亦讀書寺中，祠既廢而復立，不亦宜乎！歸來讀《江寧初志》，又知一拂於余，其先同爲光州固始人氏，唐末隨王審知入閩，遂爲閩人，則余於先生爲兩地同鄉，是亦余之鄉先哲前賢也。且不獨爲兄有，而亦不必爲兄羡矣。一拜祠下，便有清風，雖曰閒步以往，反使余載璧而還，誰謂昨日之步竟是閒步乎？余實於此有榮耀焉！

夫先生王半山門下高士也，受知最深，其平日敬信半山亦實切至，蓋其心俱以民瘼爲急，國儲爲念。但半山過於自信，反以憂民愛國之實心，翻成毒民悞國之大害。先生切於目擊，乃不顧死亡誅滅之大禍，必欲成吾胡、越同舟之本心，卒以流離竄逐，年至八十，然後老此山寺。故余以謂一拂先生可敬也。若但以其「一拂」而已，此不過鄉黨自好者之所歆羡，誰其肯以是而羡先生乎？今天下之平久矣，中下之士肥甘是急，全不知一拂爲何物，無可言者。其中上士砥礪名行，一毫不敢自離於繩墨，而遂忘卻鹽梅相濟之大義，則其視先生爲何如哉！余以爲一拂先生真可敬也。余之景行先哲，其以是哉！

今先生之祠既廢而復立，吾知兄之敬先生者亦必以是矣，斷然不專專爲一拂故也。吾鄉有九我先生者，其于先哲尤切景仰，其於爱民憂國一念尤獨惓惓，使其知有一拂先生詞堂在此清凉間，慨然感懷，亦必以是，惜其未有以告之耳。聞之鄰近故老，猶能道一拂先生事，而舊祠故址廢莫能考，則以當時無有記之者，記之者非兄與九我先生歟？先賢者，後賢之所資以模範；後賢者，先賢之所賴以表章。立碑于左，大書姓字，吾知兄與九老不能讓矣。吁！名垂萬世，可讓也哉！

李温陵集卷之五

李温陵集卷之六

海虞後學顧大韶仲恭校

書答

復士龍悲二母吟

楊氏族孫，乃近從兄議，繼嗣楊虚遊先生之子之後，非繼嗣李翰峰先生之後也。非翰峯之後，安得住翰峯之宅？繼楊姓而住李宅，非其義矣。楊氏族孫又是近議立爲虚遊先生之子之後，亦非是立爲李翰峯先生守節之妹之後也。非翰峯之妹之後，又安得朝夕李氏之宅，而以服事翰峯先生守節之妹爲辭也？繼楊虚遊先生之子之後，而使服事翰峯先生守節之妹于李氏之門，尤非義矣。雖欲不窺窬强取節妹衣食之餘，不可得矣。交搆是非，誣加翰峯先生嗣孫以不孝罪逆惡名，又其勢之所必至矣。是使之争也，我輩之罪也，亦非楊氏族孫之罪也。幸公虚心以聽，務以翰峯先生爲念。翰峯在日，與公第一相愛，如僕旁人耳，僕知公必念之極矣。念翰峯則必念及其守節之妻顧氏，念及其守節之妹李氏，又念及其嗣孫無疑矣。

夫翰峯合族無一人可承繼者，僅有安人顧氏生一女爾。翰峯先生没而後招壻姓張者，入贅其家，生兩兒，長養成全，皆安人顧氏與其妹李氏鞠育提抱之力也。見今娶妻生子，改姓李，以奉翰峯先生香火矣。而壻與女又皆不幸蚤世，故兩節婦咸以此孫朝夕奉養爲安，而此孫亦藉以成立。弱侯與公等所處如此，蓋不過爲翰峯先生念，故弱侯又以其女所生女妻之也。近聞此孫不愛讀書，稍失色養于二大母，此則雙節平日姑息太過，以致公之不説，而二太母實未嘗不説之也。僕以公果念翰峯舊雅，只宜擇師教之，時時勤加考省，乃爲正當。若遽爲此兒孫病而别有區處，皆不是真能念翰峯矣。

夫翰峯之妹，一嫁即寡，仍歸李家。翰峯在日，使與其嫂顧氏同居，南北兩京相隨不離；翰峯没後，顧氏亦寡，以故仍與寡嫂同居。計二老母前後同居已四十餘年，李氏妹又旌表著節，翕然稱聲于白門之下矣。近耿中丞又以「雙節」懸其廬，（三）〔二〕母相安，爲日已久，當不以此孫失孝敬而遂欲從楊氏族孫以去也。此言大爲李節婦誣矣，稍有知者決不肯信，而况於公！大抵楊氏族孫貧甚，或同居，或時來往，未免垂涎李節婦衣簪之餘，不知此皆李翰峯先生家物，楊家安得有也？且節婦尚在，尚不可缺乎？若皆爲此族孫取去，李節婦一日在世，又復靠誰乎？種種誣謗，盡從此生。惟楊歸楊，李歸李，絶不相干，乃爲妥當。

復晉川翁書

往來經過者頌聲不輟，焦弱侯蓋屢談之矣。天下無不可爲之時，以翁當其任，自然大爲士民倚重，世道恃賴，但貴如常處之，勿作些見識也。果有大力量，自然默默斡旋，人受其賜而不知。若未可動，未可言，決須忍耐以須時。《易》之《蠱》曰：「幹母之蠱，不可貞。」言雖幹蠱，而不可用正道，用正道必致相忤，雖欲幹辦母事而不可得也。又曰：「幹父用譽。」而夫子傳之曰：「幹父用譽，承以德也。」言父所爲皆破家亡身之事，而子欲幹之，反稱譽其父，反以父爲有德，如所云「母氏聖善，我無令人」者。如是則父親喜悦，自然入其子孝敬之中，變蠱成治無難矣。倘其父終不肯變，亦只得隨順其間，相幾而動。夫臣子之於君親，一理也。天下之財皆其財，多用些亦不妨；天下民皆其民，多虐用些亦只得忍受。但有大賢在其間，必有調停之術，不至已甚足矣。只可調停於下，斷不可拂逆於上。叔臺相見，一誦疏稿，大快人！大快人！只此足矣，再不可多事也。陽明先生與楊邃菴書極可玩，幸置座右！

書晉川翁壽卷後

此予丙申中坪上筆也，今又四載矣，復見此于白下。覽物思仁壽，意與之爲無窮。公今暫出至淮上，淮上何足煩公邪！然非公亦竟不可。夫世固未嘗無才也，然亦不多才。惟不多才，故見才尤宜愛惜，而可令公卧理淮上邪？在公雖視中外如一，但居中制外，選賢擇才，使布列有位，以輔主安民，則居中爲便。吾見公之入矣，入即持此卷以請教當道。今天下多事如此，將何以輔佐聖主，擇才圖治？當事者皆公信友，吾知公決不難於一言也，是又余之所以爲公壽也。余以昨戊戌初夏至，今又一載矣。時事如棋，轉眼不同，公當繫念。

會期小啓

會期之不可改，猶號令之不可反，軍令之不可二也。故重會期，是重道也，是重友也。重友以故重會，重會以故重會期。僕所以屢推辭而不欲會者，正謂其無重道重友之人耳。若重道，則何事更重于道會也邪！故有事則請假不往可也，不可因一人而遂廢衆會也，况可遽改會期乎？若欲會照舊是十六，莫曰「衆人皆未必以會爲重，雖改以就我亦無妨」。噫！此何事也！衆人皆然，我獨不敢，亦望庶幾有以友朋爲重，以會爲重者。今我亦如此，何以望衆人之重道乎？我實不敢以爲然，故以請教。

與友人書

古聖之言，今人多錯會，是以不能以人治人，非恕也，非絜矩也。試舉一二言之。

夫堯明知朱之嚚訟也，故不傳以位；而心實痛之，故又未嘗不封之以國。夫子明知鯉之痴頑也，故不傳以道；而心實痛之，故又未嘗不教以《禮》與《詩》。又明知《詩》《禮》之言終不可入，然終不以不入而遽已，亦終不以不入而遽强。以此知聖人之真能愛子矣。乃孟氏謂舜之喜象非僞喜，則僕實未敢以爲然。夫舜明知象之欲已殺也，然非真心喜象則不可解象之毒，縱象之毒終不可解，然舍喜象無别解法矣。故其喜象是僞也，其主意必欲喜象以得象之喜是真也，非僞也。若如軻言，則是舜不知象之殺己，是不智也；知其欲殺己而喜之，是喜殺也，是不誠也。是堯不知朱之嚚訟，孔不知鯉之痴頑也，不明甚矣。故僕謂舜爲僞喜，非過也。以其情其勢，雖欲不僞喜而不可得也。以中者養不中，才者養不才，其道當如是也。養者，養其體膚，飲食衣服宫室之而已也。如堯之于朱，舜之于象，孔之于伯魚，但使之得所養而已也。此聖人所以爲真能愛子與悌弟也。此其一也。

又觀古之狂者，孟氏以爲是其爲人志大言大而已。解者以爲志大故動以古人自期，言大故行與言或不相掩。如此，則狂者當無比數於天下矣，有何足貴而故思念之甚乎？蓋狂者下視古人，高視一身，以爲古人雖高，其跡往矣，何必踐彼迹爲也。是謂志大。以故放言高論，凡其身之所不能爲，與其所不敢爲者，亦率意妄言之。是謂大言。固宜其行之不掩耳。何也？其情其勢自不能以相掩故也。夫人生在天地間，既與人同生，又安能與人獨異？是以往往徒能言之以自快耳，大言之以貢高耳，亂言之以憤世耳。渠見世之桎梏已甚，卑鄙可厭，益以肆其狂言。觀者見其狂，遂指以爲猛虎毒蛇，相率而遠去之。渠見其狂言之得行也，則益以自幸，而惟恐其言之不狂矣。惟聖人視之若無有也，故彼以其狂言嚇人而吾聽之若不聞，則其狂將自歇。故惟聖人能醫狂病。觀其可子桑，友原壤，雖臨喪而歌，非但言之，且行之而自不揜，聖人絶不以爲異也。是千古能醫狂病者，莫聖人若也。故不見其狂，則狂病自息。又愛其狂，思其狂，稱之爲善人，望之以中行，則其狂可以成章，可以入室。僕之所謂夫子之愛狂者，此也。蓋惟世間一等狂漢，乃能不揜於行。不揜者，不遮揜以自蓋也，非行不揜其言之謂也。

若夫不中不才子弟，只可養，不可棄，只可順，不可逆。逆則相反，順則相成，是爲千古要言，今人皆未知聖人之心者，是以不可齊家治國平天下，以成栽培傾覆之常理。

復顧冲庵翁書

某非負心人也，況公蓋世人豪；四海之内，凡有目能視，有足能行，有手能供奉，無不願奔走追陪，藉一顧以爲重，歸依以終老也，況於不肖某哉！公於此可以信其心矣。自隱天中山以來，再卜龍湖，絶類逃虚近二十載，豈所願哉！求師訪友，未嘗置懷，而第一念實在通海，但老人出門大難，詎謂公猶惓惓念之邪！適病暑，侵侵宴寂，一接頓起矣。

又書

昔趙景真年十四，不遠數千里佯狂出走，訪叔夜於山陽，而其家竟不知去向，天下至今傳以爲奇。某自幼讀之，絶不以爲奇也。以爲四海求友，男兒常事，何奇之有。乃今視之，雖欲不謂之奇不得矣。向在龍湖，尚有長江一帶爲我限隔，今居白下，只隔江耳。往來十餘月矣。而竟不能至，或一日而三四度發心，或一月而六七度欲發。可知發心容易，親到實難，山陽之事未易當也。豈凡百盡然，不特此邪；抑少時或可勉强，乃至壯或不如少，老又决不如壯邪；抑景真若至今在，亦竟不能也？計不出春三月矣。先此報言，决不敢食。

又書使通州詩後

某奉別公近二十年矣，別後不復一致書問，而公念某猶昔也。推食解衣，至今猶然。然則某爲小人，公爲君子，已可知矣。方某之居哀牢也，盡棄交遊，獨身萬里，戚戚無歡，誰是諒我者？其並時諸上官，又誰是不惡我者？非公則某爲滇中人，終不復出矣。夫公提我於萬里之外，而自忘其身之爲上，故某亦因以獲事公於青雲之上，而自忘其身之爲下也。則豈偶然之故哉！

嗟嗟！公天人也，而世莫知；公大人也，而世亦莫知。夫公爲天人而世莫知，猶未害也；公爲一世大人，而世人不知，世人又將何賴邪？目今倭奴屯結釜山，自謂十年生聚，十年訓練，可以安坐而制朝鮮矣。今者援之，中、邊皆空，海陸並運，八年未已，公獨鼇釣通海，視等鄉隣，不一引手投足，又何其忍邪！非公能忍，世人固已忍舍公也。此非仇公，亦非仇國，未知公之爲大人耳。誠知公之爲大人也，即欲舍公，其又奚肯？

既已爲詩四章，遂并述其語於此，亦以見某與公原非偶者。

附顧冲老送行序

顧冲老《贈姚安府温陵李先生致仕去滇序》云：

温陵李先生爲姚安府且三年，大治，懇乞致其仕去。初先生以南京刑部尚書郎來守姚安，難萬里，不欲攜其家，其室人强從之。蓋先生居常遊，每適意輒留，不肯歸，故其室人患之，而强與偕行至姚安，無何即欲去，不得遂，乃强留。然先生爲姚安，一切持簡易，任自然，務以德化人，不賈世俗能聲。其爲人汪洋停蓄，深博無涯涘，人莫得其端倪，而其見先生也不言而意自消。自僚屬、士民、胥隸、夷酋，無不化先生者，而先生無有也。此所謂無事而事事，無爲而無不爲者邪。

謙之備員洱海也，先生守姚安已年餘，每與先生談，輒夜分不忍别去，而自是先生不復言去矣。萬曆八年庚辰之春，謙以入賀當行。是時，先生歷官且三年滿矣，少需之，得上其績，且加恩或上遷。而侍御劉公方按楚雄，先生一日謝簿書，封府庫，攜其家，去姚安而來楚雄，乞侍御公一言以去。侍御公曰：「姚安守，賢者也。賢者而去之，吾不忍，非所以爲國，不可以爲風，吾不敢以爲言。即欲去，不兩月所爲上其績而以榮名終也，不其無恨於李君乎？」先生曰：「非其任而居之，是曠官也，贄不敢也。需滿以倖恩，是貪榮也，贄不爲也。名聲聞于朝矣而去之，是釣名也，贄不能也。去即去耳，何能顧其他？」而兩臺皆勿許。於是先生還其家姚安，而走大理之雞足。雞足者，滇西名山也。兩臺知其意已决，不可留，乃爲請於朝得致其仕。

命下之日，謙方出都門還趨滇，恐不及一晤先生而别也，乃至楚之常、武而程程物色之。至貴竹而知先生尚留滇中遨遊山水間，未言歸，歸當以明年春，則甚喜。或謂謙曰：「李姚安始求去時，惟恐不一日去，今又何遲遲也，何謂哉？」謙曰：「李先生之去，去其官耳。去其官矣，何地而非家，又何迫迫於温陵者爲？且温陵又無先生之家。」及至滇，而先生果欲便家滇中，則以其室人晝夜涕泣請，將歸楚之黄安。蓋先生女若壻皆在黄安依耿先生以居，故其室人第願得歸黄安云。先生别號曰卓吾居士，卓吾居士别有傳，不具述，述其所以去滇者如此。

先生之行，取道西蜀，將穿三峽，覽瞿塘、灧澦之勝，而時時過訪其相知故人。則願先生無復留，攜其家人一意達黄安，使其母子得相共，終初念，而後東西南北，惟吾所適，不亦可乎？先生曰：「諾。」遂行。

復澹然大士

《易經》未三絶，今史方伊始，非三冬二夏未易就緒，計必至明夏四五月乃可。過暑毒，即回龍湖矣。回湖惟有主張净土，督課西方公案，更不作小學生鑽故紙事也。參禪事大，量非根器淺弱者所能擔。今時人最高者惟有好名，無真實爲生死苦惱怕欲求出脱也。日過一日，壯者老，少者壯，而老者又欲死矣。出來不覺就是四年，衹是怕死在方上，侍者不敢棄我屍，必欲裝棺材赴土中埋爾。今幸未死，然病苦亦漸多，當知去死亦不遠，但得回湖上葬於塔屋，即是幸事，不須勸我，我自然來也。來湖上化，則湖上即我歸成之地，子子孫孫道場是依，未可謂龍湖蕞爾之地非西方極樂净土矣。

復李漸老書

數千里外山澤無告之，老翁皆得而時時衣食之，則翁之禄，豈但仁九族，惠親友已哉！感德多矣，報施未也，可如何！承諭煩惱心，山野雖孤獨，亦時時有之。即此衣食之賜，既深以爲喜，則缺衣少食之煩惱不言可知已。身猶其易者，等而上之，有國則煩惱一國，有家則煩惱一家，無家則煩惱一身，所任愈輕，則煩惱愈减。然則煩惱之增减，惟隨所任之重輕耳，世固未聞有少煩惱之人也，惟無身乃可免矣。《老子》云：「若吾無身，更有何患？」無身則自無患，無患則自無惱。吁！安得聞出世之旨，以免此後有之身哉！翁幸有以教之！此又山澤癯老晚年之第一煩惱處也。

與管登之書

承遠教，甚感。細讀佳刻，字字句句皆從神識中模寫，雄健博達，真足以超今絶古。其人品之高，心術之正，才力之傑，信足以自樂，信足以過人矣。雖數十年相别，宛然面對，令人慶快無量也。如弟者何足置齒牙問，煩千里枉問哉？愧感！愧感！

第有所欲言者，幸兄勿談及問學之事。説學問反埋却種種可喜可樂之趣。人生亦自有雄世之，具何必添此一種也！如空同先生與陽明先生同世同生，一爲道德，一爲文章，千萬世後，兩先生精光具在，何必更兼談道德耶？人之敬服空同先生者，豈减於陽明先生哉？願兄已之！待十萬劫之後，復與兄相見，再看何如？始與兄談。笑笑。

觀音問·答澹然師

昨來書，謂：「觀世音大士發大弘願，我亦欲如是發願：願得如大士圓通無障礙。聞庵僧欲塑大士像，我願爲之，以致皈依，秖望卓公爲我作記也。」余時作筆走答云：「觀音大士發大弘願，似矣。但大士之願，慈悲爲主；以救苦救難爲悲，以接引念佛衆生皈依西方佛爲慈。彼一切圓通無障礙，則佛佛皆然，不獨觀音大士也。彼塑像直布施功德耳，何必問余？或可或否，我不敢與。」予時作答之語如此，然尚未明成佛發願事，故復言之。

蓋言成佛者，佛本自成，若言成佛，已是不中理之談矣，況欲發願以成之哉！成佛者，成無佛可成之佛，此千佛萬佛之所同也。發願者，發佛佛各所欲爲之願，此千佛萬佛之所不能同也。故有佛而後有願，佛同而願各異，是謂同中有異也。發願盡出于佛，故願異而佛本同，是謂異中有同也。然則謂願由於佛可也，而謂欲發願以成佛可乎？是豈中理之談哉！雖然，此亦未易言也。大乘聖人尚欲留惑潤生，發願度人，況新發意菩薩哉！然大乘菩薩實不及新發意菩薩，大願衆生實不及大心衆生，觀之龍女、善財可見矣。故單言菩薩，則雖上乘，猶不免借願力以爲重。何者？見諦未圓而信心未化也。唯有佛菩薩如觀音、大勢至、文殊、普賢等，始爲諸佛發願矣。故有釋迦佛，則必有文殊、普賢；釋迦爲佛，而文殊、普賢爲願也。有阿彌陀佛，則必有觀音、勢至；彌陀是佛，而觀音、勢至是願也。此爲佛願，我願澹師似之！

又

佛之心法，盡載之經。經中一字透不得，即是自家生死透不得，唯不識字者無可奈何耳。若謂經不必讀，則經亦不必留，佛亦不用有經矣。昔人謂讀經有三益：有起發之益，有開悟之益，又有印證之益。其益如此，曷可不讀也？世人忙忙不暇讀，愚人懵懵不能讀，今幸生此閒身，得爲世間讀經之人而不肯讀，比前二輩反在其後矣。快刻期定志，立限讀之，務俾此身真實可以死乃得。

又

世人貪生怕死，營營狗狗，無所不至，若見此僧端坐烈焰之中，無一毫恐怖，或遂頓生念佛念法之想，未可知也。其有益於塵世之人甚大，若欲湖僧爲之津送則不可。蓋凡津送亡僧者，皆緣亡者神識飛揚，莫知去向，故藉平時持戒僧衆誦念經咒以助之。今此火化之僧，必是了然自知去向者，又何用湖僧爲之津送邪？且湖上僧雖能守戒行，然其貪生怕死，遠出亡僧之下，有何力量可以資送此僧？若我則又貪生怕死之尤者，雖死後猶怕焚化，故特地爲塔屋於龍湖之上，敢以未死之身自入於紅爐乎？其不如此僧又已甚遠。自信、明因向往俱切，皆因爾澹師倡導，火力甚大，故衆菩薩不覺不知自努力向前也。此其火力比今火化之僧又大矣。何也？火化之僧只能化得自己，若澹師則無所不化。火化僧縱能化人，亦只化得衆人念佛而已，若澹師則可以化人立地成佛，故其火力自然不同。

又

學道人大抵要跟脚真耳，若始初以怕死爲跟脚，則必以得脱生死、離苦海、免恐怕爲究竟。雖遲速不同，決無有不證涅槃到彼岸者。若始初只以好名爲跟脚，則終其身只成就得一箇虚名而已，虚名於我何與也？此事在各人自查考，别人無能爲也。今人縱十分學道，亦多不是怕死。夫佛以生死爲苦海，而今學者反以生死爲極樂，是北轅而南其轍，去彼岸愈遠矣。世間功名富貴之人，以生爲樂也，不待言也。欲學出世之法，而唯在於好名，名只在于一生而已，是亦以生爲樂也，非以生爲苦海也。苦海有八，生其一也。即今上亦不得，下又不得，學亦不得，不學亦不得，便可以見有生之苦矣。佛爲此故，大生恐怖。試看我輩今日何曾以此生身爲苦爲患，而决求以出離之也。尋常亦會説得此身是苦，其實亦只是一句説話耳，非真真見得此身在陷阱坑坎之中，不能一朝居者也。試驗之自見。

又

聞師又得了道，道豈時時可得邪？然真正學者亦自然如此。楊慈湖先生謂大悟一十八遍，小悟不記其數，故慈湖於宋儒中獨爲第一了手好漢，以屢疑而屢悟也。學人不疑，是謂大病。唯其疑而屢破，故破疑即是悟。自信菩薩於此事信得及否？彼以談詩談佛爲二事，不知談詩即是談佛。若悟談詩即是談佛人，則雖終日談詩何妨。我所引「白雪陽春」之語，不過自謙之辭，欲以激厲彼，俾知非佛不能談詩也，而談詩之外亦别無佛可談。自信失予之意，反以談詩爲不美，豈不悮哉？歷觀傳燈諸祖，其作詩説偈，超逸絶塵不可當，亦可以談詩病之乎？唯本不能詩而强作，則不必；若真實能詩，則因談佛而其詩益工者又何多也，何必以談詩爲病也？

與澄然

認不得字勝似認得字，何必認得字也？只要成佛，莫問認得字與否，認得字亦是一尊佛，認不得字亦是一尊佛。當初無認字佛，亦無不認得字佛。無認字佛，何必認字；無不認字佛，何必不認字也？大要只要自家生死切耳。我昨與丘坦之壽詩有云：「劬勞雖謝父母恩，扶持自出世中尊。」今人但見得父母生我身，不知日夜承世尊恩力，蓋千生萬劫以來，作忘恩背義之人久矣。今幸世尊開我愚頑，頓能發起一念無上菩提之心，欲求見初生爺娘本面，是爲萬幸，當生大慚大愧乃可。故古人親證親聞者，對法師前高叫大哭，非漫然也。千萬劫相失爺娘，一旦得之，雖欲不慟哭，不可得矣。慎莫草草作語言戲論，反成大罪過也！世間戲論甚多，惟此事是戲論不得者。

答自信

既自信，如何又説放不下？既放不下，如何又説自信也？試問自信者是信箇甚麽？放不下者又是放不下箇甚麽？於此最好参取。信者自也，不信者亦自也。放得下者自也，放不得下者亦自也。放不下是生，放下是死；信不及是死，信得及是生。信不信，放下不放下，總屬生死。總屬生死則總屬自也，非人能使之不信不放下，又信又放下也。於此著實参取，便自得之。然自得亦是自，來來去去，生生死死，皆是自，可信也矣。

來書「原無生死」四字，雖是諸佛現成語，然真實是第一等要緊語也。既説原無生死，則亦原無自信，亦原無不自信也；原無放下，亦原無不放下也。「原無」二字甚不可不理會。既説原無，則非人能使之無可知矣，亦非今日方始無又可知矣。若待今日方始無，則亦不得謂之原無矣。若人能使之無，則亦不得謂之原無矣。「原無」二字總説不通也。故知原無生者，則雖千生總不妨也，何者？雖千生終不能生，此原無生也。使原無生而可生，則亦不得謂之原無生矣。故知原無死者，則雖萬死總無礙也。何者？雖萬死終不能死，此原無死也。使原無死而可死，則亦不得謂之原無死矣，故「原無生死」四字，不可只恁麽草草讀過，急著精彩，便見四字下落。

又

一動一静，原不是我，莫錯認好。父母已生後，即父母未生前，無別有未生前消息也。見得未生前，則佛道、外道、邪道、魔道總無有，何必怕落外道乎？總無死，何必怕死乎？然此不怕死總自十分怕死中來。世人惟不怕死，故貪此血肉之身，卒至流浪生死而不歇；聖人惟萬分怕死，故窮究生死之因，直證無生而後已。無生則無死，無死則不怕，非有死而强説不怕也。自古惟佛、聖人怕死爲甚，故曰「子之所慎齋戰疾」，又曰：「臨事而懼，若死而無悔者，吾不與。」其怕死何如也？但記者不知聖人怕死之大耳，怕死之大者，必朝聞而後可免於夕死之怕也，故曰：「朝聞道，夕死可矣。」曰「可」者，言可以死而不怕也；再不復死，亦再不復怕也。我老矣，凍手凍筆，作字甚難，慎勿草草，須時時與明因確實理會。我於詩學無分，秖緣孤苦無朋，用之以發叫號，少洩胸中之氣，無「白雪陽春」事也。舉世無真學道者，今幸有爾列位真心向道，我喜何如！若悠悠然惟借之以過日子，又何必乎？

又

若無山河大地，不成清净本原矣，故謂山河大地即清净本原可也。若無山河大地，則清净本原爲頑空無用之物，爲斷滅空不能生化之物，非萬物之母矣，可值半文錢乎？然則無時無處無不是山河大地之生者，豈可以山河大地爲作障礙而欲去之也？清净本原，即所謂本地風光也。視不見，聽不聞，欲聞無聲，欲嗅無臭，此所謂龜毛兔角，原無有也。原無有，是以謂之清净也。清净者，本原清净，是以謂之清净本原也，豈待人清净之而後清净耶？是以謂之鹽味在水，惟食者自知，不食則終身不得知也。又謂之色裏膠青。

蓋謂之曰膠青，則又是色，謂之曰色，則又是膠青。膠青與色合而爲一，不可取也。是猶欲取清浄本原於山河大地之中，而清浄本原已合于山河大地，不可得而取矣；欲舍山河大地於清浄本原之外，而山河大地已合成清浄本原，又不可得而舍矣。故曰取不得，舍不得，雖欲不放下不可得也。龜毛兔角，我所説與佛不同，佛所説以證斷滅空耳。

又

念佛是便宜一條路，昨火化僧只是念佛得力。人人能念佛，人人得往西方，不但此僧爲然，序不必似此火化乃見念佛功効也。古今念佛而承佛接引者，俱以無疾而化爲妙。故或坐脱，或立亡，或吉祥而逝。故佛上稱十號，只曰「善逝」而已。善逝者，如今人所言好死是也。此僧火化，雖非正法，但其所言得念佛力，實是正言，不可因其不是正法而遂不信其爲正言也，但人不必學之耳。念佛須以見佛爲願，火化非所願也。

又

無相、無形、無國土，與有相、有形、有國土，成佛之人當自知之，已證涅槃之人亦自知之，豈勞問人也？今但有念佛一路最端的。念佛者，念阿彌陀佛也。當時釋迦金口稱讚有阿彌陀佛，在西方極樂國土，專一接引念佛衆生。以此觀之，是爲有國土乎，無國土乎？若無國土，則阿彌陀佛爲假名，蓮華爲假相，接引爲假説。互相欺誑，佛當受彌天大罪，如今之衙門口光棍，當即時敗露，即受誅夷矣，安能引萬億劫聰明豪傑同登金蓮勝會乎？何以問我有無形、相、國土爲也？且夫佛有三身：一者清浄法身，即今問佛問法與問有無形、相、國土者也，是無形而不可見，無相而不可知者也。是一身也。二者千百億化身，即今問佛問法問有無形、相、國土，又欲參禪，又欲念佛，又不敢自信，如此者一日十二時，有千百億化現，故謂之化身。是又一身也。即法身之動念起意，變化施爲，可得而見，可得而知，可得而狀者也。三者圓滿報身，即今念佛之人滿即報以極樂，參禪之人滿即報以浄土，修善之人滿即報以天堂，作孽之人滿即報以地獄，慳貪者報以餓鬼，毒害者報以虎狼，分釐不差，毫髮不爽，是報身也。報身即應身，報其所應得之身也。是又一身也。今但念佛，莫愁不到西方，如人但讀書，莫愁不取富貴，一理耳。但有因，即有果。但得本，莫愁末不相當；但成佛，莫愁佛不解語，不有相，不有形，不有國土也。又須知我所説三身，與佛不同。佛説三身，一時具足，如大慧引儒書云：「天命之謂性，清浄法身也；率性之謂道，圓滿報身也；修道之謂教，千百億化身也。」最答得三身之義明白。然果能知三身即一身，則知三世即一時，我與佛説總無二矣。

答明因

昨有客在，未及裁答。記得爾言「若是自己，又何須要認」？我謂此是套語，未可便説不要認也。急寫「要認」數字去。夫自己親生爺娘認不得，如何是好，如何過得日子，如何便放得下，自不容不認得去也。天下豈有親生爺娘認不得，而肯丢手不去認乎？決無此理，亦決無此等人。故我作壽丘坦之詩有云：「劬勞雖謝父母恩，扶持自出世中尊。」尊莫尊于爺娘，而人却認不得者，無始以來認他人作父母，而不自知其非我親生父母也。一旦從佛世尊指示，認得我本生至親父母，豈不暢快！又豈不痛恨昔者之不見，而自哀鳴與流涕也邪？故臨濟以之築大愚，非築大愚也，喜之極也。夫既認得自己爺娘，則天來大事當時成辦，當時結絶矣。蓋此爺娘是真爺娘，非一向假爺娘可比也。假爺娘怕事，真爺娘不怕事：入火便入火，燒之不得；入水便入水，溺之不得。故惟親爺娘爲至尊無與對，惟親爺娘能入於生死，而不可以生死；惟親爺娘能生生而實無生，能死死而實無死。有此好爺娘，可不早親識認之乎？然認得時，爺娘自在也；認不得時，爺娘亦自在也。惟此爺娘情性大好，不肯强人耳。因復走筆潦倒如此，甚不當。

又

「無明實性即佛性」二句，亦未易會。夫既説實性，便不可説空身；既説空身，便不宜説實性矣。參！參！「但得本，莫愁末。」我道但有本可得，即便有末可愁，難説莫愁末也。「自利利他」亦然。若有他可利，便是未能自利的矣。既説「父母未生前」，則我身尚無有；我身既無有，則我心亦無有；我心尚無有，如何又説有佛？苟有佛，即便有魔，即便有生有死矣，又安得謂之父母未生前乎？然則所謂真爺娘者，亦是假立名字耳，莫太認真也！真爺娘不會説話，乃謂能度阿難，有是理乎？佛未嘗度阿難，而阿難自迷，謂必待佛以度之，故愈迷愈遠，直至迦葉時方得度爲第二祖。當迦葉時，迦葉力擯阿難，不與話語，故大衆每見阿難便即星散，視之如讐人然。故阿難慌忙無措，及至無可奈何之極，然後舍却從前悟解，不留半點見聞於藏識之中，一如父母未生阿難之前然，迦葉方乃印可傳法爲第二祖也。設使阿難猶有一毫聰明可倚，尚貪著不肯放下至極乾浄，迦葉亦必不傳之矣。蓋因阿難是極聰明者，故難舍也。然則凡看經看教者，只要舍我所不能舍，方是善看經教之人，方是真聰明大善知識之人。莫説看經看教爲不可，只要看得瞥脱乃可。

明因曰：諸相原非相，只因種種差别，自落諸相中，不見一相能轉諸相。

諸相原非相，是也，然怎見得原非相乎？世間凡可得而見者，皆相也，今若見得非相，則見在而相不在，去相存見，是又生一相也。何也？見即是相耳。今且勿論。經云：「若見諸相非相，即見如來。」既見了如來，諸相又向何處去乎？抑諸相宛爾在前，而我心自不見之邪？抑我眼不見之也？眼可見而强以爲不見，心可見而謬以爲不見，是又平地生波，無風起浪，去了見後存不見，豈不大錯！

明因曰：豁達空是落斷滅見，著空棄有是著無見，都是有造作。見得真爺娘，自無此等見識。然即此見識，便是真空妙智。

棄有著空，則成頑空矣，即所謂斷滅空也，即今人所共見太虚空是也。此太虚空不能生萬有。既不能生萬有，安得不謂之斷滅空，安得不謂之頑空？頑者，言其頑然如一物然也。然則今人所共見之空，亦物也，與萬物同矣，安足貴乎！六祖當時特借之以喻不礙耳。其實我之真空豈若是耶？惟豁達空須細加理會，學道到此，已大段好了，願更加火候，疾證此大涅槃之樂。

明因曰：名爲豁達空者是誰，怕落豁達空者是誰，能參取豁達空者，是誰。我之真空能生萬法，自無莽蕩。曾有偈云：「三界與萬法，匪歸何有鄉，若只便恁麽，此事大乖張。」此是空病，今人有執著諸祖一語修行者，不知諸祖教人，多是因病下藥，如達磨見二祖種種説心説性，故教他外息諸緣，心如牆壁。若執此一語，即成斷滅空。

真空既能生萬法，則真空亦自能生罪福矣。罪福非萬法中之一法乎？須是真曉得自無罪福乃可，不可只恁麽説去也。二祖當時説心説性，亦只爲不曾認得本心本性耳。認得本心本性者，又肯説心説性乎？故凡説心説性者，皆是不知心性者也。何以故？心性本來空也。本來空，又安得有心更有性乎？又安得有心更有性可説乎？故二祖直至會得本來空，乃得心如牆壁去耳。既如牆壁，則種種説心説性諸緣，不求息而自息矣。諸緣既自息，則外緣自不入，内心自不喘，此真空實際之境界也，大涅槃之極樂也，大寂滅之藏海也，諸佛諸祖之所以相續慧命於不斷者也，可以輕易而錯下注脚乎？參！參！

明因曰：那火化僧説話亦通，只疑他臨化時叫人誦《彌陀經》，又説凡見過他的都是他的徒弟。

臨化念《彌陀經》，此僧家常儀也。見過即是徒弟，何疑乎？能做人徒弟，方是真佛，我一生做人徒弟到老。

李温陵集卷之六

李温陵集卷之七

海虞後學顧大韶仲恭校

雜述

豫約小引

余年已七十矣，旦暮死皆不可知。然余四方之人也，無家屬僮僕於此，所賴以供朝夕者，皆本院之僧，是故豫爲之約。

約曰：我在則事體在我，人之敬慢亦在我。我若有德，人則敬我，汝等縱不德，人亦看不見也。我若無德，人則我慢，縱汝等真實有德，人亦看不見也。所係皆在我，故我只管得我立身無愧耳。雖不能如古之高賢，但我青天白日心事，人亦難及，故此間大賢君子，皆能恕我而加禮我。若我死後，人皆惟爾輩之觀矣，可復如今日乎？且汝等今日亦自不暇：終年修理佛殿，塑像請經，鑄鐘鞔鼓，并早晚服事老人。一動一息，恐不得所，固忙忙然無有暇刻矣。今幸諸事粗具，塔屋已成，若封塔之後，汝等早晚必然守塔，人不見我，只看見汝，則汝等一言一動可苟乎哉！汝等若能加謹僧律，則人因汝敬，并益敬我，反思我矣。不然，則豈但不汝敬，將我此龍湖上院即同興福等寺應付僧一樣看了也，其爲辱門敗種，寧空此院，置此塔，無人守護可矣。

吾爲此故，豫設戒約，付常融、常中、常守、懷捷、懷林、懷善、懷珠、懷玉等。若餘幾衆，我死後無人管理，自宜遣之復還原處，不必强也。蓋年幼人須有本師管轄，方可成器，又我死後勢益淡薄，少年人或難當抵也。若能聽約忍饑和衆，則雖十方賢者，亦宜留與共聚，况此數衆與下院之衆乎？第恐其不肯或不能，是以趁早言之。

一、早晚功課

具上院《約束册》中，不復再列。

一、早晚山門

山門照舊關鎖，非水火緊急，不得擅開，非熟客與檀越爲燒香禮拜來者，不得擅開。若爲看境而來，境在湖上之山，潭下之水，盡在上院山門之外，任意請看，不勞敲門與開門也。遠者欲做飯吃，則過橋即是柳塘先生祠，看祠有僧，來客可辦柴米，令跟隨人役燒茶煮飯，彼中自有鍋竈，亦不勞扣門矣。何也？山僧不知敬客禮數，恐致得罪耳。

一、早晚禮儀

除挑水舂米作務照常外，其餘非禮佛即静坐也，非看經即經行念佛也。俱是整頓僧衣與接客等矣，豈可效鄉間老以爲無事，便縱意自在乎？與其嬉笑，無寧耻晗，此實言也。其坐如山，其行如蟻，其立如柱，其止如釘，則坐止行立如法矣。我既不自慢，人誰敢慢我？有飯吃飯，無飯吃粥；有銀則糴，無銀則化。化不出米，則化出飯；化不出飯，則化出粥；化不出粥，則化出菜；化不出菜，則端坐而餓死。此釋迦律儀也。不法釋迦而法積攢俗僧，可乎？此時不肯餓死，後日又不飽死不病死乎？總有一日死，不必怕餓死也。

既不伯餓死，又胡爲終日馳逐乎？是故不許輕易出門。除人家拜望禮節與僧家無干，不必出門往看外，若稱要到某庵某處會我師父或師兄師弟者，皆不許，只許師父暫時到院相看，遠者留一宿，近者一飯即請回。若俗家父母兄弟，非辦齋不許輕易入門相見。若無故而時常請假，欲往黄栢山，欲往東山，欲往維摩庵等處者，即時逐遣之去。寧可無人守塔，不可容一不守戒約之僧；寧可終身只四五衆，不可妄添不受約一人。夫既不許到師父住處矣，況俗家乎？如此則終日鎖門，出門亦自希矣。不但身心安閒，志意專一，久則自覺便宜，亦不耐煩見世上人矣。有何西方不可到，大事不可明乎？試反而視世間僧日日遨遊街市，當自汗流羞耻之。化他日之錢米，養不惜羞之和尚，出入公私之門，粧飾狗臉之行，與衙門口積年奚殊也！彼爲僧如是，我爲僧不如是，不但修行所宜，體面亦自超越，起人敬畏，何苦而不肯閉門静坐乎？

即終日閉門，亦自然無客，萬一有仕人或鄉先生來，不得不開門者，彼見我如此，亦自然生渴仰矣，雖相見何妨耶？接鄉士夫則稱老先生，接春元及文學則稱先生，此其待之者重矣。若稱之以老爹、相公，反輕之耳。且既爲佛子，又豈可與奴隸輩同口稱聲耶？我自重，人自重我；我自輕，人亦輕我。理之所必至也。閉門静坐，寂然無聲，終年如此，神猶欽仰，何況於人？大上出世爲真佛，其次亦不爲世人輕賤，我願足矣。區區藏屍塔屋，有守亦可，無守亦可，何足重乎！若本縣經過有公務者，自有下院衆人迎接，非守塔僧所當聞。若其真實有高興欲至塔前禮拜者，此佛子也，大聖人也，急宜開門延入，以聖人待之，烹茶而燒好香，與事佛等，始爲相稱。迎送務盡禮：談佛者呼之爲佛爺；講道學者呼之爲老先生；不講學不談佛，但其人有氣概欲見我塔者，則呼之爲老大人。五衆齊出與施禮，三衆即退而辦茶，惟留常融、懷林二人安客坐而陪之，融隅坐，林傍坐，俱用漆椅，不可用凳陪客坐也。有問乃答，不問即嘿，安閒自在，從容應對，不敢慢之，不可敬之。敬之則必以我爲有所求，甚不可也。

一、早晚佛燈

夫燈者所以繼明於晝夜，而並明於日月者也。故日能明於晝，而不能照重陰之下；月能明於夜，而不能照殿屋之中。所以繼日月之不照者，非燈乎？故謂之曰日月燈明佛，蓋以佛譬日月燈，稱佛之如燈如日月也。日月有所不照，惟燈繼之，然後無所不照，非謂日月可無而燈獨不可無也。今事佛者相沿而不知其義，以謂常明燈者但是燈光，而不復論有日月，乃晝夜然燈不息，則日月俱廢矣。非但月爲無用之光，而日亦爲無益之明矣。故今只令然燈於夜，晝則不敢然，以佛常如日也。只令然燈於晦，望之前後十餘夜即不敢然，以佛之常如月也。惟隣晦朔前後半餘月，然燈徹旦，以佛之常如燈也。則允矣，足稱日月燈明佛矣。

一、早晚鐘鼓

夫山中之鐘鼓，即軍中之號令，天中之雷霆也，雹雷一奮，則百穀草木皆甲折；號令一宣，則百萬齊聲，山川震沸。山中鐘鼓，亦猶是也。未鳴之前，寂寥無聲，萬慮俱息；一鳴則蝶夢還周，耳目煥然，改觀易聽矣。縱有雜念，一擊遂忘；縱有愁思，一搥便廢；縱有狂志悦色，一聞音聲，皆不知何處去矣。不但爾山寺僧衆然也，遠者近者孰不聞之？聞則自然悲仰，亦且回心易向，知身世之無幾，悟勞攘之無由矣。然則山中鐘鼓所係匪鮮淺也，可聽小沙彌輩任意亂敲乎？輕重疾徐，自有尺度；輕能令人喜，重能令人懼，疾能令人趨，徐能令人息，直與軍中號令天中雷霆等耳，可輕乎哉！雖曰遠近之所望而敬者僧之律行；然聲音之道原與心通，未有平素律行僧寶而鐘鼓之音不清越而和平也。既以律行起人畏敬於先，又聽鐘鼓和鳴於清晨良霄之下。時時聞此，則時時熏心；朝朝暮暮聞此，則朝朝暮暮感悦。故有不待入門禮佛見僧而潛脩頓改者，此鐘鼓之音爲之也，所係誠非細也。不然，我之撞鐘擊鼓，如同兒戲，彼反怒其驚我眠而聒我耳，反令其生躁心矣。

一、早晚守塔

封塔後即祀木主，以百日爲度，早晚俱燒香，惟中午供飯一盞，清茶一甌，豆豉少許，上懸瑠璃。我平生不愛人哭哀哀，不愛人閉眼愁眉作婦人女子賤態。丈夫漢喜則清風朗月，跳躍歌舞；怒則迅雷呼風，鼓浪崩沙，如三軍萬馬，聲沸數里，安得有此俗氣，况出家人哉？且人生以在世爲客，以死爲歸。歸家則喜而相慶，亦自謂得所而自慶也，又况至七八十而後歸，其爲慶幸，益以無涯，若復有傷感者，是不欲我得所也，豈出家人之所宜乎？古有死而念佛相送，即今人出郭作歌送客之禮，生死一例。苟送客而哀興，豈不重難爲客邪？客既不樂，主人亦何好也？是以再四叮嚀，非怕汝等哭也，恐傷我歸客之心也。惟當思我所嗜者。我愛書，四時祭祀，必陳我所親校正批點與摹集抄録之書于供（卓）〔桌〕之右，而置常穿衣裳于供（卓）〔桌〕之左，早陳設，至晚便收。每年共十三次祭祀，雖名爲祭祀，亦只是一飯一茶一少許豆豉耳。但我愛香，須燒好香；我愛錢，須燒好紙錢；我愛書，須牢收我書，一卷莫輕借人，時時搬出日頭晒晒，乾便收訖。雖莊純甫近來以教子故，亦肯看書，要書但決不可與之。且彼亦不知我死，縱或於别處聞知我死而來，亦不可與以我書。

李四官若來，叫他勿假哭作好看，汝等亦決不可遣人報我死，我死不在今日也。自我遣家眷回鄉，獨自在此落髮爲僧時，即是死人了也，已欲他輩皆以死人待我了也。是以我至今再不曾遣一力到家者，以謂已死無所用顧家也。故我嘗自謂我爲忠臣者，以此能忘家忘身之念卜之也，非欺誕説大話也。不然，晉江雖遠，不過三千餘里，遣一僧持一金即到矣，予豈惜此小費哉？不過以死自待，又欲他輩以死待我，則彼此兩無牽挂：出家者安意出家，在家者安意做人家。免道途之勞費，省江湖之風波，不徒可以成就彼，是亦彼之所以成就我也。何也？彼勞苦則我心亦自愁苦，彼驚懼則我心亦自疑懼；彼不得安意做人家，我亦必以爲使彼不得做人家者，我陷之也。是以不願遣人往問之。其不肯遣人往問之者，正以絶之而使之不來也。莊純甫不曉我意，猶以世俗情禮待我，今已到此三次矣。其家既窮，來時必假借路費，借倩家人，非四十餘日不得到此，非一月日不好遽回，又非四五十日未易抵家。審如此，則我只宜在家出家矣，何必如此以害莊純甫乎？故每每到此，則我不樂甚也，亦以使之不敢復來故也。既不肯使之來此，又豈肯遣人往彼乎？一向既不肯遣人往彼，今日又豈可遣人往彼報死乎？何者？揔之我死不在今日也。我死既不在今日，何謂封塔而乃以死待我也？則汝等之當如平日又可知也。待我如平日，事我如生前，言語不苟，行事不苟，比舊更加謹慎，使人人咸曰龍湖僧之守禁戒也如此，龍湖僧之不謬爲卓吾侍者也又如此，其爲喜悦我也甚矣，又何必以不復見我爲苦而生悲愴也？我之形雖不可復見，而我心則開卷即在矣。讀其書，見其人，精神且千萬倍，若彼形骸外矣，又何如我書乎？况讀其豫約，守其戒禁，則卓吾老子終日對面，十目視之無有如其顯，十手指之無有如其親者，又何必悲戀此一具瘦骨柴頭，以爲能不忘老子也耶？勉之！戒之！

我初至麻城，曾承庵創買縣城下今添蓋樓屋所謂維摩庵者，皆是周友山物，余已別有《維摩庵創建始末》一書寄北京與周友山矣。中間開載布施事頗詳悉，其未悉者又開具緣簿中，先寄周友山于川中。二項兼查，則維摩庵布施功德主，亦昭昭可案覆而審，不得没其實也。創建始末尚有兩册，一册留龍湖上院爲照，一册以待篤實僧能堅守樓屋静室者，然後當友山面前給與之。世間風俗日以偷薄，不守本分，雖百姓亦難，何況出家者！謹守清規，莫亂收徒衆以爲能。縱不能學我一分半分，亦當學我一厘兩厘，何苦勞勞碌碌，日夜不止也。在家之人，尚爲有妻兒親眷等，衣食人情，逼迫無措；我出家人一身亦不曾出一丁銀米之差，若不知休，非但人禍，天必刑之，難逃免也。周友山既捨此庵，不是小事。此庵見交銀七十二兩與曾、劉二家矣，可輕視之歟！

夫友山之所以敬我者，以我稍成一箇人也。我之所以不回家，不他往者，以友山之知我也。我自幼寡交少知遊。稍長，從薄宦於外，雖時時有敬我者，然亦皮膚麄淺視我耳；深知我者無如周友山。故我不還家，不復別往尋朋友也。想行遍天下，亦只如此已矣。且友山非但知我，亦甚重我。夫士爲知己死，何也？知己之難遇也。今士子得一科第，便以所取座主爲親爺娘，終身不能忘；提學官取之爲案首，即以提學官爲恩師，事之如事父兄：以其知己也。以文相知，猶然如此，況心相知哉！故天下未有人而不喜人知己者，則我之不歸家又可知矣。今世不察，既以不歸家病我，家中鄉里之人，又以不歸家爲我病。我心中只好自問自答，曰：「爾若知我，取我爲案首，我自歸矣，何必苦勸我歸也！」然友山實是我師，匪但知我已也。彼其退藏之密，實老子之後一人，我自望之若跂，尤不欲歸也。爾等謹守我塔，長守清規，友山在世，定必護爾，爾等保無恐也。

劉近城是信愛我者，與楊鳳里實等。梅澹然是出世丈夫，雖是女身，然男子未易及之，今既學道，有端的知見，我無憂矣。雖不曾拜我爲師，彼知我不肯爲人師也，然已時時遣人走三十里問法，余雖欲不答，得乎？彼以師禮默默事我，我縱不受半箇徒弟於世間，亦難以不答其請。故凡答彼請教之書，彼以師稱我，我亦以澹然師答其稱，終不欲犯此不爲人師之戒也。嗚呼！不相見而相師，不獨師而彼此皆以師稱，亦異矣！

於澹然稱師者，澹然已落髮爲佛子也。於衆位稱菩薩者，衆位皆在家，故稱菩薩也，然亦真正是菩薩。家殷而門户重，即親戚往來常禮，亦自無閑曠之期，安得時時聚首共談此事乎？不聚而談，則退而看經教，時時問話，皆有的據，此豈可以好名稱之！夫即使好名而後爲，已是天下奇男子所希有之事，况實在爲生死起念，早晚惟向佛門中勤渠拜請者乎？敬之敬之！亦以衆菩薩女身也，又是有親戚愛妬不等，生出閒言長語，不可耳聞也，猶然不一理會，只知埋頭學佛道，作出世人，况爾等出家兒並無一事，安可不究心，安可不念佛耶？

我有西方訣，最説得親切，念佛求生西方者，須知此趣向，則有端的志氣矣。不然，雖曰脩西方，亦是一句見成語耳。故念佛者定須看通了西方訣，方爲真脩西方之人。夫念佛者，欲見西方彌陀佛也。見阿彌陀佛了，即是生西方了，無別有西方可生也。見性者，見自性阿彌陀佛也。見自性阿彌陀佛了，即是成佛了，亦無別有佛可成也。故脩西方者，總爲欲見佛耳，雖只得面見彼佛阿彌陀，然即常在佛之旁，又豈有不得見自已佛之理耶？時時目擊，時時耳聞，時時心領而意會。無雜學，無雜事，一日聽之，百日亦聽之；一劫伴之，百萬劫亦與之伴：心志純一，再無别有往生之想矣，不成佛更何待耶？故凡成佛之路甚多，更無有念佛一件直截不蹉者。是以大地衆生，咸知脩習此一念也。然問之最聰明靈利肯念佛者，竟無一人曉了此意，則雖念佛何益？既不以成佛爲念，而妄謂佛是決不可成之物，則雖生西方，欲以奚爲？縱得至彼，亦自不肯信佛言語，自然復生别想，欲往别處去矣，即見佛猶不見也。故世之念佛脩西方者可笑也，決萬萬無生西方之理也。縱一日百萬聲佛，百事不理，專一如此，然我知其非往生之路也。須是發願欲求生西方見佛，而時時聽其教旨，半言不敢不信，不敢不理會，乃是求往生之本願正經主意耳。以上雖説守塔事，而終之以脩浄土要訣，蓋皆前賢之所未發，故詳列之，以爲早晚念佛之因。

一、感慨平生

善因等衆菩薩，見我涅槃，必定差人來看。夫諸菩薩甚難得，若善因者，以一身而綜數産，纖悉無遺；以冢婦而養諸姑，昏嫁盡禮。不但各無閒言，亦且咸得歡心，非其本性和平，真心孝友，安能如此？我聞其才力其識見大不尋常，而善因固自視若無有也。時時至繡佛精舍，與其妹澹師窮究真乘，必得見佛而後已。故我猶真心敬重之。此皆爾等所熟聞，非千里以外人，百年以遠事，或出傳説未可信也。爾等但説出家便是佛了，便過在家人了。今我亦出家，寧有過人者？蓋大有不得已焉耳，非以出家爲好而後出家也，亦非以必出家乃可脩道然後出家也。在家不好脩道乎？緣我平生不愛屬人管。夫人生出世，此身便屬人管了。幼時不必言；從訓蒙師時又不必言；既長而入學，即屬師父與提學宗師管矣；入官，即爲官管矣；棄官回家，即屬本府本縣公祖父母管矣。來而迎，去而送；出分金，擺酒席；出軸金，賀壽旦。一毫不謹，失其歡心，則禍患立至，其爲管束至入木埋下土未已也，管束得更苦矣。我是以寧飄流四外，不歸家也。其訪友朋求知己之心雖切，然已亮天下無有知我者；只以不願屬人管一節，既棄官又不肯回家，乃其本心實意。其特以世人難信，故一向不肯言之。然出家遨遊，其所遊之地亦自有父母公祖可以管攝得我。故我於鄧鼎石初履縣時，雖身不敢到縣庭，然彼以禮帖來，我可無名帖答之乎？是以書名帖不敢曰侍生，侍生則太尊己；不敢曰治生，治生則自受縛。尋思四字回答之，曰「流寓客子」。夫流寓則古今時時有之，目今郡邑誌書，稱名宦則必繼之以流寓也。名宦者，賢公祖父母也；流寓者，賢隱逸名流也。有賢公祖父母，則必有賢隱逸名流，書流寓則與公祖父母等稱賢矣。宦必有名乃紀，非名宦則不紀，故曰名宦。若流寓則不問可知其賢，故但曰流寓，蓋世未有不是大賢高品而能流寓者。晦庵婺源人，而終身延平；蘇子瞻兄弟俱眉州人，而一葬郟縣，一葬穎州。不特是也，邵康節范陽人也，司馬君實陝西夏縣人也，而皆終身流寓洛陽，與白樂天本太原人而流寓居洛一矣。孰謂非大賢上聖而能隨寓皆安者乎？是以不問而知其賢也。然既書流寓矣，又書客子，不已贅耶？蓋流而寓矣，非築室而居其地，則種地而食其毛，欲不受其管束又不可得也。故兼稱客子，則知其爲旅寓而非真寓，如司馬公、邵康節之流也。去住時日久近，皆未可知，縣公雖欲以父母臨我，亦未可得。既未得以父母臨我，則父母雖尊，其能管束得我乎？故兼書四字，而後作客之意與不屬管束之情暢然明白，然終不如落髮出家之爲愈。蓋落髮則雖麻城本地之人亦自不受父母管束，况别省之人哉！或曰：「既如此，在本鄉可以落髮，又何必麻城？」噫！我在此落髮，猶必設盡計校，而後刀得臨頭。鄧鼎石見我落髮，泣涕甚哀，又述其母之言曰：「爾若説我乍聞之整一日不喫飯，飯來亦不下咽，李老伯決定留髮也。且汝若能勸得李老伯蓄髮，我便説爾是箇真孝子，是箇第一好官。」嗚呼！余之落髮，豈容易哉！余惟以不肯受人管束之故，然後落髮，又豈容易哉！寫至此，我自酸鼻，爾等切勿以落髮爲好事，而輕易受人布施也！

雖然，余之多事亦已極矣。余惟以不受管束之故，受盡磨難，一生坎坷，將大地爲墨，難盡寫也。爲縣博士，即與縣令、提學觸；爲太學博士，即與祭酒、司業觸。如秦、如陳、如潘、如呂，不一而足矣。司禮曹務，即與高尚書、殷尚書、王侍郎、萬侍郎盡觸也。高、殷皆入閣，潘、陳、呂皆入閣，高之掃除少年英俊名進士無數矣，獨我以觸迕得全，高亦人傑哉！最苦者，爲員外郎不得尚書謝、大理卿董并汪意。謝無足言矣，汪與董皆正人，不宜與余抵。然彼二人者皆急功名，清白未能過人，而自賢則十倍矣，予安得免觸耶？又最苦而遇尚書趙。趙于道學有名，孰知道學益有名而我之觸益又甚也？最後爲郡守，即與巡撫王觸，與守道駱觸。王本下流，不必道矣。駱最相知，其人最號有能、有守、有文學、有實行，而終不免與之觸，何耶？渠過於刻厲，故遂不免成觸也。渠初以我爲清苦敬我，終反以我爲無用而作意害我，則知有己，不知有人，今古之號爲大賢君子，往往然也。記予嘗苦勸駱曰：「邊方雜夷，法難盡執，日過一日，與軍與夷共享太平足矣。仕於此者，無家則難住；携家則萬里崎嶇而入狼狽而去。尤不可不體念之！但有一能，即爲賢者，豈容備責？但無人告發，即裝聾啞，何須細問？蓋清謹勇往，只可責己，不可責人，若盡責人，則我之清能亦不足爲美矣，況天下事亦只宜如此耶！」嗟嗟！孰知予竟以此相觸也哉！雖相觸，然使余得以薦人，必以駱爲薦首也。此余平生之大略也。上之不能如東方生之避世金馬門，以萬乘爲僚友，含垢忍恥，遊戲仕路；最上又不能如胡廣之中庸，梁江總之頭黑，馮道之五代。貪禄而不能忍詬，其得免於虎口，亦天之幸耳！既老而思勝算，就此一著，已非上策，爾等安得知耶？

故予嘗謂世間有三種人決宜出家。非三種而出家，非避難，即無計治生，利其閒散，可以成就吾之懶也，無足言也。三種者何？蓋世有一種如梅福之徒，以生爲我酷，形爲我辱，智爲我毒，身爲我桎梏，的然見身世之爲贅疣，不得不棄官而隱夫洪崖、玉笥之間者，一也。又有一種如嚴光、阮籍、陳摶、邵雍輩，苟不得比于呂尚之遇文王，管仲之遇齊桓，孔明之遇先主，傅説之遇高宗，則寧隱無出。故夫子曰：「居則曰不吾知也，如或知女，則何以哉？」又曰：「沽之哉！我待價者也。」是以孔子終身不仕而隱也。其曰「有道則仕，無道則懷」。不過以贊伯玉等云耳。若夫子苟不遇知己善價，則雖有道之世，不肯沽也。此又一種也。

夫天下曷嘗有知己之人哉？況真爲天下知己之主歟！其不得不隱居于巖穴、釣臺、蘇門之山，固其所矣。又有一種，則陶淵明輩是也：亦貪富貴，亦苦貧窮。苦貧窮故以乞食爲耻，而曰「扣門拙言詞」；愛富貴故求爲彭澤令，因遣一力與兒，而曰「助汝薪水之勞」。然無耐其不肯折腰何，是以八十日便賦《歸去》也。此又一種也。適懷林在傍研墨，問曰：「不審和尚于此三種何居？」餘曰：「卓哉！梅福、莊周之見，我無是也。必遇知己之主而後出，必有蓋世真才，我無是才也，故亦無是見也。其惟陶公乎？」夫陶公清風千古，余又何人，敢稱庶幾？然其一念真實，受不得世間管束，則偶與同耳，敢附驥耶？

以上六條，末條復潦倒哀鳴，可知余言之不顧矣！勸爾等勿哭勿哀，而我復言之哀哀，真情實意，固自不可强也。我願爾等勿哀，又願爾等心哀，心哀是真哀也。真哀自難止，人安能止？

寒燈小話

第一段

九月十三夜，大人患氣急，獨坐更深，向某輩言曰：「丘坦之此去不來矣。」言未竟，淚如雨下。某謂大人莫太感傷，因爲鄙俚之語以勸大人。語曰：「這世界真可哀：乾坤如許大，好人難容載。我勸大人莫太傷懷。古來盡如此，今日安足怪！我量彼走盡天下無知己，必然有時還來。」亂曰：「此説不然。此人聰明大有才，到處逢人多相愛。只恨一去太無情，不念老人日夜難待。」十五夜，復聞人道有一老先生特地往丘家拜訪荆州袁生，且親下請書以邀之。袁生拜既不答，召又不應；丘生又係一老先生通家子，亦竟不與袁生商之。傍人相視，莫不驚駭，以爲此皆人世所未有者。大人謂：「袁生只爲不省人間禮數，取怒於人，是以遨遊至此，今又責之備，袁生安所逃死邪？ 嗟嗟！ 袁生之難也，烏得無罪乎！」懷林小沙彌從傍哂曰：「袁家、丘家決定是天上人初來下降人世者，是以不省人世事也。 若是世間人，安有不省世間禮數之理？」某謂林言甚辯。 大人曰：「林之言是也。 夫惟真天上人，是以不知有人世事。 故世間人之所能知者，天人不知；世間人之所能行者，天人不能：是以謂之天人也。 夫世間人之所能知能行者，天人既已不知不能，則天人之所知者，世間人亦決不知，天人之所能者，世間人亦決不能。 若慕天人以其所不知不能，而復責天人以世之所共知共能，是猶責人世以知能，而復求其如天人之不知與不能也，不亦難歟！ 則不惟天人失其爲天人，將世間人亦失其爲世間人矣，是責備之過也。 吾謂不如取天人之所獨知獨能者，而以與之好，而略其所不知不能之不如世間人者，而不爲之求備焉，則善矣。」因感而賦詩三章，以祛責備者之惑。

不是天人初下世，如何不省世人禮？ 省得世人禮不難，爾來我往知禮矣。

既不能知人世禮，如何敢到人間世？ 任爾胸藏萬斛珠，不如百拜頭至地。

去年曾有一新郎，兩處奔波苦苦忙，糞掃堆邊都是也，痴人却説郎非常。

第二段

是夜懷林侍次，見有猫兒伏在禪椅之下。 林曰：「這猫兒日間秪拾得幾塊帶肉的骨頭喫了，便知痛他者是和尚，每每伏在和尚座下而不去。」和尚嘆曰：「人言最無義者是猫兒，今看養他顧他時，他即戀著不去，以此觀之，猫兒義矣！」

林曰：「今之罵人者動以禽獸奴狗罵人，强盜罵人，罵人者以爲至重，故受罵者亦自謂至重。 吁！ 誰知此豈罵人語也！ 夫世間稱有義者莫過於人。 你看他威儀禮貌，出言吐氣，好不和美！ 憐人愛人之狀，好不切至！只是還有一件不如禽獸奴狗强盜之處。蓋世上做强盜者有二：或被官司逼迫，怨氣無伸，遂爾遁逃；或是盛有才力，不甘人下，倘有一箇半箇憐才者使之得以效用，彼必殺身圖報，不宜忘恩矣。然則以强盜駡人，是不爲駡人了，是反爲讚嘆稱美其人了也。狗雖人奴，義性尤重，守護家主，逐亦不去，不與食喫，彼亦無嗔，自去喫屎，將就度日。所謂，狗不厭家貧是也。今以奴狗駡人又豈當乎？吾恐不是以狗駡人，反是以人駡狗了也。至於奴之一字，但爲人使而不足以使人者，咸謂之奴。世間曷嘗有使人之人哉？爲君者漢惟有孝高、孝文、孝武、孝宣耳，餘盡奴也。則以奴名人，乃其本等名號，而反怒人何也？」

和尚謂：「禽獸畜生强盜奴狗既不足以駡人，則當以何者駡人乃爲恰當？」林遂引數十種如蛇如虎之類，俱是駡人不得者。直商量至夜分，亦竟不得。乃嘆曰：「嗚呼！好看者人也，好相處者人也，秖是一付肚腸甚不可看，不可處！」林曰：「果如此，則人真難形容哉！世謂人皮包倒狗骨頭，我謂狗皮包倒人骨頭。未審此駡何如？」和尚曰：「亦不足以駡人。」遂去睡。

第三段

守庵僧每日齋，皆取給于城内外人家供給盞飯，推其餘乃以飯往來方僧道侶。是日，道侶中有一人再來索食，守僧怒駡不已。大人聞之，謂某輩曰：「不與食亦罷，何太辱駡也？况有盞飯之餘乎！」因論及常志等，謂：「常志每借得銀物，隨手輒盡，此其視守僧之駡道人較勝矣。且常志等平日亦自謂能輕財好施，當過守僧十倍也。」某謂：「此説未當，要不過伯仲之間耳。彼守僧之駡道人，傷于太儉者也。但知爲施主惜餘飯，而不知爲施主廣積福；但知化飯之難，欲以飽其徒，不知受駡之苦，反以傷佛心：是太儉之故也。若常志輩，但見假借名色以得人之銀若甚容易，而不知屢借名色以要人之銀，人實難堪。况慷他人之慨，費别姓之財，于人爲不情於己甚無謂乎？是太奢之過也。奢儉俱非，何以稱常志之勝？」大人曰：「若如子言，則輕財之名不美乎？彼固慕輕財之名而後爲之者也。」（其）〔某〕曰：「嗟哉！是何言歟！夫古之言輕財者必曰重義，未有無故而輕財者也。故重義者必輕財，而輕財者以重義故，是以有輕財重義之説，有散財結客之説。是故范純祐麥舟之予，以石曼卿故；非石曼卿則一麥不肯妄費矣。魯子敬有一囷三千米之予，以周公瑾故；非公瑾則一粒不肯妄費矣。爲公瑾是以結客故散財，爲石曼卿是以重義故輕財。今得人錢財，視同糞土，豈爲謀王圖伯，用之以結客乎？抑救災恤患，而激於義之不能以已也？要不過縱酒色之慾，滋豪奴之貪，亂而不理，懦而不敢明耳，何曾有一文施及於大賢之待朝餔者！此爲浪費縱慾，而借口輕財，是天下之浪子皆輕財之夫也，反不如太儉者之爲得。故曰：『與其奢也寧儉。』」

第四段

九月二十七日，林隨長者遊至西城，發足欲往萬壽寺。寺有僧，長者每遊必至方丈。是日忽逢暴雨，勢似天以同來，長者避雨于秀士門下。不一盞茶，雨過，然平地皆水，可以行舟矣。林啟長者曰：「此驟雨，水未退，不如升堂一坐，稍待水退乃往。」長者登堂，坐于中堂之上。時有老僕即欲入報，長者遽止之曰：「勿報，我躲雨至此，權坐一時，切勿報！不報，我尚多坐一時；若報，主人出，我不過一茶即起矣。」偶宅中有老姆從内出，見是長者，不覺發聲曰：「是卓吾老爹，何不速報！」便番身入内，口中道：「卓吾老爹在堂，快報知！快報知！」于時主人出，安座已。坐未一茶，長者果起。

至道中，問林曰：「何此家婦人女子盡識李卓吾耶？」林曰：「偏是婦人女子識得，具丈夫相者反不識也。此間男子見長者箇箇攢眉。」長者曰：「如爾言，反比不得婦人耶？」林曰：「不然。男子慣見長者，故作尋常看，此老婦人乍見耳，乍見是以生希有想、歡喜想也。長者但自念果尋常乎，希有乎，不必問林也。若説男子不如婦人，非矣。」長者曰：「爾言是！爾言是！」

疾行至萬壽（等）〔寺〕，會其僧。其僧索書。書數紙已，其徒又索聯句。聯句曰：「僧即俗，俗即僧，好箇道場；爾爲爾，我爲我，大家遊戲。」是夜雨不止，雨點大如車輪。長者肩輿淋漓帶雨而歸，大叫于輿上曰：「子看我與爾共作雨中遊，何如？」林對曰：「真可爲遊戲三昧，大神通自在長者矣！」

李温陵集卷之七

李温陵集卷之八

海虞後學顧大韶仲恭校

雜述

卓吾論略 滇中作

孔若谷曰：吾猶及見卓吾居士，能論其大略云。居士别號非一，卓吾特其一號耳。卓又不一，居士自稱曰卓，載在仕籍者曰篤，雖其鄉之人，亦或言篤，或言卓，不一也。居士曰：「卓與篤，吾土音一也，故鄉人不辯而兩稱之。」予曰：「此易矣，但得五千絲付鐵匠衕衕梓人，改正矣。」居士笑曰：「有是乎？子欲吾以有用易無用乎？且夫卓固我也，篤亦我也。稱我以『卓』，我未能也；稱我以『篤』，亦未能也。予安在以未能易未能乎？」故至于今竝稱卓、篤焉。

居士生大明嘉靖丁亥之歲，時維陽月，得全數焉。生而母太宜人徐氏没，幼而孤，莫知所長。長七歲，隨父白齋公讀書歌詩，習禮文。年十二，試《老農老圃論》。居士曰：「吾時已知樊遲之問，在荷蕢丈人間。然而上大人丘乙己不忍也，故曰：『小人哉，樊須也。』則可知矣。」論成，遂爲同學所稱。衆謂「白齋公有子矣」。居士曰：「吾時雖幼，早已知如此臆説未足爲吾大人有子賀，且彼賀意亦太鄙淺，不合於理。彼謂吾利口能言，至長大或能作文詞，博奪人間富若貴，以救賤貧耳，不知吾大人不爲也。吾大人何如人哉？身長七尺，目不苟視，雖至貧，輒時時脱吾董母太宜人簪珥以急朋友之婚，吾董母不禁也。此豈可以世俗胸腹窺測而預賀之哉？」

稍長，復憒憒，讀傳註不省，不能契朱夫子深心。因自怪，欲棄置不事。而閒甚，無以消歲日，乃嘆曰：「此直戲耳。但剽竊得濫目足矣，主司豈一一能通孔聖精藴者邪！」因取時文尖新可愛玩者，日誦數篇，臨場得五百。題旨下，但作繕寫謄録生，即高中矣。居士曰：「吾此倖不可再僥也。且吾父老，弟妹婚嫁各及時。」遂就禄，迎養其父，婚嫁弟妹各畢。居士曰：「吾初意乞一官，得江南便地，不意走共城萬里，反遺父憂。雖然，共城，宋李之才宦遊地也，有邵堯夫安樂窩在焉。堯夫居洛，不遠千里就之才問道。吾父子儻亦聞道於此，雖萬里可也。且聞邵氏苦志參學，晚而有得，乃歸洛，始婚娶，亦既四十矣。使其不聞道，則終身不娶也。予年二十九而喪長子，且甚戚。夫不戚戚於道之謀，而惟情是念，視康節不益愧乎？」安樂窩在蘇門山百泉之上。居士生於泉，泉爲温陵禪師福地。居士謂：「吾温陵人，當號温陵居士。」至是日遊遨百泉之上，曰：「吾泉而生，又泉而官，泉於吾有夙緣哉！」故自謂百泉人，又號百泉居士云。在百泉五載，落落竟不聞道，卒遷南雍以去。

數月，聞白齋公没，守制東歸。時倭夷竊肆，海上所在兵燹。居士間關夜行晝伏，餘六月方抵家。抵家又不暇試孝子事，墨衰率其弟若姪，晝夜登陴擊柝爲城守備。城下矢石交，米斗斛十千無糴處。居士家口零三十，幾無以自活。三年服闋，盡室入京，蓋庶幾欲以免難云。

居京邸一閱月，不得缺，囊垂盡，乃假館受徒。館復十餘月，乃得缺，稱國子先生，如舊官。未幾，竹軒大父訃又至。是日也，居士次男亦以病卒于京邸。予聞之，嘆曰：「嗟嗟！人生豈不苦，誰謂仕宦樂。仕宦若居士，不乃更苦邪？」弔之。入門，見居士無異也。居士曰：「吾有一言，與子商之：吾先曾大父大母没五十多年矣，所以未歸土者，爲貧不能求葬地；又重違俗，恐取不孝譏。夫爲人子孫者，以安親爲孝，未聞以卜吉自衛暴露爲孝也。天道神明，吾恐決不肯留吉地以與不孝之人，吾不孝罪莫贖矣。此歸必令三世依土。權置家室于河内，分賻金一半買田耕作自食，予以半歸，即可得也。第恐室人不從耳。我入不聽，請子繼之！」居士入，反覆與語。黄宜人曰：「此非不是，但吾母老，孀居守我，我今幸在此，猶朝夕泣憶我，雙眼盲矣。若見我不歸，必死。」語未終，淚下如雨。居士正色不顧，宜人亦知終不能迕也，收淚改容謝曰：「好好！第見吾母，道尋常無恙，莫太愁憶，他日自見吾也。勉行襄事，我不歸，亦不敢怨。」遂收拾行李托室買田種作如其願。

時有權墨吏嚇富人財，不遂，假借漕河名色，盡徹泉源入漕，不許留半滴溝澮間。居士時相見，雖竭情代請，不許。計自以數畝請，必可許也。居士曰：「嗟哉，天乎！吾安忍坐視全邑萬頃，而令予數畝灌溉豈收哉！縱與必不受，肯求之！」遂歸。歲果大荒，居士所置田僅收數斛稗。長女隨艱難日久，食稗如食粟。二女三女遂不能下咽，因病相繼夭死。老媪有告者曰：「人盡饑，官欲發粟。聞其來者爲鄧石陽推官，與居士舊，可一請。」宜人曰：「婦人無外事，不可。且彼若有舊，又何待請邪？」鄧君果撥己俸二星，并馳書與僚長各二兩者二至。宜人以半糴粟，半買花，紡爲布。三年衣食無缺，鄧君之力也。居士曰：「吾時過家畢葬，幸了三世業緣，無宦意矣。回首天涯，不勝萬里妻孥之想，乃復抵共城。入門見室家，歡甚。問二女，又知歸未數月俱不育矣。」此時黄宜人泪相隨在目睫間，見居士色變，乃作禮，問葬事，及其母安樂。居士曰：「是夕也，吾與室人秉燭相對，真如夢寐矣。乃知婦人勢逼情真，吾故矯情鎮之，到此方覺屐齒之折也！」

至京，補禮部司務，人或謂居士曰：「司務之窮，窮于國子，雖子能堪忍，獨不聞『焉往而不得貧賤』語乎？」蓋譏其不知止也。居士曰：「吾所謂窮，非世窮也。窮莫窮于不聞道，樂莫樂於安汝止。吾十年餘奔走南北，秖爲家事，全忘却温陵百泉安樂之想矣。吾聞京師人士所都，蓋將訪而學焉。」人曰：「子性太窄，常自見過，亦時時見他人過，苟聞道，當自宏闊。」居士曰：「然。予實窄。」遂以宏父自命，故又爲宏父居士焉。

居士五載春官，潛心道妙，憾不得起白齋公於九原，故其思白齋公也益甚，又自號思齋居士。一日告我曰：「子知我久，我死請以誌囑。雖然，予若死于朋友之手，一聽朋友所爲；若死于道路，必以水火葬，決不以我骨貽累他方也。墓誌可不作，作傳其可。」予應曰：「予何足以知居士哉？他年有顧虎頭知居士矣。」遂著論論其大畧。後予遊四方，不見居士者久之，故自金陵已後，皆不撰述。或曰：「居士死于白下。」或曰：「尚在滇南未死也。」

論政篇爲羅姚州作

先是楊東淇爲郡，南充陳君實守是州，與別駕張馬平、博士陳名山皆卓然一時，可謂盛矣。今三十餘年，而君來爲州守，予與周君、張君各以次先後並至。諸父老有從旁竊嘆者曰：「此豈有似於曩時也乎？何其濟濟尤盛也！」未幾，唐公下車，復爾相問，予乃驟張之曰：「此間官僚皆數十年而一再見者也，願公加意培植于上，勿生疑貳，足矣。惟予知府一人不類。雖然，有多賢足以上人，爲予夾輔，雖不類，庸何傷！」唐公聞予言而壯之。是春，兩臺復命，君與諸君俱蒙禮待，雖予不類，亦竊濫及，前年之言迨合矣。予固因彙次其語以爲君與諸君賀，而獨言予之不類者以質于君焉。蓋予嘗聞于有道者而深有感于「因性牖民」之説焉。

夫道者，路也，不止一途；性者，心所生也，亦非止一種已也。有仕于土者，乃以身之所經歷者而欲人之同往，以己之所種藝者而欲人之同灌溉。是以有方之治而馭無方之民也，不亦昧于理歟！且夫君子之治，本諸身者也；至人之治，因乎人者也。本諸身者取必于己，因乎人者恒順于民，其治效固已異矣。夫人之與己不相若也。有諸己矣，而望人之同有；無諸己矣，而望人之同無。此其心非不恕也，然此乃一身之有無也，而非通於天下之有無也，而欲爲一切有無之法以整齊之，惑也。於是有條教之繁，有刑法之施，而民日以多事矣。其智而賢者，相率而歸吾之教，而愚不肖則遠矣。於是有旌别淑慝之令，而君子小人從此分矣。豈非别白太甚，而導之使争乎？至人則不然：因其政不易其俗，順其性不拂其能。聞見熟矣，不欲求知新于耳目，恐其未寤而驚也。動止安矣，不欲重之以桎梏，恐其絷而顛且仆也。

今予之治郡也，取善太恕，而疾惡也過嚴。夫取善太恕，似矣，而疾人之惡，安知己之無惡乎？其于反身之治且未之能也，况望其能因性以牖民乎？予是以益懼不類，而切倚仗于君焉。吾聞君生長劍門，既壯而仕，經太華，而獨覩昭曠于衡岳之巔，其中豈無至人可遇而不可求者歟！君談説及此乎？不然，何以兩宰疲邑，一判衡州，而民誦之至今也。意者君其或有所遇焉，則予言爲贅；如其不然，則予之所聞于有道者詳矣，君其果有當于心乎？否也？夫君而果有當于心也，則予雖不類，庸何傷乎！

何心隱論

何心隱，即梁汝元也。予不識何心隱，又何以知梁汝元哉？姑以心隱論之。

世之論心隱者，高之者有三，其不滿之者亦有三。高心隱者曰：「凡世之人靡不自厚其生，公獨不肯治生。公家世饒財者也，公獨棄置不事，而直欲與一世賢聖共生于天地之間。是公之所以厚其生者與世異也。人莫不畏死，公獨不畏，而直欲博一死以成名。以爲人盡死也，百憂愴心，萬事瘁形，以至五内分裂，求死不得者皆是也。人殺鬼殺，寧差别乎。且斷頭則死，斷腸則死孰快？百藥成毒，一毒而藥，孰毒？烈烈亦死，泯泯亦死，孰烈？公固審之熟矣，宜公之不畏死也。」

其又高之者曰：「公誦法孔子者也。世之法孔子者，法孔子之易法者耳。孔子之道，其難在以天下爲家而不有其家，以群賢爲命而不以田宅爲命。故能爲出類拔萃之人，爲首出庶物之人，爲魯國之儒一人，天下之儒一人，萬世之儒一人也。公既獨爲其難者，則其首出于人者以是，其首見怒于人者亦以是矣。公烏得免死哉！削跡伐木，絶陳畏匡，孔聖之幾死者亦屢，其不死者幸也。幸而不死，人必以爲得正而斃矣。不幸而死獨不曰『仁人志士，有殺身以成仁』者乎？死得其死，公又何辭也！然則公非畏死也？非不畏死也，任之而已矣。且夫公既如是而生矣，又安得不如是而死乎？彼謂公欲求死以成名者非也，死則死矣，此有何名而公欲死之歟？」

其又高之者曰：「公獨來獨往，自我無前者也。然則仲尼雖聖，效之則爲顰，學之則爲步醜婦之賤態，公不爾爲也。公以爲世人聞吾之爲，則反以爲大怪，無不欲起而殺我者，而不知孔子已先爲之矣。吾故援孔子以爲法，則可免入室而操戈。然而賢者疑之，不賢者害之，同志終鮮，而公亦竟不幸爲道以死也。夫忠孝節義，世之所以死也，以有其名也，所謂死有重于泰山者是也，未聞有爲道而死者。道本無名，何以死爲？公今已死矣，吾恐一死而遂湮滅無聞也。今觀其時，武昌上下，人幾數萬，無一人識公者，無不知公之爲冤也。方其揭榜通衢，列公罪狀，聚而觀者咸指其誣，至有嘘呼叱咤不欲觀焉者，則當日之人心可知矣。由祁門而江西，又由江西而南安，而湖廣，沿途三千餘里，其不識公之面而知公之心者，三千餘里皆然也。

非惟得罪於張相者有所憾於張相而云然，雖其深相信以爲大有功於社稷者，亦猶然以此舉爲非是，而咸謂殺公以媚張相者之爲非人也。則斯道之在人心，真如日月星辰，不可以蓋覆矣。雖公之死無名可名，而人心如是，則斯道之爲也，孰能遏之！然公豈誠不畏死者！時無張子房，誰爲活項伯？時無魯朱家，誰爲脱季布？吾人因是而益信談道者之假也。由今而觀，彼其含怒稱冤者，皆其未嘗識面之夫，其坐視公之死，反從而下石者，則盡其聚徒講學之人。然則匹夫無假，故不能掩其本心；談道無真，故必欲剗其出類：又可知矣。夫惟世無真談道者，故公死而斯文遂喪。公之死顧不重耶？而豈直泰山氏之比哉！」此三者，皆世之賢人君子，猶能與匹夫同其真者之所以高心隱也。

其病心隱者曰：「人倫有五，公舍其四，而獨置身于師友賢聖之間，則偏枯不可以爲訓。與上閭閭，與下侃侃，委蛇之道也。公獨危言危行，自貽厥咎，則明哲不可以保身。且夫道本人情，學貴平易。繩人以太難，則畔者必衆；責人于道路，則居者不安；聚人以貨財，則貪者競起：亡固其自取矣。」此三者，又世之學者之所以爲心隱病也。

吾以爲此無足論矣。此不過世之庸夫俗子，衣食自耽，身口是急，全不知「道」爲何物，「學」爲何事者，而敢安肆譏詆，則又安足置之齒頰間耶！獨所謂高心隱者，似亦近之，而尚不能無過焉。然予未嘗親覩其儀容，面聽其緒論，而窺所學之詳，而遽以爲過，抑亦未可。吾且以意論之，以俟世之萬一有知公者可乎？吾謂公以「見龍」自居者也，終日見而不知潛，則其勢必至于亢矣，其及也宜也。然亢亦龍也，非他物比也。龍而不亢，則上九爲虚位；位不可虚，則龍不容於不亢。公宜獨當此一爻者，則謂公爲上九之大人可也，是又余之所以論心隱也。

夫婦因畜有感

夫婦，人之始也。有夫婦然後有父子，有父子然後有兄弟，有兄弟然後有上下。夫婦正，然後萬事無不出于正。夫婦之爲物始也如此。極而言之，天地一夫婦也，是故有天地然後有萬物。然則天下萬物皆生于兩，不生于一，明矣。

而又謂一能生二，理能生氣，太極能生兩儀，何歟？夫厥初生人，惟是陰陽二氣，男女二命，初無所謂一與理也，而何太極之有！以今觀之，所謂一者果何物，所謂理者果何在，所謂太極者果何所指也？若謂二生于一，一又安從生也？一與二爲二，理與氣爲二，陰陽與太極爲二，太極與無極爲二。反覆窮詰，無不是二，又烏睹所謂一者，而遽爾妄言之哉！

故吾究物始，而見夫婦之爲造端也。是故但言夫婦二者而已，更不言一，亦不言理，一尚不言，而况言無；無尚不言，而况言無無。何也？恐天下惑也。夫惟多言數窮，而反以滋人之惑，則不如相忘于無言，而但與天地人物共造端于夫婦之間，于焉食息，于焉語語已矣。

《易》曰：「大哉乾元，萬物資始。」「至哉坤元，萬物資生。」資始資生，變化無窮。「保合太和」「各正性命」。夫性命之正，正于太和，太和之合，合于乾坤。乾爲夫，坤爲婦。故性命各正，自無有不正者。然則夫婦之所係爲何如，而可以如此也夫！可以如此也夫！

鬼神論

《生民》之什云：「厥初生民，時惟姜嫄。生民如何？克禋克祀，以祓無子。履帝武敏歆，攸介攸止，載震載夙，載生載育，時維后稷。誕彌厥月，首生如達，不（坼）〔拆〕不副，無菑無害，以赫厥靈。上帝不寧，不康禋祀。居然生子。誕寘之隘巷，牛羊腓字之；誕寘之平林，會伐平林；誕（眞）〔寘〕之寒冰，鳥覆翼之。鳥乃去矣，后稷呱矣，實覃實訏，厥聲載路。」朱子曰：「姜嫄出祀郊禖，見大人迹而履其拇，遂欣欣然如有人道之感，於是有娠，乃周人所由以生之始也。周公制祀典，尊后稷以配天，故作此詩，以推本其始生之祥。」由此觀之，后稷，鬼子也；周公而上，鬼孫也。周公非但不諱，且以爲至祥極瑞，歌詠於郊禘以享祀之，而自謂文子文孫焉。乃后世獨諱言鬼，何哉？非諱之也，未嘗通於幽明之故而知鬼神之情狀也。

子曰：「鬼神之爲德，其盛矣乎！使天下之人齋明盛服以承祭祀，洋洋乎如在其上，如在其左右。」「吾不與祭，如不祭。」「祭如在，祭神如神在。」夫子之敬鬼神如此。使其誣之以爲無，則將何所不至耶？小人之無忌憚，皆由于不敬鬼神，是以不能務民義以致昭事之勤，如臨女以祈陟降之饗。故又戒之曰：「務民之義，敬鬼神而遠之。」夫有鬼神而後有人，故鬼神不可以不敬；事人即所以事鬼，故人道不可以不務。則凡數而瀆，求而媚，皆非敬之之道也。夫神道遠，人道邇。遠者敬而疎之，知其遠之近也，是故惟務民義而不敢求之于遠。近者親而務之，知其邇之可遠也，是故不事諂瀆，而惟致吾小心之翼翼。今之不敬鬼神者皆是也，而未見有一人之能遠鬼神者，何哉？揲蓍布卦，卜地選勝，擇日請時，務索之冥冥之中，以徼未涯之福，欲以遺所不知何人，其諂瀆甚矣。而猶故爲大言以誑人曰：「佛、老爲異端，鬼神乃淫祀。」慢侮不信，若靡有悔。一旦緩急，手脚忙亂，禱祀祈禳，則此等實先奔走，反甚于細民之敬鬼者，是何怪也！然則其不能遠鬼神者，乃皆其不能敬鬼神者也。若誠知鬼神之當敬，則其不能務民之事者鮮矣。

朱子曰：「天即理也。」又曰：「鬼神者，二氣之良能。」夫以天爲理可也，而謂祭天所以祭理，可歟？以鬼神爲良能可也，而謂祭鬼神是祭良能，可歟？且夫理，人人同具，若必天子而後祭天地，則是必天子而後可以祭理也，凡爲臣庶人者，獨不得與于有理之祭，又豈可歟？ 然則理之爲理，亦大傷民財，勞民力，不若無理之爲愈矣。 圓丘方澤之設，牲幣爵號之陳，大祀之典，亦太不經；駿奔執豆者，亦太無義矣。 國之大事在祀，審如此，又安在其爲國之大事也？ 「我將我享，維羊維牛」，不太可惜乎？ 「鐘鼓喤喤，磬筦將將」，又安見其能「降福穰穰」「懷柔百神，及河喬岳」也？

周頌曰：「念兹皇祖，陟降庭止。」若衣服不神，則皇祖陟降，誰授之衣？ 昭事小心，儼然如在其上者，當從裸袒之形，文子文孫又安用對越爲也？ 《商書》曰：「兹予大享于先王，爾祖其從予享之。」周公之告太王、王季、文王曰：「乃元孫不若旦多才多藝，能事鬼神。」若非祖考之靈，赫然臨女，則爾祖我祖，真同兒戲，《金縢》策祝，同符新室。 上誣武王，下誣召、畢，近誣元孫，遠誣太王、王季、文王，多材多藝之云，真矯誣也哉！

《玄鳥》之頌曰：「天命玄鳥，降而生商，宅殷土芒芒。 古帝命武湯，正域彼四方。」又曰：「濬哲維商，長發其祥。」而朱子又解曰：「春分玄鳥降，有戎氏女簡狄，高辛氏之妃也，祈于郊禖，鳦遺卵，簡狄吞之而生契，其後遂爲有商氏而有天下。」嗚呼！ 周有天下，歷年八百，厚澤深仁，鬼之嗣也。 商有天下，享祀六百，賢聖之王六七繼作，鳥之遺也。 一則祖鳦，一則祖敏，後之君子，敬鬼可矣。

戰國論

予讀《戰國策》而知劉子政之陋也。 夫春秋之後爲戰國，既爲戰國之時，則自有戰國之策。 蓋與世推移，其道必爾。 如此者非可以春秋之治治之也明矣，況三王之世歟！

五霸者，春秋之事也。 夫五霸何以獨盛于春秋也？ 蓋是時周室既衰，天子不能操禮樂征伐之權以號令諸侯，故諸侯有不令者，方伯連帥率諸侯以討之，相與尊天子而協同盟，然後天下之勢復合于一。此如父母卧病不能事事，群小搆争，莫可禁阻，中有賢子自爲家督，遂起而身父母之任焉。是以名爲兄弟，而其實則父母也。雖若侵父母之權，而實父母賴之以安，兄弟賴之以和，左右童僕諸人賴之以立，則有勞于厥家大矣。管仲相桓，所謂首任其事者也。從此五霸迭興，更相雄長，夾輔王室，以藩屏周。百足之蟲，遲遲復至二百四十餘年者，皆管仲之功，五霸之力也。諸侯又不能爲五霸之事，於是有志在吞周，心圖混一，如齊宣之所欲爲者焉。晉氏爲三，吕氏爲田，諸侯亦莫之正也。則安得不遂爲戰國而致謀臣策士于千里之外哉！其勢不至混一，故不止矣。

劉子政當西漢之末造，感王室之將燬，徒知羨三王之盛，而不知戰國之宜，其見固已左矣。彼鮑、吴者生于宋、元之季，聞見塞胸，仁義盈耳，區區褒貶，何足齒及！乃曾子固自負不少者也，咸謂其文章本于六經矣，乃譏向自信之不篤，邪説之當正，則亦不知六經爲何物，而但竊褒貶以繩世，則其視鮑與吴亦魯、衛之人矣。

兵食

民之初生，若禽獸然：〔穴〕〔穴〕居而野處，拾艸木之實以爲食。且又無爪牙以供搏噬，無羽毛以資翰蔽，其不爲禽獸啖食者鮮矣。夫天之生人，以其貴于物也，而反遺之食，則不如勿生，則其勢自不得不假物以爲用，而弓矢戈矛甲胄劍楯之設備矣。蓋有此生，則必有以養此生者，食也。有此身，則必有以衛此身者，兵也。食之急，故井田作；衛之急，故弓矢甲胄興。是甲胄弓矢，所以代爪牙毛羽之用，以疾驅虎豹犀象而遠之也。民之得安其居者，不以是歟！

夫子曰：「足食足兵，民信之矣。」夫爲人上而使民食足兵足，則其信而戴之也何惑焉。至于不得已猶寧死而不離者，則以上之兵食素足也。其曰「去食」「去兵」，非欲去也，不得已也。勢既出于不得已，則爲下者自不忍以其不得已之故，而遂不信于其上。而儒者反謂信重于兵食，則亦不達聖人立言之旨矣。然則兵之與食，果有二乎？曰：苟爲無兵，食固不可得而有也。然而兵者死地也，其名惡，而非是則無以自衛，其實美也。美者難見，而惡則非其所欲聞。惟下之人不欲聞，以故上之人亦不肯以出之于口，況三令而五申之耶！是故無事而教之兵，則謂時方無事，而奈何其擾我也。其誰曰以佚道使我，雖勞不怨乎？有事而調之兵，則謂時方多事，而奈何其殺我也。其誰曰以生道殺我，雖死不怨殺者乎？凡此皆矯誣之語，不過欲以粉飾王道耳。不知王者以道化民，其又能違道以干百姓之譽乎？要必有神而明之，使民宜之，不賞而自勸，不謀而同趨；嘿而成之，莫知其然：斯爲聖人篤恭不顯之至德矣。

夫三王之治，本于五帝，帝軒轅氏尚矣。軒轅氏之王也，七十戰而有天下，殺蚩尤于涿鹿之野，戰炎帝于阪泉之原，亦深苦衛生之難，而既竭心思以惟之矣。以爲民至愚也，而可以利誘，至神也，而不可以忠告。於是爲之井而八分之，使民咸知上之養我也。然蒐狩之禮不舉，得無有傷吾之苗稼者乎？且何以祭田祖而告成歲也？是故四時有田，則四時有祭；四時有祭，則四時有獵。是獵也，所以田也，故其名曰田獵焉。是故國未嘗有養兵之費，而家家收穫禽之功；上之人未嘗有治兵之名，而人人皆三驅之選。戈矛之利，甲胄之堅，不待上之與也；射疏及遠，手輕足便，不待上之試也；攻殺擊刺，童而習之，白首而不相代，不待上之操也。彼其視搏猛獸如搏田兔然，又何有于即戎乎？是故入相友而出相呼，疾病相視，患難相守，不待上之教以人倫也。折中矩而旋中規，坐作進退，無不如志，不待上之教以禮也。歡欣讌樂，鼓舞不倦，不待耀之以旌旗，宣之以金鼓，獻俘授馘而後樂心生也。分而爲八家，布而爲八陣，其中爲中軍，八首八尾，同力相應，不待示之以六書，經之以算法，而後分數明也。此皆六藝之術，上之所以衛民之生者，然而聖人初未嘗教之以六藝也。文事武備，一齊具舉，又何待庠序之設，孝弟之申，如孟氏畫蛇添足之云乎？彼自十五歲以前，俱已熟試而閑習之矣，而實不知上之使也，以謂上者養我者也。至其家自爲戰，人自爲兵，禮樂以明，人倫以興，則至于今凡幾千年矣而不知，而况當時之民歟！

至矣！聖人鼓舞萬民之術也。蓋可使之由者同井之田，而不可使之知者則六藝之精、孝弟忠信之行也。儒者不察，以謂聖人皆于農隙以講武事。夫蒐苗獮狩，四時皆田，安知田隙？且自田耳，曷嘗以武名，曷嘗以武事講耶？范仲淹乃謂儒者自有名教，何事於兵？則已不知兵之急矣。張子厚復欲買田一方，自謂井田。則又不知井田爲何事，而徒慕古以爲名，秖益醜焉。商君知之，慨然請行，專務攻戰，而决之以信賞必罰，非不頓令秦强，而車裂之慘，秦民莫哀。則以不可使知者而欲使之知，固不可也。故曰：「聖人之道，非以明民，將以愚之。」「魚不可以脱于淵，國之利器不可以示人。」至哉深乎！歷世寶之，太公望行之，管夷吾修之，柱下史明之，姬公而後，流而爲儒，紛紜制作，務以明民，瑣屑煩碎，信誓周章，而軒轅氏之政遂衰矣。

雜説

《拜月》《西廂》，化工也；《琵琶》，畫工也。夫所謂畫工者，以其能奪天地之化工，而其孰知天地之無工乎？今夫天之所生，地之所長，百卉具在，人見而愛之矣，至覓其工，了不可得，豈其智固不能得之歟！要知造化無工，雖有神聖，亦不能識知化工之所在，而其誰能得之？由此觀之，畫工雖巧，已落二義矣。文章之事，寸心千古，可悲也夫！

且吾聞之：追風逐電之足，決不在于牝牡驪黃之間；聲應氣求之夫，決不在于尋行數墨之士；風行水上之文，決不在于一字一句之奇。若夫結構之密，偶對之切；依于理道，合乎法度；首尾相應，虛實相生：種種禪病皆所以語文，而皆不可以語于天下之至文也。雜劇院本，遊戲之上乘也，《西廂》《拜月》，何工之有！蓋工莫工于《琵琶》矣。彼高生者，固已殫其力之所能工，而極吾才于既竭者也。夫惟作者窮巧極工，不遺餘力，是故語盡而意亦盡，詞竭而味索然亦隨以竭。吾嘗攬《琵琶》而彈之矣：一彈而嘆，再彈而怨，三彈而向之怨嘆無復存者。此其故何邪？豈其似真非真，所以入人之心者不深邪！蓋雖工巧之極，其氣力限量只可達于皮膚骨血之間，則其感人僅僅如是，何足怪哉！《西廂》《拜月》，乃不如是。意者宇宙之內，本自有如此可喜之人，如化工之于物，其工巧自不可思議爾。

且夫世之真能文者，比其初皆非有意於爲文也。其胸中有如許無狀可怪之事，其喉間有如許欲吐而不敢吐之物，其口頭又時時有許多欲語而莫可所以告語之處，蓄極積久，勢不能遏。一旦見景生情，觸目興歎；奪他人之酒杯，澆自已之壘磈；訴心中之不平，感數奇于千載。既已噴玉唾珠，昭回雲漢，爲章于天矣，遂亦自負，發狂大叫，流涕慟哭，不能自止。寧使見者聞者切齒咬牙，欲殺欲割，而終不忍藏于名山，投之水火。予覽斯記，想見其爲人，當其時必有大不得意于君臣朋友之間者，故借夫婦離合因緣以發其端。于是焉喜佳人之難得，羨張生之奇遇，比雲雨之翻覆，嘆今人之如土。其尤可咲者：小小風流一事耳，至比之張旭、張顛、羲之、獻之而又過之。堯夫云：「唐虞揖讓三杯酒，湯武征誅一局棋。」夫征誅揖讓何等也，而以一杯一局覰之，至眇小矣！

嗚呼！今古豪傑，大抵皆然。小中見大，大中見小，舉一毛端建寶王刹，坐微塵裏轉大法輪。此自至理，非干戲論。倘爾不信，中庭月下，木落秋空，寂寞書齋，獨自無賴，試取琴心一彈再鼓，其無盡藏不可思議，工巧固可思也。嗚呼！若彼作者，吾安能見之歟！

玉合

此記亦有許多曲折，但當要緊處却緩慢，却泛散，是以未盡其美，然亦不可不謂之不知趣矣。韓君平之遇柳姬，其事甚奇，設使不遇兩奇人，雖曰奇，亦徒然耳。此昔人所以歎恨于無緣也。方君平之未得柳姬也，乃不費一毫力氣而遂得之，則李王孫之奇，千載無其匹也。迨君平之既失柳姬也，乃不費一時力氣而遂復得之，則許中丞之奇，唯有崑崙奴千載可相伯仲也。嗚呼！世之遭遇奇事如君平者，亦豈少哉！唯不遇奇人，卒致兩地含冤，抱恨以死，悲夫！然君平者唯得之太易，故失之亦易，非許俊奇傑，安得復哉？此許中丞所以更奇也。

崑崙奴

許中丞片時計取柳姬，使玉合重圓；崑崙奴當時力取紅綃，使重關不阻：是皆天地間緩急有用人也，是以謂之俠耳。忠臣俠忠，則扶顛持危，九死不悔；志士俠義，則臨難自奮，之死靡他。古今天下，苟不遇俠而妄委之，終不可用也。或不知其爲俠而輕置之，則亦不肯爲我死，爲我用也。

俠士之所以貴者，才智兼資，不難於死事，而在於成事也。使死而可以成事，則死真無難矣；使死而不足以成事，則亦豈肯以輕死哉！貫高之必出張王，審出張王而後絶吭以死者是也。若崑崙奴既能成主之事，又能完主之身，則奴願畢矣，縱死亦有何難？但郭家自無柰崑崙奴何耳。劍術縱精，初何足恃。設使無劍術，郭家四五十人亦能柰之何乎？觀其酬對之語可見矣。况彼五十人者，自謂囊中之物，不料其能出此綱矣。一夫敢死，千夫莫當，况僅僅五十人，而肯以活命換死命乎？直潰圍出，本自無阻，而奈何以劍術目之謂之劍術且不可，而乃謂之劍俠，不益傷乎！劍安得有俠也？人能俠劍，劍又安能俠人？人而俠劍，直匹夫之雄耳，西楚伯王所謂「學劍不成，去，學萬人敵」者是也。夫萬人之敵，豈一劍之任邪？彼以劍俠稱烈士者，真可謂不識俠者矣。

嗚呼！俠之一字，豈易言哉！自古忠臣孝子，義夫節婦，同一俠耳。夫劍之有術，亦非真英雄者之所願也。何也？天下無不破之術也。我以術自聖，彼亦必以術自神，術而逢術，則術窮矣。曾謂荆卿而未嘗聞此乎？張良之擊秦王也，時無術士，故子房得以身免；使遇術者，立爲虀粉矣。故黄石老大嗔怪于圯橋之下也。嗣後不用一術，只以無窮神妙不可測識之術應之。滅秦興漢，滅項興劉，韓、彭之俎醢不及，蕭何之械繫不及，吕后之妬悍不及，功成名遂而身退，堂堂大道，何神之有，何術之有，况劍術耶？吾是以深悲魯句踐之陋也，彼其區區，又何足以知荆卿哉！荆卿者，蓋真俠者也，非以劍術俠也。

拜月

此記關目極好，説得好，曲亦好，真元人手筆也。首似散漫，終致奇絶，以配《西廂》，不妨相追逐也。自當與天地相終始，有此世界，即離不得此傳奇。肯以爲然否？縱不以爲然，吾當自然其然。詳試讀之，當使人有兄兄妹妹，義夫節婦之思焉。蘭比崔重名，尤爲閑雅，事出無奈，猶必對天盟誓，願終始不相背負，可謂貞正之極矣。興福投竄林莽，知恩報恩，自是常理。而卒結以良緣，許之歸妹，興福爲妹丈，世隆爲妻兄，無德不酬，無恩不答。天之報施善人，又何其巧歟！

紅拂

此記關目好，曲好，白好，事好。樂昌破鏡重合，紅拂智眼無雙，虬髯棄家入海，越公並遣雙妓，皆可師可法，可敬可羡。孰謂傳奇不可以興，不可以觀，不可以群，不可以怨乎？飲食宴樂之間，起義動慨多矣。今之樂猶古之樂，幸無差別視之其可！

李温陵集卷之八

李温陵集卷之九

海虞後學顧大韶仲恭校

雜述

童心説

龍洞山農叙《西厢》末語云：「知者勿謂我尚有童心可也。」夫童心者，真心也。若以童心爲不可，是以真心爲不可也。夫童心者，絶假純真，最初一念之本心也。若失却童心，便失却真心；失却真心，便失却真人。人而非真，全不復有初矣。

童子者，人之初也；童心者，心之初也。夫心之初曷可失也！然童心胡然而遽失也？蓋方其始也，有聞見從耳目而入，而以爲主于其内而童心失。其長也，有道理從聞見而入，而以爲主于其内而童心失。其久也，道理聞見日以益多，則所知所覺日以益廣，於是焉又知美名之可好也，而務欲以揚之而童心失；知不美之名之可醜也，而務欲以掩之而童心失。夫道理聞見，皆自多讀書識義理而來也。古之聖人，曷嘗不讀書哉！然縱不讀書，童心固自在也，縱多讀書，亦以護此童心而使之勿失焉耳，非若學者反以多讀書識義理而反障之也。夫學者既以多讀書識義理障其童心矣，聖人又何用多著書立言以障學人爲耶？童心既障，於是發而爲言語，則言語不由衷；見而爲政事，則政事無根抵；著而爲文辭，則文辭不能達。非内含以章美也，非篤實生輝光也，欲求一句有德之言，卒不可得。所以者何？以童心既障，而以從外入者聞見道理爲之心也。

夫既以聞見道理爲心矣，則所言者皆聞見道理之言，非童心自出之言也。言雖工，於我何與，豈非以假人言假言，而事假事文假文乎？蓋其人既假，則無所不假矣。由是而以假言與假人言，則假人喜；以假事與假人道，則假人喜；以假文與假人談，則假人喜。無所不假，則無所不喜。滿場是假，矮人何辯也？然則雖有天下之至文，其湮滅于假人而不盡見于後世者，又豈少哉！何也？天下之至文，未有不出于童心焉者也。苟童心常存，則道理不行，聞見不立，無時不文，無人不文，無一樣創制體格文字而非文者。詩何必古選，文何必先秦。降而爲六朝，變而爲近體，又變而爲傳奇，變而爲院本，爲雜劇，爲《西廂曲》，爲《水滸傳》，爲今之舉子業，皆古今至文，不可得而時勢先後論也。故吾因是而有感于童心者之自文也，更説甚麽六經，更説甚麽《語》《孟》乎？

夫六經、《語》《孟》，非其史官過爲褒崇之詞，則其臣子極爲贊美之語。又不然，則其迂闊門徒，懵懂弟子，記憶師説，有頭無尾，得後遺前，隨其所見，筆之於書。後學不察，便謂出自聖人之口也，決定目之爲經矣，孰知其大半非聖人之言乎？縱出自聖人，要亦有爲而發，不過因病發藥，隨時處方，以救此一等懵懂弟子，迂闊門徒云耳。藥醫假病，方難定執，是豈可遽以爲萬世之至論乎？然則六經、《語》《孟》，乃道學之口實，假人之淵藪也，斷斷乎其不可以語于童心之言明矣。嗚呼！吾又安得真正大聖人童心未曾失者而與之一言文哉！

心經提綱

《心經》者，佛説心之徑要也。心本無有，而世人妄以爲有；亦無無，而學者執以爲無。有無分而能、所立，是自罣礙也，自恐怖也，自顛倒也，安得自在？獨不觀于自在菩薩乎？彼其智慧行深，既到自在彼岸矣，斯時也，自然照見色、受、想、行、識五蘊皆空，本無生死可得，故能出離生死苦海，而度脱一切苦厄焉。此一經之總要也。下文重重説破，皆以明此，故遂呼而告之曰：舍利子，勿謂吾説空，便即著空也！如我説色，不異於空也；如我説空，不異於色也。然但言不異，猶是二物有對，雖復合而爲一，猶存一也。其實我所説色，即是説空，色之外無空矣；我所説空，即是説色，空之外無色矣。非但無色，而亦無空，此真空也。故又呼而告之曰：「舍利子，是諸法空相。」無空可名，何況更有生滅、垢浄、增減名相？是故色本不生，空本不滅；説色非垢，説空非浄；在色不增，在空不減。非億之也，空中原無是耳。是故五蘊皆空，無色、受、想、行、識也；六根皆空，無眼、耳、鼻、舌、身、意也；六塵皆空，無色、聲、香、味、觸、法也；十八界皆空，無眼界乃至無意識界也。以至生老病死，明與無明，四諦智證等，皆無所得。此自在菩薩智慧觀照到無所得之彼岸也。如此所得既無，自然無罣礙恐怖與夫顛倒夢想矣，現視生死而究竟涅槃矣。豈惟菩薩，雖過去、現在、未來三世諸佛，亦以此智慧得到彼岸，共成無上正等正覺焉耳，則信乎盡大地衆生無有不是佛者。乃知此真空妙智，是大神呪，是大明呪，是無上呪，是無等等呪，能出離生死苦海，度脱一切苦厄，真實不虚也。然則空之難言也久矣。執色者泥色，説空者滯空，及至兩無所依，則又一切撥無因果。不信經中分明讚歎空即是色，更有何空；色即是空，更有何色？無空無色，尚何有有有無，於我罣礙而不得自在耶？然則觀者但以自家智慧時常觀照，則彼岸當自得之矣。菩薩豈異人哉，但能一觀照之焉耳。人人皆菩薩而不自見也，故言菩薩則人人一矣，無聖愚也。言三世諸佛則古今一矣，無先後也。柰之何可使由而不可使知者衆也？可使知則爲菩薩；不可使知則爲凡民，爲禽獸，爲木石，卒歸于泯泯爾矣！

提綱説

道本大道，因經故不明；經以明道，因解故不能明道；然則經者道之賊，解者經之障，安足用歟？雖然，善學者通經，不善學者執經。能者悟于解，而不能者爲解悮，其爲賊爲障也宜也。夫前人説經，後人解經，要不過爲能者通此一線路耳，非與夫不能者道也。予在滇中，有友求書《心經》，書訖，仍題數語于後，名之曰《提綱》，雖不以解名，然亦何嘗離解也哉！黄安邑侯既刻《提綱》矣，復并予所注《道德解》并刻之，觀其心，其通經者歟？其爲不執經不爲解悮者歟？書以俟之。

無爲説

聖人之學，無爲而成者也。然今之言無爲者，不過曰無心焉耳。夫既謂之心矣，何可言無也？既謂之爲矣，又安有無心之爲乎？農無心則田必蕪，工無心則器必窳，學者無心則業必廢。無心安可得也！解者又曰：「所謂無心者，無私心耳，非真無心也。」夫私者人之心也，人必有私而後其心乃見，若無私則無心矣。如服田者私有秋之獲而後治田也必力，居家者私積倉之獲而後治家也必力，爲學者私進取之獲而後舉業之治也必力。故官人而不私以祿，則雖召之必不來矣；苟無高爵，則雖勸之必不至矣。雖有孔子之聖，苟無司寇之任，相事之攝，其不能一日安其身于魯也决矣。此自然之理，必至之符，非可以架空而臆説也。然則爲無私之説者，皆畫餅之談，觀場之見，但令隔壁好聽，不管脚根虚實，無益於事，祇亂道耳，不足采也。

故繼此而董仲舒有正義明道之訓焉，張敬夫有聖學無所爲而爲之論焉。夫欲正義，是利之也，若不謀利，不正可矣。吾道苟明，則吾之功畢矣。若不計功，道又何時而可明也。今曰聖學無所爲，既無所爲矣，又何以爲聖爲乎？夫子曰：「仁者先難而後獲。」言先其難者，其後當自獲，非謂全不求獲，全無所爲，而率爾冒爲之也。此孔子所以責夫言不顧行，而欲先行其言者以此故也。蓋先行其言，則自無不根之言。由此觀之，以無心及無私心尚論無爲之學者，皆不根之論，未嘗先行之故耳。

吾以爲羲皇以前未暇論矣，自舜以下，要皆有爲之聖人也。太公之富强，周公之禮樂，注措雖異，有爲均也。孔子夢寐周公，故相魯三月而禮教大行，雖非黄、唐以前之無爲，獨非大聖人之所作爲歟？安在乎必于無爲而後可耶？但學者不知如何爲有爲，又何如爲無爲耳。是故往往以大有爲之資，而不肯自竭其力，反慮人之疑其爲富强功利也；或真得無爲之體，又不堅忍，「不用」之術，輒爲有爲之業所怵黜焉。以故學不成章，無由而達；志不歸一，終難成事。則自漢文、漢武而後，大抵如此矣。

夫漢文，無爲之聖人也，自以其身同于含哺鼓腹之民，而以其可爲必爲者付景、武，雖語之有爲，如風過耳，然則賈生雖一痛哭二流涕六太息何益乎？故使汲長孺而當孝文之世，則清浄寡欲，固魚水之歡也。使賈生生孝武之朝，則三表五餌之策，朝進而夕拜爵矣。何者？孝武帝乃大有爲之聖人也。當其時，拓地幾二萬餘里，視漢高所遺不啻倍之。雖民勞財傷，騷然稱費，精力亦幾竭矣，然歷昭、宣以及元、成、哀、平百二十餘年，邊城不閉，兵車不用，雖抱孺子于天下之上，而單于且稽顙來朝矣。蓋至于異姓更主，而百姓猶安堵如故者，然後知其爲孝武之賜而不自知也。截長補短，其利百倍，有爲之功業亦大矣，而又何用相羨乎？然則今者人人固自有一段光明俊偉之業也，第牽于意見，狃于成説，必欲補綴傳會，勉强凑合，以求萬全，免譏毀，是以終于無成，有爲無爲皆不可焉耳。

四勿説

人所同者謂禮，我所獨者謂己。學者多執一己定見，而不能大同于俗，是以入于非禮也。非禮之禮，大人勿爲；真己無己，有己即克。此顔子之四勿也。是四勿也，即四絶也，即四無也，即四不也。四絶者，絶意、絶必、絶固、絶我是也。四無者，無適、無莫、無可、無不可是也。四不者，《中庸》卒章所謂不見、不動、不言、不顯是也。顔子得之而不遷不貳，則即勿而不；由之而勿視勿聽，則即不而勿。此千古絶學，惟顔子足以當之。顔子没而其學遂亡，故曰「未聞好學者」。雖曾子、孟子亦已不能得乎此，況濂、洛諸君子乎！未至乎此而輕易談四勿，多見其不知量也。

聊且博爲注解，以質正諸君何如？蓋由中而出者謂之禮，從外而入者謂之非禮；從天降者謂之禮，從人得者謂之非禮，由不學、不慮、不思、不勉、不識、不知而至者謂之禮，由耳目聞見，心思測度，前言往行，彷佛比擬而至者謂之非禮。語言道斷，心行路絶，無蹊逕可尋，無塗轍可由，無藩衛可守，無界量可限，無扃鑰可啓，則于四勿也當不言而喻矣。未至乎此而輕談四勿，是以聖人謂之曰「不好學」。

虛實説

學道貴虛，任道貴實。虛以受善，實焉固執。不虛則所擇不精，不實則所執不固。虛而實，實而虛，真虛真實，真實真虛。此唯真人能有之，非真人則不能有也。非真人亦自有虛實，但不可以語于真人之虛實矣。故有似虛而其中真不虛者，有似不虛而其中乃至虛者。有始虛而終實，始實而終虛者。又有衆人皆信以爲至虛，而君子獨不謂之虛，此其人犯虛怯之病。有衆人皆信以爲實，而君子獨不謂之實，此其人犯色取之症。真僞不同，虚實異用，虚實之端，可勝言哉！且試言之。

何謂始虚而終實？此如人没在大海之中，所望一救援耳。舵師憐之，以智慧眼，用無礙才，一舉而援之，可謂幸矣。然其人慶幸雖深，魂魄尚未完也。閉目噤口，終不敢出一語，經月累日，唯舵師是聽，抑何虚也！及到彼岸，攝衣先登，脚履實地，萬無一死矣。縱舵師復詒之曰：「此去尚有大海，須還上船，與爾俱載别岸，乃可行也。」吾知其人摇頭擺手，徑往直前，終不復舵師之是聽矣，抑又何實乎！所謂始虚而終實者如此。吁！千古賢聖，真佛真仙，大抵若此矣。

何謂始實而終虚？如張横渠已爲關中夫子矣，非不實任先覺之重也，然一聞二程論《易》，而臯比永徹，遂不復坐。夾山和尚已登壇説法矣，非不實受法師之任也，然一見道吾拍手大笑，遂散衆而來，别求船子説法。此二等者，雖不免始實之差，而能獲終虚之益，蓋千古大有力量人，若不得道，吾不信也。

何謂衆人皆以爲實，而君子獨不謂之實？彼其于己實未敢自信也，特因信人而後信己耳。彼其於學實未嘗時習之而説也，特以易説之故，遂冒認以爲能説兹心耳。是故人皆悦之，則自以爲是。是其自是也，是于人之皆説也。在邦必聞，則居之不疑，是其不疑也，以其聞之于邦家也。設使不聞，則雖欲不疑，不可得矣。此其人寧有實得者耶？是可笑也。

何謂衆人皆以爲至虚，而君子獨不謂之虚？彼其未嘗一日不與人爲善也，是以人皆謂之舜也，然不知其能舍己從人否也。未嘗一日不拜昌言也，是以人皆謂之禹也，然不知其能過門不入，呱呱弗子否也。蓋其始也，不過以虚受爲美德而爲之，其終也，習慣成僻，亦冒認以爲戰戰兢兢，臨深履薄，而安知其爲怯弱而不能自起者哉！

然則虚實之端，未易言也。非虚實之難言也，以真虚真實之難知也。故曰：「人不知而不愠。」夫人，衆人也。衆人不知，故可謂之君子。若衆人而知，則吾亦衆人而已，何足以爲君子。衆人不知，故可直任之而不愠。若君子而不知之，則又如之何而不愠也？是則大可懼也，雖欲勿愠，得乎？世間君子少而衆人多，則知我者少，不知我者多。固有舉世而無一知者，而唯顔子一人獨知之，所謂「遯世不見知而不悔」是也。夫唯遯世而不見知也，則雖有虚實之説，其誰聽之！

定林庵記

予不出山久矣。萬曆戊戌，從焦弱侯至白下，詣定林庵，而庵猶然無恙者，以定林在日素信愛于弱侯也。定林不受徒，今來住持者弱侯擇僧守之，實不知定林作何面目，則此庵第屬定林創建，名曰定林庵，不虚耶。定林創庵甫成，即舍去之牛首，復創大華嚴閣，弱侯碑紀其事甚明也。閣甫成，又舍去之楚，訪予于天中山，而遂化于天中山，塔于天中山。馬伯時隱此山時，特置山居一所，度一僧，使專守其塔矣。今定林化去又十二年，予未死，又復來此，復得見定林庵。夫金陵多名刹，區區一定林庵安足爲輕重，而舊椽敗瓦，人不忍毁，則此庵雖小，實賴定林久存，名曰定林庵，豈虚耶！

夫定林，白下人也，自幼不茹葷血，又不娶，日隨其主周生赴講，蓋當時所謂周安其人者也。予未嘗見周生，但見周安隨楊君道南至京師。時李翰峰先生在京，告予曰：「周安知學。子欲學，幸毋下視周安！」蓋周安本隨周生執巾屨之任，乃周生不力學，而周安供茶設饌，時時竊聽，或獨立簷端，或拱身柱側，不欹不倚，不退不倦，卒致斯道。又曰：「周安以周生病故，而道南乃東南名士，終歲讀書破寺中，故周安復事道南。」夫以一周安，乃得身事道南，又得李先生歎羡，弱侯信愛，則周安可知矣。後二年，予來金陵，獲接周安，而道南又不幸早死。周安因白弱侯曰：「吾欲爲僧。夫吾迄歲山寺，只多此數莖髮，不剃何爲？」弱侯無以應，遂約予及管東溟諸公，送周安于雲松禪師處披剃爲弟子，改法名曰定林。此定林之所由名也。弱侯又于館側別爲庵院，而予復書「定林庵」三字以匾之。此又定林庵之所由名也。

弱侯曰：「庵存人亡，見庵若見其人矣。其人雖亡，其庵尚存；庵存則人亦存。雖然，人今已亡，庵亦安得獨存；惟有記庶幾可久。」予謂庵不足記也，定林之庵不可以不記也。今不記，恐後我而生者且不知定林爲何物，此庵爲何等矣。

夫從古以來，僧之有志行者亦多，獨定林哉！予獨怪其不辭卑賤，而有志于聖賢大道也。故曰：「賤莫賤於不聞道。」定林自視其身爲何如者，故衆人卑之以爲賤，而定林不知也。今天下冠冕之士，儼然而登講帷，口談仁義，手揮麈尾，可謂尊且貴矣，而能自貴者誰歟！況其隨從於講次之末者歟！又況於僕厮之賤，鞭箠之輩，不以爲我勞，則必以爲無益于充囊飽腹，且相率攘袂而竊笑矣。肯俛首下心，歸禮窮士，日倚簷楹，欣樂而忘其身之賤，必欲爲聖人然後已者耶！古無有矣。是宜記，遂爲之記。不記庵，專記定林名庵之由。嗚呼！道不虚談，學務實（數）〔效〕，則此定林菴真不虚矣。

高潔説

予性好高，好高則倨傲而不能下。然所不能下者，不能下彼一等倚勢仗富之人耳；否則稍有片長寸善，雖隸卒人奴，無不拜也。予性好潔，好潔則狷隘而不能容。然所不能容者，不能容彼一等趨勢諂富之人耳；否則果有片善寸長，縱身爲大人王公，無不賓也。能下人，故其心虚；其心虚，故所取廣；所取廣，故其人愈高。然則言天下之能下人者，固言天下之極好高人者也。予之好高，不亦宜乎！能取人，必無遺人；無遺人，則無人不容；無人不容，則無不潔之行矣。然則言天下之能容人者，固言天下之極好潔人者也。

予之好潔，不亦宜乎！

今世齷齪者皆以予狷隘而不能容，倨傲而不能下。謂予自至黄安，終日鎖門，而使方丹山有好箇四方求友之譏。自住龍湖，雖不鎖門，然至門而不得見，或見而不接禮者，縱有一二加禮之人，亦不久即厭棄。是世俗之論我如此也，殊不知我終日閉門，終日有欲見勝己之心也。終年獨坐，終年有不見知己之恨也。此難與爾輩道也！其頗説得話者，又以予無目而不能知人，故卒爲人所欺；偏愛而不公，故卒不能與人以終始。彼自謂離毛見皮，吹毛見孔，所論確矣。其實視世之齷齪者僅五十步，安足道邪！

夫空谷足音，見似人猶喜，而謂我不欲見人，有是理乎？第恐尚未似人耳，苟其略似人形，當即下拜而忘其人之賤也，奔走而忘其人之貴也，是以往往見人之長而遂忘其短，非但忘其短也，方且隆禮而師事之，而况知吾之爲偏愛耶！何也？好友難遇，若非吾禮敬之至，師事之誠，則彼聰明才賢之士，又曷肯爲我友乎？必欲與之爲友，則不得不致吾禮數之隆。然天下之真才真聰明者實少也。往往吾盡敬事之誠，而彼聰明者有才者終非其真，則其勢又不得而不與之疎。且不但不真也，又且有姦邪焉，則其勢又不得而不日與之遠。是故衆人咸謂我爲無目耳。夫使我而果無目也，則必不能以終遠；使我而果偏愛不公也，則必護短以終身。故爲偏愛無目之論者，皆似之而非也。

今黄安二上人到此，人又必且以我爲偏愛矣。二上人其務與我始終之，無使我受無目之名可也。然二上人實知予之苦心也，實知予之孤單莫可告語也，實知予之求人甚于人之求予也。吾又非以二上人之才，實以二上人之德也；非以其聰明，實以其篤實也。故有德者必篤實，篤實者則必有德，二上人吾何患乎？二上人師事李壽庵，壽庵師事鄧豁渠。鄧豁渠志如金剛，膽如天大，學從心悟，智過于師，故所取之徒如其師，其徒孫如其徒。吾以是卜之，而知二上人之必能爲我出氣無疑也，故作好高好潔之説以貽之。

爲黄安二上人三首

大孝一

黄安上人爲有慈母孀居在堂，念無以報母，乃割肉出血，書寫願文，對佛自誓，欲以此生成道，報答母慈。以謂温清雖孝，終是小孝，未足以報答吾母也。即使勉强勤學，成就功名以致褒崇，亦是榮耀他人耳目，未可以拔吾慈母于苦海也。唯有勤精進，成佛道，庶可藉此以報答耳。若以吾家孔夫子報父報母之事觀之，則雖武周繼述之大孝，不覺眇乎小矣。今觀吾夫子之父母，至于今有耿光，則些小功名真不足以成吾報母之業也。上人刺血書願，其志蓋如此而不敢筆之于文，則其志亦可悲矣！故予代書其意，以告諸同事云。

予初見上人時，上人尚攻舉子業，初亦曾以落髮出家事告予，予甚不然之。今年過此，乃禿然一無髮之僧，予一見之，不免驚訝，然亦知其有真志矣。是以不敢顯言，但時時略示微意于語言之間，而上人心實志堅，終不可以説辭諍也。今復如此，則真出家兒矣，他人可得比耶？因歎古人稱學道全要英靈漢子，如上人非真英靈漢子乎？當時陽明先生門徒遍天下，獨有心齋爲最英靈。心齋本一竈丁也，目不識一丁，聞人讀書，便自悟性，徑往江西見王都堂，欲與之辯質所悟。此尚以朋友往也，後自知其不如，乃從而卒業焉。故心齋亦得聞聖人之道，此其氣骨爲何如者！心齋之後爲徐波石，爲顔山農。山農以布衣講學，雄視一世而遭誣陷，波石以布政使請兵督戰而死廣南。雲龍風虎，各從其類，然哉！蓋心齋真英雄，故其徒亦英雄也。波石之後爲趙大洲，大洲之後爲鄧豁渠；山農之後爲羅近溪，爲何心隱，心隱之後爲錢懷蘇，爲程後臺：一代高似一代。所謂大海不宿死屍，龍門不點破額，豈不信乎！心隱以布衣出頭倡道而遭横死；近溪雖得免于難，然亦幸耳，卒以一官不見容于張太岳。蓋英雄之士，不可免于世而可以進于道。今上人以此進道，又誰能先之乎？故稱之曰大孝。

真師二

黄安二上人到此，時時言及師友之重。懷林曰：「據和尚平日所言師友，覺又是一樣者。」余謂師友原是一樣，有兩樣耶？但世人不知友之即師，乃以四拜受業者謂之師；又不知師之即友，徒以結交親密者謂之友。夫使友而不可以四拜受業也，則必不可以與之友矣；師而不可以心腹告語也，則亦不可以事之爲師矣。古人知朋友所係之重，故特加師字于友之上，以見所友無不可師者。若不可師，即不可友。大概言之，揔不過友之一字而已，故言友則師在其中矣。若此二上人，是友而即師者也。其師兄常恐師弟之牽于情而不能擺脱也，則携之遠出以堅固其道心；其師弟亦知師兄之真愛己也，遂同之遠出而對佛以發其弘願。此以師兄爲友，亦以師兄爲師者也，非友而師者乎？其師弟恐師兄徒知皈依西方而不知自性西方也，故常述其師稱讚鄧豁渠之語於師兄之前；其師兄亦知師弟之託意婉也，亦信念佛即參禪，而不可以徒爲念佛之計。此以師弟爲友，亦以師弟爲師者也，又非友而師者乎？故吾謂二上人方可稱真師友矣，若泛泛然群聚，何益耶？寧知師友之爲重邪？

故吾因此時時論及鄧豁渠，又推豁渠師友之所自。二上人喜甚，以謂我雖忝爲豁渠之孫，而竟不知豁渠之所自，今得先生開示，宛然如在豁渠師祖之旁。又因以得聞陽明、心齋先生之所以授受，其快活無量何如也！今但不聞先生師友所在耳。予謂學無常師，「夫子焉不學」，雖在今日不免爲套語，其實亦是實語。吾雖不能四拜受業一箇人以爲師，亦不曾以四拜傳受一箇人以爲友，然比世人之時時四拜人，與時時受人四拜者，真不可同日而語也。我問此受四拜人，此受四拜人非聾即啞，莫我告也。我又遍問此四拜于人者，此四拜于人者亦非聾即啞，不知所以我告也。然則師之不在四拜明矣。然孰知吾心中時時四拜百拜，屈指不能舉其多，沙數不能喻其衆乎？吾何以言吾師友于二上人之前哉？

失言三

予初會二上人時，見其念佛精勤，遂叙吾生平好高好潔之説以請教之。今相處日久，二上人之高潔比予當十百千倍，則高潔之説爲不當矣。蓋高潔之説，以對世之委靡渾濁者，則爲應病之藥。予觀世人恒無真志，要不過落在委靡渾濁之中，是故口是心非，言清行濁，了不見有好高好潔之實，而又反以高潔爲予病，是以痛切而深念之。若二上人者，豈宜以高潔之説進乎？對高潔人談高潔，已爲止沸益薪，况高潔十倍哉！是予蠢也。「過猶不及」孔夫子言之詳矣。委靡渾濁而不進者，不及者也；好爲高潔而不止者，太過者也。皆道之所不載也。二上人只宜如是而已矣。如是念佛，如是修行，如是持戒。如是可久，如是可大，如是自然登蓮臺而證真乘，成佛果，不可再多事也。念佛時但去念佛，欲見慈母時但去見慈母，不必矯情，不必逆性，不必味心，不必抑志，直心而動，是爲真佛。故念佛亦可，莫太高潔可矣。

三蠢記

劉翼性峭直，好罵人。李百藥語人曰：「劉四雖復罵人，人亦不恨。」噫！若百藥者，可謂真劉翼知己之人矣。

予性亦好罵人，人亦未嘗恨我。何也？以我口惡而心善，言惡而意善也。心善者欲人急于長進，意善者又恐其人之不肯急於長進也，是以知我而不恨也。然世人雖不我恨，亦終不與我親。若能不恨我，又能親我者，獨有楊定見一人耳。所以不恨而益親者又何也？蓋我愛富貴，是以愛人之求富貴也。愛貴則必讀書，而定見不肯讀書，故罵之；愛富則必治家，而定見不做人家，故罵之。罵人不去取富貴，何恨之有？然定見又實有可罵者：方我之困於鄂城也，定見冒犯暑雪，一年而三四至，則其氣骨果有過人者。我知其可以成就，故往往罵詈之不休耳。然其奈終不可變化何哉？不讀書，不勤學，不求生世之産，不事出世之謀，蓋有氣骨而無遠志，則亦愚人焉耳，不足道也。深有雖稍有向道之意，然亦不是直向上去之人，往往認定死語，以辛勤日用爲枷鎖，以富貴受用爲極安樂自在法門，則亦不免誤人自誤者。蓋定見有氣骨而欠靈利，深有稍靈利而無氣骨，同是山中一蠢物而已。

夫既與蠢物爲伍矣，只好將就隨順，度我殘年，猶爾責罵不已，則定見一蠢物也，深有一蠢物也，我又一蠢物也，豈不成三蠢乎？作《三蠢記》。

三叛記

時在中伏，晝日苦熱，夜間頗涼。湖水驟滿，望月初上，和風拂面，有客來伴，此正老子恥晗時也。楊胖平日好瞌睡，不知此夜何忽眼青，乃無上事，忻然而笑，驚蝴蝶之夢周，怪鐵杵之嗽廣。和尚不覺矍然開眼而問曰：「子何笑？」曰：「吾笑此時有三叛人，欲作傳而未果耳。」予謂三叛是誰？爾傳又欲如何作？胖曰：「楊道自幼跟我，今年二十五矣，見我功名未就，年紀又長，無故而逃，是一叛也。懷喜本是楊道一類人，幸得湖僧與之落髮，遂以此僧爲師，以深爲師祖。故深自有懷喜，東西遊行，咸以爲伴，飲食衣服，盡與喜同。今亦一旦棄之而去，託言入縣閉關誦經。夫縣城諠雜，豈閉關地邪？明是背祖，反揚言祖可以背李老去上黄柏，吾獨不可背之以閉關城下乎？雖祖涕泗交頤，再四苦留，亦不之顧，是二叛也。」予又問何者是三。不答，但笑，蓋指祖也。

時有魚目子、東方生、卯酉客並在座。魚目子問曰：「雖是三叛，獨無輕重不同科乎？」東方生曰：「三者皆可死，有何輕重！蓋天下唯忘恩背義之人不可以比于夷狄禽獸，以夷狄禽獸尚知守義報恩也。既名爲叛，則一切無輕重皆殺！」魚目子曰：「深之罪不須再申明定奪矣，若喜受祖恩養日久，豈道所可同乎？使楊胖之待道有深萬一，則道亦必守死而不肯叛楊以去矣。二子人物雖同，要當以平日情意厚薄爲差，況道之靈利可使，猶有過喜者哉！故論人品則道爲上，喜居中，深乃最下；論如法則祖服上刑，喜次之，道又次之。此論不可易也。」東方生終不然其説，魚目子因與之反詰不已。東方生曰：「夫祖之痛喜，豈誠痛喜之聰明可以語道耶？抑痛喜之志氣果不同于凡僧耶？抑又以人品氣骨真足以繼此段大事耶？同是道一樣人，特利其能飲食供奉己也，寢處枕席之足以備冬温夏涼之快己也。彼以有利于己而痛之，此以能利于彼而受其痛。報者施者，即時已畢，無餘剩矣，如今之顧工人是已，安得而使之不與道同科也？」

二子既争論不決，而楊又嘿嘿無言，於是卯酉客從旁持刀而立曰：「三者皆未可死，唯老和尚可死，速殺此老，貴圖天下太平！本等是一箇老實無志氣的，乃過而愛之，至比之汾陽，比之布袋。夫有大志而不知，無目者也。非有大志，而以愛大志之愛愛之，亦無目者也。是可殺也。長別人志氣，滅自已威風，不殺更又何待！」持刀直逼和尚。和尚跪而請曰：「此實正論，此實正論。且乞饒頭，免做無頭鬼！」嗚呼！昔既無目，今又無頭，人言禍不單行，諒哉！

李温陵集卷之九

李温陵集卷之十

海虞後學顧大韶仲恭校

雜述

《南詢録》引

豁渠上人姓鄧，蜀之内江人也。蜀人多爲我言，上人初爲諸生，即以諸生鳴。其自抱負也已甚，平生未嘗輕以實學推許前輩，故亦未嘗以其身從諸生後，强談學以爲名高。雖蜀有大洲先生者，文章氣節偉焉可覩，上人亦未以實學許之。以故，師事趙老者在朝盈朝，居鄉滿鄉，上人竟不屑往焉。此其負也其倔强也如此。尤其可笑者，趙老以學士而爲諸生談聖學于東壁，上人以諸生而爲諸生講舉業于西序，彼此一間耳，朝夕聲相聞，初不待傾耳而後聽也。雖趙老與其徒亦咸謂鄧豁已矣，無所復望之矣，然鄧豁卒以師事趙老而稟學焉。

吾以是觀之，上人雖欲不聞道，不可得(已)〔也〕。雖欲不出家，不遠遊，不棄功名文章以求善友，抑又安可得歟！吾謂上人之終必得道也，無惑也。今《南詢録》具在，學者試取而讀之。觀其間關萬里，辛苦跋涉，以求必得，介如石，硬如鐵，三十年于兹矣。雖孔子發憤忘食，不知老之將至，何以加焉！

予甚愧焉，以彼其志萬分一我無有也。故復録而序之以自儆，且以儆諸共學者。中間所謂「茅舍獨坐，鷄犬明心」，雖曰水到渠成，而其端實自趙老發之。予固哀其志而决其有成，又以見趙老之真能得士也。

龍谿小刻

先生語録甚多，此直十之一耳，然先生之學具是矣，學至先生而後大明也。我國家以大明稱，豈不信乎！先生少師陽明，早即聞道，享年九十歲，所傳者廣矣。夫孔子開創之至人也，然顔氏没而未聞好學，孔子固一言以斷之矣，一慟幾絶有以也。夫陽明中興之至人也，當其時，得道者如林，吾不能悉數之。獨淮南一派，其傳爲波石、山農數公者。波石之後爲趙大洲，大洲之後爲鄧太湖，山農之後爲羅近溪，爲何心隱，心隱之後爲錢懷蘇，爲程後臺，皆灼灼光顯，不媿父祖之傳也。惟先生粹然一接顔氏之絶，無有痕跡可覩，雖所造深遠，然予亦因是而知人之不可以無年矣。所有祭文并録于後，以俟知先生者共覽觀之。

《儒林考》引

莊生謂夫子爲魯國之儒，故後之願學孔子者咸謂之儒，儒之名久矣。宋子願學孔子者也，予實禪學，何足以知之？抑予曾有言曰：凡論學必有實驗，然後使人樂趨而不厭。今夫舉業者，前有出身之路，故期而至之，必至出身乃已，一出身而舉業之能事畢矣。今夫佛以出世爲宗者也，故曰世出世間。世出世間者，諸佛出身之謂也，故一出世而諸佛之能事畢矣。若夫聖人何爲者哉？無其實而徒虚有其名，彼其務爲道德，不計功利，則已令人厭矣，無益於得，是故某不爲也。

宋子作色而言：有是哉！夫聖人首言學，便曰説、曰樂、曰不愠矣。子但知佛氏以常樂我净爲極樂世界乎？不知聖人樂在其中，故生則惡可已也。此非其明效大驗歟？豈其無益于得而聖人爲之哉？是癡人也！予矍然起曰：唯唯，吾過矣，吾過矣，吾之失言亦已甚矣。

夫予與宋子相聚久矣，宋子凡有言，皆經典大義。予獨縱言激論，亹亹百千餘言而不厭，若取而筆之，當罄南山之竹，括東海之墨矣，惜乎其不傳也。然以今觀之，要皆發明禪事，不足復道。宋子念予之溺于禪也深，故特爲儒林考以示予，實欲挽予以返之于儒，故令予復出數語於其首，然則宋子之眷眷于予也真矣。故敬書數語以爲《儒林考引》，亦以見宋子之于予，雖所學不同，而實未始不同也。既無不同，則所學亦豈有不同哉！然則宋子之所得者儒林考也，予之所得者禪子也，殊途同歸，其致一與。然則學者亦惟慎其所以致之者哉，致之者，至之也。

《忠義水滸傳》序

太史公曰：「《説難》《孤憤》，賢聖發憤之所作也。」由此觀之，古之賢聖，不憤則不作矣。不憤而作，譬如不寒而顫，不病而呻吟也，雖作何觀乎？《水滸傳》者，發憤之所作也。蓋自宋室不競，冠屨倒施，大賢處下，不肖處上。馴致夷狄處上，中原處下，一時君相猶然處堂燕雀，納幣稱臣，甘心屈膝于犬羊已矣。施、羅二公身在元，心在宋；雖生元日，實憤宋事。是故憤二帝之北狩，則稱大破遼以洩其憤；憤南渡之苟安，則稱滅方臘以洩其憤。敢問洩憤者誰乎？則前日嘯聚水滸之强人也，欲不謂之忠義不可也。是故施、羅二公傳《水滸》而復以忠義名其傳焉。

夫忠義何以歸于水滸也？其故可知也。夫水滸之衆何以一一皆忠義也？所以致之者可知也。今夫小德役大德，小賢役大賢，理也。若以小賢役人，而以大賢役于人，其肯甘心服役而不耻乎？是猶以小力縛人，而使大力者縛于人，其肯束手就縛而不辭乎？其勢必至驅天下大力大賢而盡納之水滸矣。則謂水滸之衆，皆大力大賢有忠有義之人可也。然未有忠義如宋公明者也。今觀一百單八人者，同功同過，同死同生，其忠義之心，猶之乎宋公明也。獨宋公明者身居水滸之中，心在朝廷之上，一意招安，專圖報國，卒至于犯大難，成大功，服毒自縊，同死而不辭，則忠義之烈也！真足以服一百單八人者之心，故能結義梁山，爲一百單八人之主。最後南征方臘，一百單八人者陣亡已過半矣；又智深坐化于六和，燕青涕泣而辭主，二童就計于「混江」。宋公明非不知也，以爲見幾明哲，不過小丈夫自完之計，决非忠于君義于友者所忍屑矣。是之謂宋公明也，是以謂之忠義也，傳其可無作歟！傳其可不讀歟！

故有國者不可以不讀，一讀此傳，則忠義不在水滸而皆在于君側矣。賢宰相不可以不讀，一讀此傳，則忠義不在水滸，而皆在于朝廷矣。兵部掌軍國之樞，督府專閫外之寄，是又不可以不讀也，苟一日而讀此傳，則忠義不在水滸，而皆爲干城心腹之選矣。否則不在朝廷，不在君側，不在干城腹心，烏乎在？在水滸。此傳之所爲發憤矣。若夫好事者資其談柄，用兵者藉其謀畫，要以各見所長，烏睹所謂忠義者哉！

子由《解老》序

食之于飽，一也。南人食稻而甘，北人食黍而甘，此一南一北者未始相羡也。然使兩人者易地而食焉，則又未始相棄也。道之于孔、老，猶稻黍之於南北也，足乎此者，雖無羡于彼，而顧可棄之哉！何也？至飽者各足，而真飢者無擇也。

蓋嘗北學而食于主人之家矣。天寒，(太)〔大〕雨雪三日，絶糧七日，飢凍困踣，望主人而向往焉。主人憐我，炊黍餉我，信口大嚼，未暇辨也。撤案而後問曰：「此黍稷也，與稻粱埒。且今之黍稷也，非有異于向之黍稷者也。惟甚飢，故甚美；惟甚美，故甚飽。子今以往，不作稻粱想，不作黍稷想矣。」

予聞之，慨然而歎，使予之于道若今之望食，則孔、老暇擇乎！自此專治《老子》，而時獲子由《老子解》讀之。解《老子》者衆矣，而子由稱最。子由之引《中庸》曰：「喜怒哀樂之未發謂之中。」夫未發之中，萬物之奥，宋儒自明道以後，遞相傳授，每令門弟子看其氣象爲何如者也。子由乃獨得微言於殘篇斷簡之中，宜其善發《老子》之藴，使五千餘言爛然如皎日，學者斷斷乎不可以一日去手也。解成，示道全，當道全意；寄子瞻，又當子瞻意。今去子由五百餘年，不意復見此奇特。嗟夫！亦惟真飢而後能得之也。

《老子解》序

嘗讀韓非《解老》，未始不爲非惜也。以非之才，而卒見殺于秦，安在其爲善解《老》也！夫彼以柔弱，而此以堅强，此勇于敢，而彼勇于不敢，固已方圓冰炭若矣，而謂「道德申、韓宗祖」，可歟？蘇子瞻求而不得，乃强爲之説曰：老子之學，重于無爲而輕于治天下國家，是以仁不足愛而禮不足敬，韓非氏得其所以輕天下之術，遂至殘忍刻薄而無疑。嗚呼！審若是，則不可以治天下國家者也。老子之學果如是乎？

夫老子者非能治之而不治，乃不治以治之者也。故善愛其身者不治身，善愛天下者不治天下，凡古聖王所謂仁義禮樂者，皆非所以治之也，而况一切刑名法術歟！故其著書專言道德，而不言仁義，以仁雖無爲而不免有爲，義則爲之而有以爲。又甚矣，是故其爲道也，以虚爲常，以因爲綱，以善下不争爲百谷之王，以好戰爲樂殺人，以用兵爲不得已，以勝爲不美，以退爲進，以敗爲功，以福爲禍，以得爲失，以無知爲知，無欲爲欲，無名爲名，孰謂無爲不足以治天下乎？世固未知無爲之有益也。

然則韓氏曷爲愛之曰：「順而達者，帝王之政也；逆而能忍者，黄老之術也。」順而達，則以不忍之心行不忍之政，是故順事恕施，而後四□不禦，其效非可以旦夕責也；逆而能忍者，不見可欲是也，是故無政不達，而亦無心可推，無民不安，而亦無賢可尚，如是而已矣。此至易至簡之道，而一切急功利者之所尚也。而一切功利者欲效之而不得，是故不忍于無欲而忍于好殺，不忍以己而忍以人，不忍于忍而忍于不忍。學者不察，遂疑其原，而曰：「道德之禍，其後爲申、韓也。」如此，夫道德之後爲申、韓固矣，獨不曰「仁義之後其禍爲簒弑乎」？古今學術亦多矣，一再傳而遂失之，其害不可勝言者豈少哉？獨老子乎？由此觀之，則謂申、韓原道德之意，亦奚不可？

予性剛使氣，患在堅强而不能自克也。喜讀韓非之書，又不敢再以道德之流生禍也，而非以道德故，故深有味于《道德》而爲之解。并序其所以語道德者，以自省焉。

《初潭集》序

臨川王撰《世説》，自漢末以及魏晉二百年間物耳，上下古今固未備也。焦氏《類林》起自羲、軒，迄于勝國，備矣，而復遺《世説》不載，豈以《世説》爲不刊之書邪！其見卓矣。其見卓，固《類林》仍復爲不刊之書焉。今觀二書，雖千載不同時，而碎金宛然，丰神若一，學者取而讀之，于焉悦目，于焉賞心，真前後自相映發，令人應接不暇也。譬則傳神寫照于阿堵之中，目睛一點，則其人懔懔自有生氣；益三毛，更覺有神，且與其不可傳者而傳之矣。雖曰以無爲有，亦奚不可！若夫四體妍媸，本無關于妙處，千載而後，倘有神師，我知其不屑也，而况顧虎頭哉！然則世間非無畫師也，亦曰徒能具四體妍媸云耳。神者不傳，爲日已久。

二書之不刊，其道固在于是。

李和尚曰：是書也，合之則連璧，分之則雙珠，《世説》《類林》自爾并行於世無疑矣。若劉孝標之注《世説》，是一《世説》也。有《世説》而不得注《世説》者，是尚爲眇一目未可也。然則劉氏注《世説》亦《世説》也。《類林》者，廣《世説》，亦《世説》也。皆所謂《世説》也，而《類林》備矣。夫既謂之廣《世説》矣，設若以《世説》合于《類林》，以少從多，以多現少，合而爲連璧，又奚不可。吁！此又老人開卷之一便者，非自附于昔賢，而曰「吾老矣，猶能述而不作」也。

《類林》成于萬曆戊子之春，予以是秋築室龍潭之上。至潭而讀之，讀而喜，喜而復合，賞心悦目於是焉在。今二書如故，不益一毛，故不敢復名其書，而但曰李氏《初潭》，言初至潭首讀此也。

嗚呼！何代無人，特憾無識人者！何世希音，特憾無賞音者！今不念傳神者之難遇，而徒羨人物之盛於魏晉，亦惑矣。謝安石有云：「顧長康畫，有蒼生以來所無。」今夫千古人物猶魏晉也，而顧長康邈矣；予是以歎之。然則李氏《初潭》，雖志喜也，亦志歎也。

又序

《初潭》者何？言初落髮龍潭時即纂此，故曰《初潭》也。夫卓吾子之落髮也有故，故雖落髮爲僧，而實儒也。是以首纂儒書焉，首纂儒書而復以德行冠其首。然則善讀儒書而善言德行者，實莫過于卓吾子也。

序曰：有德行而後有言語，非德行則言語不成矣；有德行而後有政事、文學，非德行則政事、文學亦不成矣。是德行者，虚位也；言語、政事、文學者，實施也。施内則有夫婦，有父子，有昆弟；施外則有朋友，有君臣。孰能闕一而可乎？

今且以夫婦言之，舉夫婦一端，又且以許允阮新婦一人言之。觀其欲責許允之好色，而先詰以「士有百行」之一言，頓使允夫反情易嚮，來相敬重，則言語可少哉？又知明主不可情求，而宜奪之以理。知無預諸兒事，而但教以如常。方允之被收也，婦猶在織而機不下。史贊其與允書，極爲悽愴，則政事、文學又何如也！一婦人之身，未嘗不備此三者，何況人士。

故孔門别四科而首德行，言其該括于此也。故言德行則三者在其中，非三者則德行將何所見乎！言夫婦則五常可知，豈有舍五常而别有言語、政事、文學乎？此非臆論也，孔氏之説也。至爲易知，至爲簡能者也。予既自幼習孔氏之學矣，是故亦以其學纂書焉。書誠可矣，何以可？曰：可也簡。

《道古録》引

晉川昔轄楚藩，始會予，與余善。至是讀禮山中，予往弔焉。晉川喜予至，故留予，謂予無家屬童僕，何所不可以栖托。晉川沁水人，而家于沁之坪上村。坪上去沁百里，村居不足數十家，頗岑寂。予喜其岑寂也，亦遂留。天寒夜永，語話遂長。或時予問而晉川答，或時晉川問而予應。使平子若在，不知幾番絶倒矣。惜哉！無人記録也，故予亦每日自嘆息焉。晉川之子用相、用健者二人有時在坐，與聞之而心喜，然亦不過十之一二矣。退而咸録其所聞之最親切者，其不甚親切者又不録，則又不過百之一二矣。然時日既多，積久亦成帙。予取而覆視之，不覺俯几歎曰：「是録也，乃吾二人明燈道古之實録也；宜題其由曰《明燈道古録》。遠之不足以繼周、邵，近之不足以繼陳、王，然此四先生者，精爽可畏，亦必喜而讀之曰：『是明燈道古之録也，是猶在門庭之内也，真不謬爲吾家的統子孫也。』」然則晉川之留予也果不虚，坪上于今不岑寂矣。宜梓而傳之俾天下後世知吾二人并其二子不虚度時光也與哉！

晉川姓劉名東星。予四方之人也，無名姓，但聞有呼之爲李卓吾者，即自以爲李卓吾；至坪上，又聞有呼之爲七十一歲李老子者，即自以爲李老子云。

附劉晉川《書道古録首》

予西鄙之人也，拘守章句，不知性命爲何物。入楚期年，而暑患作，思親之念轉亟。欲息此念則不能，欲從此念亦不能，真令人徬徨無皈依處。

聞有李卓吾先生者，棄官與家，隱于龍湖。龍湖在麻城東，去會城稍遠，予雖欲與之會而不得。又聞有譏之者，予亦且信且疑之。然私心終以去官爲難，去家尤難，必自有道存焉，欲會之心未始置也。

會公安袁生今吴令者，與之偕遊黄鵠磯，而栖托于二十里外之洪山寺，予就而往見焉。然後知其果有道者，雖棄髮，蓋有爲也。嗟夫！此身若棄，又何有於家，何有於官乎？乃區區以形跡議之，以皮毛相之者，失之遠矣。嗣後或迎養别院，或偃息宦邸，朝夕談吐，始恨相識之晚云。兒相時亦在側，聞其言若有默契者。一時吾鄉趙新盤、王正吾參政楚藩，皆獲見其面；李克菴時撫三楚，亦獲讀其書。三公者遂皆信之，以爲真人矣。

别後宦遊燕趙，雖聞問不絶，而欲從末由。比者讀禮山中，草土餘息，懼有顛墜，特遣兒相就龍湖問業，先生欣然不遠千餘里與兒偕來。從此山中，歷秋至春，夜夜相對。猶子用健，復夜夜入室，質問《學》《庸》大義。蓋先生不喜紛雜，唯終日閉户讀書。每見其不釋手鈔寫，雖新學小生不能當其勤苦也。彼謗先生者，或未見先生耳；倘一見先生，即暴强亦投戈拜矣，又何忍謗，又何能謗之耶？

相與健等，既獲録其所聞之百二，予遂亟令梓行。雖先生之意，亦予意也，亦相與健等之同意也。

《孫子參同》序

蒙谿張鏊先生序《武經七書》，其畧曰：「文事武備，士君子分内事也。姬鼎奠，而尚父之勳可紀；群雄角，而孫、吴之畧稱强。天不生仲尼，則斯文之統以墜；天不生尚父，則戡亂之武曷張？「七書」「六經」，固仁義一原之理，陰陽貞勝之符也。今之士大夫何獨不然乎！高爵以崇之，厚禄以養之，其受之君者重矣。一旦邊夷猖獗，小醜跳梁，則栗肱戰股，撫髀撚髯，顧後瞻前，張皇錯謬，又從而自諉曰：『儒專習文，將專用武，原是兩途。縱儒有知兵者，然亦射不穿札，騎不絶塵。』不思子房無三尺之軀，淮陰無縛鷄之力，綸巾羽扇，指顧而挫鋒芒；隻馬單騎，談笑而退戎虜。所貴乎士者，一究心之耳。若能以卧側爲邊防，以走使爲卒伍，則折衝尊俎，决勝几席，不難矣。正正之旗，堂堂之陣，豈專在孫、吴與太公也耶？」

李卓吾曰：此言固知武事之爲重矣，然猶不免與文士爲兩也。猶以治世尚文，而亂世用武，分治亂時世爲二也；猶以太公似未可繼斯文之統，而孔子似未可謀軍旅之事也。夫軍旅之事，雖孔子且未嘗學，而可責之鯫生小子乎？且世儒之不如郭令公、諸葛武侯者，固衆也，而獨我也乎？我能通經學道，四六成文，即可稱名士，不愧名儒矣。彼吴起、淮陰諸人，有才無行，又况皆非吾之所屑者！則蒙谿此言，未免使人以不信也。

然其言曰：「仁義一原」「陰陽貞勝」，則確論矣。夫天下未有有仁而無義，亦豈有有陽而無陰？獨陽不生，獨陰不成，謂文專指陽，而武專指陰，則不但不成武，而亦不成文矣。故予嘗譬之人身然，夫人身有手有足，蓋皆所以奉衛此身者也。故凡目之所欲視，耳之所欲聽，舌之所欲嘗，身之所欲安，非手足則無從而致也。故一身而非手足，則欲飲誰與持，欲食誰與供，欲衣誰與穿，欲遠行誰與到？我欲尊吾身，誰與跪拜而致恭？我欲愛吾身，誰與奔走而趨事？是文用也，固此手與足也。一旦有外侮，或欲我跌也，度不能敵，則足自能走；度能敵，則足自能與之交。或欲我搏也，度不能敵，則自能舉手以相蔽；度能敵，則自能反手而推擊之。是武用也，亦此手與足也，非他物也。故平居無事，則手持而足行；有所緩急，則手抵而足踢。執匕箸者此手，而執棍棒者亦此手也；執茶挑者此手，而執刀劍者亦此手也。伸之則爲掌，可以恭敬而奉將；捏之則成拳，可以敵愾而禦侮。雖手足亦不自知其孰爲文用，而孰爲武用者。

蓋衛生之物，天實畀之，豈直于人爲然？雖禽獸亦若此焉耳矣。齒、牙、爪、角，咸有其物，各適于用，未嘗少缺也。唯是痿痺不仁之者，則文武皆廢，不可齒于人數明矣。此皆待人而後得以苟延其生者，文用且無，况武用耶？然則儒者自謂能文而不能武，有是理耶？既不能武，又豈復有能文之理耶？則亦不過取給于聞見，借功于昔賢而已。是自痿痺而自不知也，是待人而後能起居飲食，而猶强以爲「不屑」也，吾不信之矣。

吾獨恨其不以「七書」與「六經」合而爲一，以教天下萬世也。故因讀《孫武子》，而以魏武之注爲精當；又參考六書，以盡其變，而復論著于各篇之後焉。感歎深矣！

附梅衡湘序

兵猶禪也，極其用，海墨書而不盡；究其精，即一言不可得。古今兵法，亡慮數十百家，世所尊爲經者七，而首《孫子》。《孫子》之言曰：「奇正之變，不可勝窮也。」又曰：「微乎微乎，至于無形；神乎神乎，至于無聲。」合而言之，思過半矣。

予友禿翁先生，深于禪者也。于兵法獨取《孫子》，于注《孫子》者獨取魏武帝，而以餘六經附于各篇之後。注所未盡，悉以其意明之，可謂集兵家之大成，得《孫子》之神解。予在雲中始得讀之，雲中于兵，猶齊魯之于文學，其天性也。故爲廣其傳，使人知古今兵法盡于「七經」，而「七經」盡于《孫子》。若善讀之，則十三篇皆糟粕也，况其他乎？

予家居，與禿翁未數見，見亦未與深談，且不知有禪，亡論兵。及予在行間無與語者，思可共事無如禿翁。時禿翁寓楚，楚諸大夫正憂賊。禿翁曰：「毋憂，梅生往矣，是必能辦賊者。」夫予兩人者，未相與譚，而心相信，此其故。即使予兩人者，言之亦未可得也。

禿翁者，李贄，號卓吾子。

《墨子批選》序

古之聖人，言必可用，用必其言。雖所言不同，然未嘗有一言而不可用；雖所用不同，然未嘗有欲用而不如其言者，則吳起、申、韓其最著也。《吳子》一書，吳起之言也，當時用之魏則魏强，用之楚而楚伯矣。韓非之擬申、商曰：「申子專任術，而商君純用法。」韓子之擬二子，亦二子之自擬也。今觀商君相秦才十年耳，卒至富强，而令秦成帝業，雖能殺其身，而終不能不用其法。申子輔弱小之韓，以當暴秦之衝，終其身國治兵强，秦至不敢加兵者一十五年。則三子之言之用何如也？而况不爲三子者乎？而况不爲刑名法術之家者乎？

自今觀之，太上者，學無學，爲無爲，事無事者也。故其道不道，其德不德，人不我用，我固不用，人或用我，我亦不用。此其人其言其用也如此，予烏能知之哉！予又烏能言之，而又何敢言之歟！姑置是。管夷吾者，無學爲學，無爲爲爲，無用爲用者也。故道則因道，德則因德。用我，我未嘗用；不用我，我未嘗不用。此其道微眇而難知，其爲術明白而難測，其爲法也轉圓而不可窺以涯涘，予又烏能知之！予又烏能言之，而又何敢言之歟！

夫上而無爲如仲父，下至有爲如申、吳，其中言而必可用，用而必當言者何多也！蓋雖至于蘇、張、范、蔡之徒，其人雖反覆變詐而難信，其言利害則曉然分晰而可審。但非無用之言，即爲有德之言，即爲聖人之言，不可以蘇、張目之明矣，而況申、商、吳起數子乎？而況不爲申、商、吳起者乎？墨子是已。

予讀《墨子》，謬爲批選，而意其言之可用者如此。雖然，予又何敢言之！言之則其罪大矣。

《因果録》序

釋氏因果之説，即儒者感應之説。予在白下，時聞嘉禾有慕空居士者，道是《太上感應篇》最膚淺。故與一二同志遂梓而序之，以見其最不膚淺也。近者延年，遠者昌，厥後次則生天，高則徑生淨土，豈膚淺也哉？昔以此序序《感應篇》，故今復以此序序《因果録》。夫感應因果，名殊理一，是故不妨重出也。其序曰：

天下之理感應而已。感則必應，應復爲感，儒者蓋極言之。且夫上帝何常之有？作善降之百祥，作不善降之百殃。故曰：「獲罪于天，無所禱也。」天人感應之理，示人顯矣。彼談性命者，以福禄壽爲幻夢；縱欲樂者，以殺盜婬爲天性。不能脩慝辨惑，而謂報應非聖人之經；不能愛物仁民，而謂去殺乃惑世之語。噫！見其生不忍見其死，聞其聲不忍食其肉，雖祭祀燕饗，禮不可廢，亦必達庖廚焉。聖賢豈導人于殺乎？愛物如此，仁民可知，此大德者，所以必得其位，必得其禄其名與壽也。如感應之理爲誣，聖人何用諄諄焉明五福以勸之；而爲是斷然必得之語哉！是篇言簡旨嚴，易讀易曉，足以破小人行險僥倖之心，以陰助刑賞之不及。凡我有官君子，道學先生，但知與善之公，勿執異同之見，則言出人信，靡感不通，豈直愚民之福，某也受賜多矣！

《净土決》前引

維摩大士云：「隨其心净，則佛土净。」阿彌陀佛極樂國土者，「土之净」也；念阿彌陀佛極樂國土者，「心之净」也；念阿彌陀佛極樂國土，便生阿彌陀佛極樂國土者，「隨其心净則佛土净」也。然則念佛者，念此净土也；參禪者，參此净土也。果何以別乎？故念佛者，必定往生净土矣；參禪者，亦豈能舍此净土，而別有所往耶？若別有所往，是二土也，非净也。阿彌陀佛極樂國土，不容如是也。參禪者，固不待往生矣；念佛者，亦豈待有所往而後生耶？若必待有所往而後生，則是此以念佛而往彼，彼以念我而來此，一來一往，亦是二土也，非净也。阿彌陀佛極樂國土，亦不容如是也。故知阿彌陀佛净土，即自心净土。念佛參禪，即所以自净其心。奉勸諸學者，無高視禪客，而輕目净土也。故集諸上聖勸人脩净土之語，而合之以《净土決》。

《三教品》序

三教聖人，頂天立地，不容異同明矣。故曰：「天下無二道，聖賢無兩心。」我高皇帝統一寰宇，大造區夏，其敬孔子，敬老子，敬釋迦佛，有若一人然。其御製文集，凡論三教聖人，往往以此兩言斷之，以見其不異也。夫既謂之道，謂之心矣，則安有異哉，則雖愚夫愚婦，以及昆蟲草木，不能出于此道此心之外也，而況三教聖人哉！蓋非不欲二，雖欲二之而不得也；非不欲兩，雖欲兩之而不能也。今天下車書大同，脩行齊軌，有不遵者，加以常刑。一以高皇帝爲師，以高皇帝之謨訓爲律，乃觀場矮子，敢侮聖言不遵，棄謨訓不目，非毁老佛，輕詆仙釋，唯勦襲胡元穢説，雷同宋末膚見，是生今反古，居下倍上，大戮之民也。故因敬讀高皇帝、文皇帝御製文集，録之以爲《三教品》。嗚呼！聖有謨訓，明徵定保，是書明白切至如此，生今之世，爲今之臣，而敢以塵土視之，束而不復觀，置而不復讀，吾恐國憲可畏，不宜自甘于刑戮也與哉！

高同知獎勸序高係土官父祖作逆

予嘗語高子曰：「我國家統一寰宇，澤流區内，威制六合，不務廣地而地自廣，蓋秦皇所不能臣，漢武所不能服者，悉入版圖矣。若干羽之格，東漸西被，朔南暨及。以今視之，奚啻千百邪！然此人能言之矣，吾且言其設官分職以爲民極者，與子揚厲之可乎？

「夫滇南迤西，流土並建，文教敷洽，二百餘年矣。蓋上採前王封建之盛制，下不失後王郡縣之良規者也。夫前有封建，其德厚矣，而制未周；後有郡縣，其制美矣，而德未厚。惟是我朝，上下古今，俯仰六王，囊括并包，倫制兼盡，功德盛隆，誠自生民以來之聖之所未有也。故予謂若我聖朝卜世卜年，豈特丕若有夏，勿替有殷，且兼成周有道之長，衍漢、唐、宋無疆之曆，萬億斯年，未有艾矣。此豈直爲小臣祝願之私哉！其根本盛者，其枝葉無窮，理固然耳。

「爾高氏之先，吾不知其詳矣。自爲内臣以來，我高皇帝憐其來歸而不忍遷之也，則使之仍有土之業；因其助順而不忍絶之也，則使之與于世及之典。又念其先世曾有功德于民，而吾兵初不血刃也，則授以大夫之秩，以延其子孫而隆其眷。夫當混一廓清之日，摧枯拉朽之際，謀臣猛將，屯集如雲，設使守漢、唐之故事，或因其來歸也，而待以不死，可若何？或因其效順也，而遂遷之内地，使不得食其故土之毛，可若何？雖其先或有功德，而没世勿論也，其又若之何？故吾以謂我祖宗之恩德至厚也。

「且今之來此而爲郡守州正縣令者，豈易也哉？ 彼其讀書曾破萬卷，胸中兵甲亦且數十萬，積累勤矣。苟萬分一中選，亦必遲回郎署十餘年，跋涉山川萬餘里。 視子之爵不甚加，而親戚墳墓則遠矣。 然猶日惶惶焉以不得稱厥職是懼，一有愆尤，即論斥隨之，與編户等矣。 其來遠，其去速；其得之甚難，而失之甚易也。 如此回視吾子安步而行，乘馬而馳，足不下堂階，而終身逸樂，累世富貴不絶，未嘗稽顙厥廷，而子孫秩爵與流官埒。 是可不知其故乎？

「且夫汗馬之功臣，其殊勛懋伐，載在盟府，尚矣。 乃其後嗣不類，或以驕奢毁敗，雖有八議，不少假借。外之衛所，其先世非與欲拔城陷陣之勛，則未易以千户賞，况萬户乎。 今其存者無幾矣。 幸而存，非射命中，力搏虎，則不得以破格調；其平日非敬禮君子，愛恤軍人，則不可以久安： 亦既岌岌矣。 惟土官不然。若有細誤，輒與蓋覆；若有微勞，輒恐後時。 郡守言之監司，監司言之臺院，而賞格下矣。

「夫同一臣子，同一世官也，乃今以郡守則不得比，以衛所主官則不得比，以功臣之子孫則又不得比，其故何哉？ 蓋功臣之子孫，恐其恃功而驕也，則難制矣；故其法不得不詳，非故薄之也。 若郡守，則節制此者也，非大賢不可；衛所世官，則擁衛此者也，非强有力知禮義亦不可： 故宜其責之備耳。 夫有擁衛以防其蔓，有節制以杜其始，則無事矣，故吾子得以安意肆志焉，以世受有爵之榮，是其可不知恩乎？ 知恩則思報，思報則能謹守禮而重犯法，將與我國家相爲終始，無有窮時，其何幸如之！」

予既與高子時時作是語已。 今年春，巡按劉公直指鐵驄，大(敝)〔敉〕群吏，乃高子亦與奬賞。 然則高子豈不亦賢哉！ 高子年幼質美，深沉有智，循循雅飭，有儒生之風焉。 其務世其家以求克蓋前人者，尤可嘉也。 于戲！ 予既直書奬語懸之高門，以爲高氏光寵矣，因同官之請，又仍次前語以賀之。 其尚知恩報恩，以無棄予言，無負于我國家可也！

送鄭大姚序

昔者曹參以三尺劍佐漢祖平天下，及爲齊相，九年而齊國安集。嚴助謂汲長孺任職居官無以踰人，至出爲東海，而東海大治。今觀其所以治齊治東海者，實大不然。史稱汲黯戇，性倨少禮。初授爲滎陽令，不受，恥之；後爲東海，病卧閨閤内，歲餘不出。參日夜飲醇酒，不事事。吏舍日飲歌呼，參聞之，亦取酒張坐飲歌呼，與相應和。此豈有軌轍蹊徑哉！要何與于治而能令郡國以理也？

語曰：「其身正，不令而行。」「莊以蒞之，動之不以禮，未善也。」以予所聞，則二子者將不免以其不正之身，肆于民上。不莊不正，得罪名教甚矣。而卒爲漢名相，古之社稷臣者，何也？豈其所以致理者或自有在，彼一切觀美之具有不屑歟？抑苟可以成治，于此有不計歟？將民實自治，無容别有治之之方歟？是故恬焉以嬉，遨焉以遊，而民自理也？夫黄帝遠矣，雖老子之學，亦概乎其未之聞也。豈二子者或别有黄、老之術，未可以其畔于吾之教而非詆之歟？吾聞至道無爲，至治無聲，至教無言。雖賜也，亦自謂不可得聞矣，豈其于此實未有聞，而遂不知求之繩墨之外也？予甚疑焉，而未敢以告人。屬鄭君爲大姚令，乃以予平昔之所疑者質之。

夫大姚，滇下邑也，僻小而陋，吾知君久矣其不受也。觀君魁然其容，充然其氣，洞然不設城府。其與上大夫言，如對群吏，處大庭如在燕私，偃倨以汲黯，酣暢似曹參。此豈儒者耳目所嘗睹記哉！君獨神色自若，飲噉不輟，醉後耳熱，或歌詩作大字以自娱，陶陶然若不以邑事爲意，而邑中亦自無事。嗟夫！君豈亦學黄、老而有得者邪？抑天資冥契，與道合真，不自知其至于斯也？不然，將懼儒者竊笑而共指之矣，而寧能遽爾也邪！

吾與君相衆二載餘矣，亦知君之爲人矣，今其歸也，其有不得者乎？ 夫淵明辭彭澤而賦歸去，採菊東籬，有深意矣。 刺史王弘，一旦二十千擲付酒家，可遂謂世無若人焉一知陶令之賢乎？ 阮嗣宗曠達不仕，聞步兵厨有酒，求爲校尉。 君既耻爲令矣，縱有步兵之達，莫可告語，况望有知而大用君者，亦惟有歸去而已。 行李蕭條，童僕無歡，直云窮矣，能無慟乎！ 如君作達，皆可勿恤也。 君第行，吾爲君屈指而數之，計過家之期，正菊花之候，飲而無資，當必有白衣送酒如賢刺史王公者，能令君一醉爾也。

《李中丞奏議》序代作

傳曰：「識時務者在于俊傑。」夫時務亦易識耳，何以獨許俊傑爲也？ 且夫俊傑之生，世不常有，而事之當務，則一時不無，若必待俊傑而後識，則世之所謂時務皆非時務者歟？ 抑俊傑之所識者，必俊傑而後識，非俊傑則終不能識歟？ 吾是以知時務之大也。

奏議者，議一時之務而奏之朝廷，行之邦國，斷斷乎不容以時刻緩焉者也。 奏議多矣，而唐獨稱陸宣公者，則以此公之學有本，其于人情物理，靡不周知，其言詞温厚和平，深得告君之體，使人讀其言便自心開目明，惟恐其言之易盡也。 則真所謂奏議矣，然亦不過德宗皇帝時一時之務耳。 蓋德宗時既多艱，又好以猜忌爲聰明，故公宛曲及之，長短疾徐，務中其肯綮，以遠乎膏肓，直欲窮之于其受病之處，蠹弊之源，令人主讀之，不覺不知入其中而不怒，則奏議之最也。 若非德宗之時，則又烏用此哉！

漢有晁、賈，晁錯有論，賈誼有策。 今觀誼之策，如改正朔，易服色，早輔教等，皆依倣《周官》而言之。 此但可與俗儒道，安可向孝文神聖之主談也。 然三表、五餌之策，推恩分王之策，以梁爲齊、趙、吴、楚之邊，割淮南諸國以益梁而分王其子。 梁地二千餘里，卒之滅七國者，梁王力也。 孰謂洛陽年少通達國體，識時知務如此哉！至今讀其書，猶想見其爲人，欲不謂之千古之俊傑，不可得矣。若錯之論兵事，與夫募民徙邊，屯田塞下，削平七國等，皆一時急務，千載石畫，未可以成敗論人，妄生（袌）〔褒〕貶也。蓋時者如鷙鳥之趨時，務者如易子之交務，稍緩其時，不知其務則殆，孰謂時務可易言哉！其勢非天下之俊傑，固不能以識此矣。

宋人議論太多，雖謂之無奏議可也，然蘇文忠公實推陸忠宣奏議矣。今觀其上皇帝諸書與其他奏議，真忠肝義膽，讀之自然慟哭流涕，又不待以痛哭流涕自言也。然亦在坡公時當務之急耳，過此而徽、欽則無用矣。亦猶晁、賈之言，只可對文、景、武三帝道耳，過此則時非其時，又易其務，不中用也。

予讀先賢奏議，其所以尚論之者如此。今得中丞李公奏議讀之，雖未知其于晁、賈何如，然陸敬輿、蘇子瞻不能過也。故因書昔日之言以請教于公，公其信不妄否？如不妄，則願載之（末）〔末〕簡。

自刻《説書》序

予雖自是，而惡自表暴，又不肯借人以爲重。既惡表暴，則宜惡刻書，而卒自犯者何？則以此書有關于聖學，有關于治平之大道，不欲以惡表暴而遂已也。既自刻矣，自表暴矣，而終不借重于人，則不信不從明矣。不信猶可，倘有罪我者，其將若之何？此又予自是之病終不可得而破也。寧使天下後世以我爲惡極罪大，而終不肯借人之力以徼人之信我從我。

雖然，倘有大賢君子欲講修、齊、治、平之學者，則予之《説書》，其可以一日不呈于目乎？是爲自刻《説書》序。

李温陵集卷之十

李温陵集卷之十一

海虞後學顧大韶仲恭校

雜述

《先行録》序代作

言一也，有先行之言，有可行之言，又有當行之言。吾嘗以此三言者定君子之是非，而益以見立言者之難矣。

何謂先行之言？則夫子之告子貢是已。既已先行其言矣，安有言過其行之失乎？何謂可行之言？則《易》也，《中庸》也，皆是也。《易》曰：「以言乎遠則不禦」，是遠言皆可行也；「以言乎邇則静而正」，是邇言皆可行也；「以言乎天地之間則備」，是天地之間之言皆可行也。《中庸》曰：「夫婦之不肖，可以能行焉。」夫夫婦能行，則愚不肖者自謂不及，賢知者自謂過之，皆不可得矣，其斯以爲可行之言乎？既曰可行之言，則言之千百世之上不爲先，行之千百世之下不爲後；則以言行合一，先後並時，雖聖人亦不能置先後于其間故也。

若夫當行之言，則雖今日言之，而明日有不當行之者，而況千百世之上下哉！不獨此也，舉一人而言，在仲由則爲當行，而在冉求則爲不當行矣，蓋時異勢殊，則言者變矣。故行隨事遷，則言焉人殊，安得據往行以爲典要，守前言以效尾生耶？是又當行之言不可以執一也。

夫當行而後言，非通于道者不能，可行而後言，非深于學者不能。若中丞李公，真所謂通于道、深于學者也，故能潔己裕人，公恕並用，其言之而當行而可行者乎！乃今又幸而獲讀所爲《從政集》者，則又見其在朝在邑，處鄉處家，已往之蹟皆如是也，所謂先行其言者也。某是以知公之學，實學也，其政，實政也，謂之曰《先行録》，不亦宜乎！然既先行其言矣，又何不當行之有？又何不可行之有？

時文後序代作

時文者，今時取士之文也，非古也。然以今視古，古固非今，由後觀今，今復爲古。故曰文章與時高下。高下者，權衡之謂也。權衡定乎一時，精光流于後世，曷可苟也！夫千古同倫，則千古同文，所不同者一時之制耳。故五言興，則四言爲古；唐律興，則五言又爲古。今之近體既以唐爲古，則知萬世而下當復以我爲唐無疑也，而況取士之文乎？彼謂時文可以取士，不可以行遠，非但不知文，亦且不知時矣。夫文不可以行遠而可以取士，未之有也。國家名臣輩出，道德功業，文章氣節，于今爛然，非時文之選歟？故棘圍三日之言，即爲其人終身定論。苟行之不遠，必言之無文，不可選也。然則大中丞李公所選時文，要以期于行遠耳矣。吾願諸士留意觀之。

張横渠《易説》序代作

横渠先生與學者論《易》久矣，後見二程論《易》，乃謂其弟子曰：「二程深明《易》道，吾不如。」勇徹皐比，變易而從之，其勇也如此。吾謂先生即此是《易》矣。昔人論「易」，每括之以三言：曰「易簡而天下之理得。」是易簡，一「易」也。又曰「不易乎世」。是不易，一「易」也。又曰：「變動不居，周流六虚，不可爲典要，惟變所適。」是變易，又一「易」也。至簡故易，不易故深，變易故神。雖曰三言，其實一理。深則無有不神，神則無有不易矣。先生變易之速，易如反掌，何其神乎！故吾謂先生即此是《易》矣。作《易説序》。

《龍溪先生文録抄》序

《龍溪王先生集》共二十卷，無一卷不是談學之書；卷凡數十篇，無一篇不是論學之言。夫學問之道，一言可蔽，卷若積至二十，篇或累至數十，能無贅乎？然讀之忘倦，卷卷若不相襲，覽者唯恐易盡，何也？蓋先生學問融貫，温故知新，若滄洲瀛海，根于心，發于言，自時出而不可窮，自然不厭而文且理也。而其誰能贅之歟！故予嘗謂先生此書，前無往古，今無將來，後有學者可以無復著書矣，蓋逆料其決不能條達明顯一過于斯也。而刻板貯于紹興官署，印行者少，人亦罕讀。又先生少壯至老，一味和柔，大同無我，無新奇可喜之行，故俗士亦多不悦先生之爲人，而又肯讀先生之書乎？學無真志，皮相相矜，卒以自誤，雖先生萬語千言，亦且柰之何哉！

今春予偕焦弱侯放舟南邁，過滄洲，見何泰寧。泰寧視龍溪爲鄉先生，其平日厭飫先生之教爲深，熟讀先生之書已久矣，意欲復梓行之，以嘉惠山東、河北數十郡人士，即索先生全集于弱侯所。弱侯載兩船書，一時何處覓索。泰寧乃約是秋專人來取，而命予圈點其尤精且要者，曰：「吾先刻其精者以誘之令讀，然後梓其全以付天下後世。夫先生之書，一字不可輕擲，不刻其全則有滄海遺珠之恨；然簡帙浩繁，將學者未覽先厭，又不免有束書不觀之歎。必先後兩梓，不惜所費，然後先生之教大行。蓋先生之學具在此書，若苟得其意，則一言可畢，何用二十卷？苟不肯讀，則終篇亦難，又何必二十卷也。但在我後人，不得不冀其如此而讀，如此而終篇，又如此而得意于一言之下也。」泰寧之言如此，其用意如之何？秋九月，滄洲使者持泰寧手札，果來索書白下。適予與弱侯咸在館。弱侯遂付書，又命予書數語述泰寧初志并付之。許新春二三月予可以覽新刻矣。將見泰寧學問從此日新而不能已，斷斷乎其必有在于是！斷斷乎其必有在於是！

《易因》小序

李禿翁序讀《易》之因云：余自幼治《易》，復改治《禮》，以《禮經》少决科之利也。至年十四，又改治《尚書》，竟以《尚書》竊禄。然好《易》，歲取《易》讀之。而讀輒不解，輒亦遂止，然終好也。以終好故，輒止輒讀，不知凡幾讀而凡幾止。因自恨顓愚，决不能觀象玩辭，觀變玩占，若所云其爲棄物無疑。於是始投荒谷，專一究心釋典、老莊諸書。雖若因而有契於畫前之《易》，然尚未敢明言讀《易》，以《易》道深也。

今余年七十又四矣，偶遊都下，獲偕焦弱侯先生南行。先生深明《易》道，其徒方時化者亦通《易》，以先生家白下，即自新安徙家來就先生以居。以故每夜輒會，每會輒講，每講輒與坐而聽焉。有新得，時化又輒令其徒汪本鈳記載之。既成帙，即且印行，以請正四海高明上士，而令余述其因。如此，余因而述曰：

余不意即老乃遂得以讀《易》，遂得以終老，遂得以見三聖人之心于千百世之上也。蓋至今日，而老莊、釋典不足言矣，此非焦先生之功，方時化伯雨諸君之力歟？其夜夜往聽者，白下馬逢暘，亦焦先生門人。

有時往聽者，新安吴明貢，亦與汪本鈳同里。然本鈳從余，自北而南，閱四歲矣，而終不思歸，殆少年之極篤志者。最後乃得山西劉用相，自沁水迢遞而來，欲面聽焦先生與方伯雨《易》説，從秋徂冬，經春不去，又一奇也。嗚呼！是余之幸也夫，是余之所喜述也夫。

讀《易》要語

文王《彖辭》其言約，其旨深，非夫子讀而傳之，後之人終不可得而讀也。唯夫子於《易》終身焉，是故舉其象，指其義，陳其辭，以至聖之心，合前聖之心，而後羲畫文理燦然詳明，厥功大矣。雖謂夫子《彖傳》即所以註解文王《彖辭》可也，後之人又何以贅爲？夫唯不免有贅矣，以故夫子之《傳》明而復晦。贅贅无已，晦晦相仍，《易》道大喪。乃後之用《易》者，反師其所訓詁，即以爲真聖人之神化。自入於過，而欲教人寡過也，不亦甚歟！故世之讀《易》者，只宜取夫子《彖傳》詳之，必得其神化之自然乃已。不然，寧不讀《易》，不可誤述醫方以傷人也。雖然，夫子在當時亦已知文王之彖至精至約，至約至精，非神聖莫能用矣。是故於《彖傳》之外，復爲六十四卦《象傳》，以教後世之君子。予嘗怪其與《彖傳》不倫，每每置而不讀。後思而得之，乃知文王之深於憂患也，故于六十四卦之辭，專一發揮神聖心事，不至入險而後悔。而夫子復舉「中乘」有言之教，俾（鹵）〔魯〕莽如余者得而讀之，亦可以省愆而寡于怨尤。分明是爲余中下之人説法，實與《彖傳》不倫也。因稍稍取而並讀之。嗚呼！聖无兩心，人有上下，雖夫子其奈我何？

故嘗私論之曰：《易》有六十四卦，是《易》之六十四大乾坤世界也；《易》有三百八十四爻，是《易》之三百八十四小乾坤世界也。一卦自爲一卦，一爻自爲一爻，一世界自爲一世界，不可得而同也。六十四卦之象，專一發明六十四位神聖大人事也。六十四卦之象，專一發明六十四位君子學人事也。總之，則有一百二十八人；分之，則神聖也，君子也。兩途各别，不可得而混也。然六十四位神聖，未嘗不能爲此六十四位君子之事；而六十四位君子，求一神聖之影響不可得矣。故余又願後之君子，要以神聖爲法。法神聖者，法孔子者也，法文王者也，則其餘亦无足法矣。

關王告文

惟神忠義貫金石，勇烈冠古今。方其鎮荆州，下襄陽也，虎視中原，奪老瞞之精魄，孫吴猶鼠，藐割據之英雄，目中無魏、吴久矣。使其不死，則其吞吴并曹，豈但使魏欲徙都已哉！其不幸而不成混一之業，復卯金之鼎者，天也。

然公雖死，而吕蒙小醜亦隨吐血亡矣。蓋公以正大之氣壓狐媚之孤，雖不逆料其詐，而呼風震霆，猶足被權奸之黨；駕霧鞭雷，猶足裂讒賊之肝。固宜其千秋萬祀，不問海内外足跡至與不至，無不仰公之爲烈。蓋至于今日，雖男婦老少，有識無識，無不拜公之像，畏公之靈，而知公之爲正直，儼然如在宇宙之間也。某等來守兹土，慕公如生，欲使君臣勸忠，朋友效義，固因對公之靈，復反覆而致意焉。彼不知者，謂秉燭達旦爲公大節。噫！此特硜硜小丈夫之所易爲，而以此頌公，公其享之乎？

李中谿告文

公從幼嗜學，到老不倦；人無微而不收，言無誕而不録；誕言靡信，公意彌篤。蓋衆川合流，務欲以成其大；土石並砌，務欲以實其堅，是故大智若愚焉耳。公之向道，其篤也如此。平生禄入，盡歸梵宫；交際問遺，（惚）〔總〕資貧乞。六度所稱布施忍辱精進者，公誠有之。

李贄曰：公倜儻非常人也，某見其人，又聞其語矣。世廟時，駕幸承天，公爲荆州。惟時有司不能承宣德意，以致縴夫走渴，疫死無數。公先期市藥材，煮參蓍，令置水次，役無病者。後築堤障江，人感公，争出力，至于今賴焉。夫其所市藥費，不過四五百金耳，而令全活者以萬計；又卒致其力築堤，爲荆人世世賴。公之仁心蓋若此矣。

公初第，由翰林出爲縣令，又由侍御史復出爲郡守。蓋慈祥愷悌，雖于人無不愛，然其剛毅正直之氣，終不可以非法屈撓，故未四十而挂冠以老。又能以其餘年肆力于問學，勇猛堅固，轉不退輪，爲海内賢豪驅先，非常人明矣。

予等或見而知，或聞而慕。今其死矣，云誰之依！地阻官羈，生曷致？爲位而告，魂其聽之。且予等與公同道爲朋，生時何須識面；同氣相應，來時自遍十方。惟願我公照臨法會，降此華山，鐘鼓齊鳴，儼然其間。富貴榮名，無謂可樂，此但請客時一場筵席耳，薄暮則散去矣。生年滿百，未足爲壽，以今視昔，誠然一呼吸之間也。平昔文章，咸謂過人，不知愚者得之，徒增口業，智者比之，好音過耳，達人大觀，視之猶土苴也。「有子萬事足」，俗有是言也。不曰楊子雲《法言》、《白長慶》樂天，人至于今傳乎？使待嗣而後傳，則古今有子者何限也。須知孔子不以孔鯉傳，釋迦不以羅睺傳，老聃不以子宗傳，則公可以撫掌大笑矣。勿謂道家法力勝禪家，道家固不能離道而爲法也。勿謂服食長生可冀，公固不死矣，何用長生乎？勿謂灌頂陽神可出，公固精神在天矣，又何用勞神求出乎？公但直信本心，勿顧影，勿疑形，則道力固自在也，法力固自在也，神力亦自在也。

再致我公：爲我傳語李維明。維明者，白下人，名逢陽，别號翰峰，仕爲禮部郎。於贄爲同曹友，於沆爲同年友，皆同道雅相愛慕者。故并設位，俾得與公會云。

王龍谿先生告文

聖代儒宗，人天法眼；白玉無瑕，黄金百鍊。今其没矣，後將何仰！吾聞先生少遊陽明先生之門，既以一往而超詣；中升西河夫子之坐，遂至殁身而不替。要以朋來爲樂兮，不以不知而愠也，真得乎不遷不貳之宗。正欲人知而信兮，不以未信而懈也，允符乎不厭不倦之理。蓋修身行道者將九十歲，而隨地雨法者已六十(祀)〔紀〕矣。以故四域之内，或皓首而執經；五陵之間，多繼世以傳業。遂令良知密藏，昭然揭日月而行中天；頓令洙泗淵源，沛乎決江河而達四海。非直斯文之未喪，實見吾道之大明。先生之功，于斯爲盛！

憶昔淮南兒孫布地，猗與盛歟，不可及矣。今觀先生淵流更長，悠也久也，何可當哉！所怪學道者病在愛身而不愛道，是以不知前人付託之重，而徒爲自私自利之計；病在尊名而不尊己，是以不念兒孫陷溺之苦，而務爲遠嫌遠謗之圖。嗟夫！以此設心，是滅道也，非傳道也；是失己也，非成己也。先生其忍之乎？嗟我先生，唯以世人之聾瞽爲念，是故苟可以坐進此道，不敢解嘲也；唯以子孫之陷溺爲憂，是故同舟而遇風，則吴、越必相救，不自知其喪身而失命也。此先生付託之重所不能已也。此予小子所以一面先生而遂信其爲非常人也。雖生也晚，居非近，其所爲凝眸而注神，傾心而悚聽者，獨先生爾矣。先生今既没矣，予小子將何仰乎？

嗟乎！「嘿而成之，存乎其人；不言而信，存乎德行」。先生以言教天下，而學者每呫囁其語言，以爲先生之妙若斯也，而不知其糟粕也，先生不貴也。先生以行示天下，而學者每驚疑其所行，以爲先生之不妙若斯也，而不知其精神也，是先生之所重也。我思古人實未有如先生者也，故因聞先生之訃也，獨反覆而致意焉。先生神遊八極，道冠終古；夭壽不二，生死若一。吾知先生雖亡，固存者也。其必以我爲知言也夫！其必以我爲知先生也夫！

羅近谿先生告文

戊子冬月二十四日，南城羅先生之訃至也，而先生之没，實九月二日也。夫南城，一水間耳，往往至者不能十日餘，而先生之訃直至八十餘日而後得聞，何其緩也！豈龍湖處僻，往來者寡邪？而往來者非寡，直知先生者寡也？然吾聞先生之門，如仲尼而又過之，蓋不啻中分魯矣。其知先生者，宜若非寡。將實未聞好學者，以故雖及門，而終不知先生之所係于天下萬世者如此其甚重也耶？夫惟其視先生也不甚重，則其聞先生之訃也，自不容于不緩矣。予是以痛恨先生之没，而益信先生之未可以死也。

有告我者曰：「先生欲以是九月朔辭世長往，故作別語以示多士。多士苦不忍先生別，於是先生復勉留一日與多士談，談竟矣，而後往耳。今先生往矣，無可奈何矣，於是多士始乃拭淚含哀，共梓先生別語以告四方之士。若曰得正而斃，吾師無忝曾參矣；扶杖逍遥，吾師不愧夫子矣。豈惟不惜死，又善吾死，吾師至是，真有得矣。」大爲其師喜，故欲梓而傳之。

嗟乎！先生之壽七十而又四矣，其視仲尼有加矣，夫人生七十，古來所稀。壽躋古希，雖恒人能不惜死，而謂先生惜死乎？何以不惜死爲先生喜也？且夫市井小兒，辛勤一世，贏得幾貫錢鈔，至無幾也。然及其將終也，已死而復甦，既瞑而復視，猶恐未得所托然者。使有託也，則亦甘心瞑目已矣。先生生平之謂何，顧此歷代衣鉢，竟不思欲置何地乎？其所爲勉留一日者何故？或者亦恐未得所托矣。如使有託，雖不善死，亦善也。使未有托也，則雖善死，先生不善也，又何可以善死稱先生也？吾謂先生正當垂絶之際，欲慟不敢慟之時，思欲忍死一再見焉，而卒不可得者，千載而下，聞之猶堪斷腸，望之猶堪墮淚，此自是其至痛不可甘忍，而謂先生忍死而不惜可乎？ 蓋惜死莫甚于先生者，吾恐更有甚于多士之惜先生之死也。何也？ 天既喪予，予亦喪天；無父則望孤，無子而望絶矣，其爲可悲可痛皆一也。若如所云，則千聖之衣鉢，反不如庸夫之一貫。市井小兒猶不忍于無托也，而先生能忍之矣，又何以爲先生也！

方聞訃時，無念僧深有從旁贊曰：「宜即爲位以告先生之靈。」予時蓋嘿不應云。既而臘至矣，歲又暮矣；既而改歲，復爲萬曆己丑，又元月，又二月，春又且分也。深有曰：「某自從公游，于今九年矣，每一聽公談，談必首及王先生也，以及先生。癸未之冬，王公訃至，公即爲文告之，禮數加焉，不待詔也。憶公告某曰：『我于南都得見王先生者再，羅先生者一。及入滇，復於龍里得再見羅先生焉。』然此丁丑以前事也。自後無歲不讀二先生之書，無口不談二先生之腹。令某聽之，親切而有味，詳明而不可厭，使有善書者執管侍側，當疾呼手腕脱矣，當不止十紙百紙，雖千紙且有餘矣。今一何嘿嘿也？ 且丙(戍)〔戌〕之春，某將杖錫南遊，公又告某曰：『急宜上盱江見羅先生。』于時龍溪王先生死矣。戊子之夏，某復自南都來至，傳道羅先生有書欲抵南都，云：『趁此大比之秋，四方士大和會，一入秣陵，以爲群聚得朋計。』公即爲書往焦弱侯所：『羅先生今兹來，慎勿更蹉過！ 恐此老老矣，後會難可再也。』既又時時物色諸盱江來者，稍道羅先生病。語病，又稍稍張皇矣。公告某曰：『先生既病，當不果南下矣，然先生實無甚病也。吾觀先生骨剛氣和，神完志定，勝似王先生。王先生尚享年八十六，先生即不百歲，亦當九十，决不死也。』然某覘公，似疑羅先生病欲死者，而竟絶口不道羅先生死。試屢問之，第云：『先生不死，先生决不死！』今羅先生實死矣，更嘿嘿何也？」

嗟乎！ 予嘿不應，不知所以應也。蓋予自聞先生訃來，似在夢寐中過日耳。乃知真哀不哀，真哭無涕，非虚言也。我今痛定思痛，回想前事，又似大可笑者。夫謂予不思先生耶？而予實思先生。謂予不知先生耶？而予實知先生深也。謂予不能言先生耶？而能言先生者實莫如予。乃竟口不言，心不思，筆不能下，雖予亦自不知其何説矣。豈所謂天喪予，予喪天；無父何怙，無子而望孤者耶！

今予亦既老矣，雖不曾親受業於先生之門，而願買田築室厝骸於先生之旁者，念無時而置也，而奈何遂聞先生死也！然惟其不曾受業於先生之門也，故亦不能遍友先生之門下士而知其孰爲先生上首弟子也。意者寧無其人，特恨未見之耳。言念先生束髮從師，舍身爲道，一上春官，蜚聲鎖院。而出世夙念，真結肺腸；有道之思，恐孤師友。於是上下四方，靡足不騁，咨詢既竭，步趨遂正。飲河知足，空手歸來。越又十年，歲當癸丑，乃對明庭，釋褐從政。公庭訟簡，委虵樂多，口舌代鈇，論心無競。胥徒令史，渾如其家。即仕而學，不以仕廢；即學稱仕，何必仕優。在朝如此，居方可知。自公既然，家食何如；堂前擊鼓，堂下唱歌；少長相隨，班荆共坐。此則先生七十四歲以前之日恒如此也。

若夫大江之南，長河之北，招提梵刹，巨浸名區，攜手同遊，在在成聚。百粤、東甌，羅施、鬼國，南越、閩越，滇越、騰越，窮髮鳥語，人跡罕至，而先生墨汁淋漓，周遍鄉縣矣。至若牧童樵豎，釣老漁翁，市井少年，公門將健，行商坐賈，織婦耕夫，竊屨名儒，衣冠大盜，此但心至則受，不問所由也。況夫布衣韋帶，水宿巖栖，白面書生，青衿子弟，黄冠白羽，緇衣大士，縉紳先生，象笏朱履者哉！是以車轍所至，奔走逢迎，先生抵掌其間，坐而談笑。人望丰采，士樂簡易，解帶披襟，八風時至。有柳士師之寬和，而不見其不恭；有大雄氏之慈悲，而不聞其無當。同流合汙，狂簡斐然；良賈深藏，難識易見。居柔處下，非鄉愿也。泛愛容衆，真平等也。力而至，巧而中，是以難及；大而化，聖而神，夫誰則知。蓋先生以是自度，亦以是度人。七十餘年之間，東西南北無虚地，雪夜花朝無虚日，賢愚老幼貧病貴富無虚人，矧伊及門若此其專且久，有不能得先生之傳者乎？吾不信也。

先生幸自慰意焉！予雖老，尚能驅馳，當不辭跋涉爲先生訪求門下士誰是真實造詣得者。得即焚香以告，以妥先生之靈曰：「予今而後，而知先生之可以死也，真可以不惜死，真非徒自善其死者之比也。」而予痛恨先生之死之心可以釋矣。若孔子之與魯君言也，直曰「今也則亡，未聞好學者也」。是謂無子而望絶也，先生不如是也。

祭無祀文代作

竊以生而爲人，不得所依，則不免凍餒而疾病作。是故聖帝明王知而重之，仁人君子見而矜之，于是設養濟之院，建義社之倉，以至鄰里鄉黨之相賙，車馬輕裘之共敝，皆聖帝明王所謂煢獨之哀，仁人君子之所以周急也。而後四海始免怨號之夫矣，而豈徒然也哉！死而爲鬼，不得所依，則誰爲享奠而疫癘作。是故聖帝明王哀而普度，仁人君子憐而設饗。於是乎上元必祭，中元必祭，以至清明之節，霜降之夕，無不有祭。蓋我太祖高皇帝之所諄切，更列聖而不敢替者，又不獨古聖昔王相循已也。而後天下始無幽愁之鬼矣，而豈無謂也哉！何也？聖帝明王與仁人君子，皆神人之主也。不有主，將何所控訴乎？又何以諧神人而協上帝，通幽明而承天休也？生人之無依者，又是何等？若文王所稱四民，其大概也。死人之無依者，又是何等？若我太祖高皇帝所録死亡，至詳悉也。是故京則祭以上卿，郡則祭以大夫，邑則祭以百里之侯，至於鄉祭、里祭、村祭、社祭，以及十家之都，咸皆有祭。而唯官祭則必以城隍之神主之。前此一日，本官先行牒告，臨期詣壇躬請，祭畢，乃敢送神以歸而後妥焉。此豈無義而聖人爲之哉！此豈謟瀆於無祀之鬼，空費牲幣以享無用，而太祖高皇帝肯爲之哉！

今茲萬曆丁酉之清明，是夕也，自京國郡國，以至窮鄉下里，莫敢不欽依令典，相隨赴壇而祭，或設位而祭矣。況我沁水坪上，仁人君子比屋可封，生人無依，尚仰衣食，鬼苟乏祀，能不望祭乎？所恨羈守一官，重違鄉井，幸茲讀《禮》先廬，念君蒿之悽愴，因思親以及親，爲位北郭，請僧諷經，自今夕始矣。凡百無主鬼神，有飯一飽，無痛乏宗；有錢分授，無争人我：是所願也。

抑予更有説焉：凡爲人必思出苦，更于苦中求樂；凡爲鬼必愁鬼趣，更于趣中望生乃可。若但得飽便足，得錢便歡，則志在錢飽耳，何時得離此苦趣耶？醉飽有時，幽愁長在，吾甚爲諸鬼慮之。竊聞《阿彌陀經》等，《金剛經》等，諸佛真言等，衆僧爲爾宣言，再三再四，皆欲爾等度脱鬼倫，即生人天，或趣佛乘，或皈西方者，誠可聽也，非但欲爾等一飽已也。又聞地藏王菩薩發願欲代一切地獄衆生之苦，此夕隨緣在會，有話須聽。又聞面然大士統領三千大千神鬼，與爾等相依日久，非不欲盡數超拔爾等，第亦無奈爾等自家不肯何耳。今爾等日夜守著大士，瞻仰地藏菩薩，可謂最得所主矣。幸時時聽其開導，毋終沈迷，則我此壇場，其爲諸鬼成聖成賢，生人生天之場，大非偶也。若是，則不但我坪上以及四境之無祀者所當敬聽，即我宗親并内外姻親，諸凡有人奉祀者，亦當聽信予言，必求早早度脱也。雖有祀與無祀不同，有嗣與無嗣不同，然無嗣者呼爲無祀之鬼，有嗣者亦呼爲有祀之鬼，總不出鬼域耳。總皆鬼也，我願一聽此言也。我若狂言無稽，面然大士必罰我，地藏王菩薩必罰我，諸佛大聖衆必罰我，諸古昔聖君賢相仁人君子必罰我。兼我太祖高皇帝，成祖文皇帝，以及列聖皆當罰我矣。不敢不敢，不虚不虚，謹告。

篁山碑文代作

篁山菴在江西饒州德興縣界萬山中，其來舊矣，而人莫知。山有靈氣。唐元和間，有張菴孫者修真得道於此。迨勝國至元，里人胡一真又於此山修真得道去。相傳至今，山蓋有二真人焉。嗣後山缺住持，菴院幾廢失，今不修，將不免爲瓦礫之場矣。一興一廢，理固常然；既廢復興，寧獨無待。此僧真空之所爲作也。

真空少修戒律，行遊京師，從興聖禪師説戒。比還故里，纔到舟次，忽感異夢，彷然若見觀音大士指引入篁山修行者。歸而問人，人莫曉也。真空遂發願：願此生必見大士乃已。撥草窮源，尋至其地，果見大士儼然在於廢院之中。真空不覺進前拜禮，伏地大哭。於是復矢心誓天，務畢此生之力修整舊刹，復還故物。苦行齋心，戒律愈厲。居民長者感其至誠，協贊募化，小者輸木石，大者供糧米。未及數年而菴院鼎新，聖像金燦，朝鐘暮鼓，燈火熒煌。非但大士出現，僧衆有皈，且與山陬野叟、巖畔樵夫同依佛日，獲大光明。向之悶然莫曉其處者，今日共登道場，皆得同遊於浄土矣。向非真空嚴持有素，則大士必不肯見夢以相招；又非發願勤渠，禮拜誠篤，則居民又安肯捐身割愛，以成就此大事乎？固知僧律之所係者重也。

佛説六波羅蜜，以布施爲第一，持戒爲第二。真空之所以能勸修者，戒也；衆居士之所以布施者，爲其能持戒也。真空守其第二，以獲其第一；而衆居士出其第一，以成其第二。可知持戒固重，而布施尤重。而布施者比持戒爲益重，所謂青于藍也。衆居士可以踊躍讚歎，同登極樂之鄉矣，千千萬萬劫，寧復是此等鄉里之常人耶！持戒者寧爲第二，而使世人盡居第一布施波羅蜜極樂道場，所謂青出於藍也。僧真空雖居衆人後；實居衆人前，蓋引人以皈西方，其功德益無比也，予是以益爲真空喜也。向兩真人已去，今持戒真人復繼之，千餘年間，成三真人。然戒真人念佛勤，皈依切，定生西方無疑。它日如見向者兩真人，幸一招之，毋使其或迷於小道，則戒真人之功德益溥矣。

兹因其不遠數千里乞言京師，欲將勒石以記，予以此得與西方之緣。戒真人見今度予也，予其可以不記乎？若其中隨力散財之多寡，隨分出力之廣狹，興工於某年月，訖工於某時日，殿宇之宏敞，僧房之幽邃，以至齋堂厨舍井竈之散處，其中最肯協贊之僧衆，最肯竭力之檀越，各細書名實於碑之陰矣。

李生十交

或問李生曰：「子好友，今兩年所矣，而不見子之交一人何？」曰：「此非若所知也。予交最廣，蓋舉一世之人，毋有如予之廣交者矣。予交有十，十交，則盡天下之交矣。」

何謂十？其最切爲酒食之交，其次爲市井之交，如和氏交易平心，閔氏油價不二，汝交之，我亦交之，汝今久矣日用而不知也。其三爲遨遊之交，其次爲坐談之交。遨遊者，遠則資舟，近則譚笑，謔而不爲虐，億而多奇中。雖未必其人何如，亦可以樂而忘返，去而見思矣。技能可人，則有若琴師、射士、棋局、畫工其人焉。術數相將，則有若天文、地理、星曆、占卜其人焉。其中達士高人，未可即得，但其技精，則其神王，決非拘牽齷齪，卑卑瑣瑣之徒所能到也。聊以與之遊，不令人心神俱爽，賢於按籍索古，談道德，說仁義乎！以至文墨之交，骨肉之交，心膽之交，生死之交：所交不一人而足也。何可謂予無交？又何可遽以一人索予之交也哉？

夫所交真可以託生死者，予行遊天下二十多年，未之見也。若夫剖心析肝相信，意者其唯古亭周子禮乎？肉骨相親，期於無斁，予於死友李維明蓋庶幾焉。詩有李，書有文，是矣，然亦何必至是。苟能遊心於翰墨，蜚聲於文苑，能自馳騁，不落蹊徑，亦可玩適以共老也。唯是酒食之交，有則往，無則止不往。然亦必愛賢好客，貧而整，富而潔者，乃可往耳。愛客爲上，好賢次之，整而潔又次之。然是酒食也，最日用之第一義也。予唯酒食是需，飲食宴樂是困，則其人亦以飲食爲媒，而他可勿論之矣。故愛客可也，好賢可也，整之事，以識予交遊之最切者。飲食之人，則人賤之，予願交汝，幸勿棄也。

而潔亦可也。無所不可，故無不不友。而況傾蓋交歡，飲水可肥，無所用媒者哉！已矣！故今直道飲食之事，以識予交遊之最切者。飲食之人，則人賤之，予願交汝，幸勿棄也。

自贊

其性褊急，其色矜高，其詞鄙俗，其心狂癡，其行率易，其交寡而面見親熱。其與人也，好求其過，而不悦其所長；其惡人也，既絶其人，又終身欲害其人。志在温飽，而自謂伯夷、叔齊；質本齊人，而自謂飽道飫德。分明一介不與，而以有莘藉口；分明毫毛不拔，而謂楊朱賊仁。動與物迕，口與心違。其人如此，鄉人皆惡之矣。昔子貢問夫子曰：「鄉人皆惡之何如？」子曰：「未可也。」若居士，其可乎？

贊劉諧

有一道學，高屐大履，長袖闊帶，綱常之冠，人倫之表，拾紙墨之一二，竊唇吻之三四，自謂真仲尼之徒焉。時遇劉諧。劉諧者，聰明士，見而哂曰：「是未知我仲尼兄也。」其人勃然作色而起曰：「天不生仲尼，萬古如長夜。子何人者，敢呼仲尼而兄之？」劉諧曰：「怪得羲皇以上聖人盡日燃紙燭而行也！」其人嘿然自止。然安知其言之至哉！

李生聞而善曰：「斯言也，簡而當，約而有餘，可以破疑網而昭中天矣。其言如此，其人可知也。蓋雖出于一時調笑之語，然其至者百世不能易。」

李温陵集卷之十二

海虞後學顧大韶仲恭校

雜述

石湖卷

此石湖鏡也，有石在兩水之間。石殊不巨，然其屋可比，維摩丈室，能容瞿曇一千二百五十諸大弟子與俱者。風吹户竹，月落深潭，朝煙暮霞，足稱幽雅。湖之西架木爲閣，直侵湖上，其名曰芝佛院。有上人來居之，其名曰無念。吾不知上人果能無念否也？夫周子講道于此多年矣，一旦乃能得上人于戒律之外，雖上人亦不以戒律故滿足其意，而時時與十方賢聖窮究真乘，觀其心不無念不止也，湖之勝愈以有加。而芝佛之院棲佛之樓，結搆焕然，非徒然矣。雖然真乘可冀，無念太難。

夫學道者大都其心欲細，細則能入；其氣欲麤，麤則能出；意欲其柔，柔則善縱；志欲其强，强則善奪；守欲其密，密則神不可窺；發欲其疾，疾則魔不可近。方正也而遽奇，雖八面掠敵可也；甫奇也而忽正，可使千聖落膽矣。彼以天地爲棟宇者，將以爲大矣，不知特醯罈之鷄耳；以宇宙爲幕席者，自以爲快矣，不知特甕牖之子耳。要皆以一人之知慮，而欲測無窮之佛智；以一己之度量，而欲忖無盡之佛事；以一二之手足，而欲遍無邊之佛國：是以北轅轉疾，去楚轉遠，非有至人又安可與議至道哉！上人若無念乎？三年吾將考之。

與衆樂樂卷

有僧無念，學道精勤，衆人不知，目爲庸僧。我于念僧相伴九載，知其非庸，以念無故。何謂念無？與俗人處，念即自同于俗不見俗，故將念離俗，是故一時賢人目之爲俗。然念僧真無俗也。與賢人處，念即自同于賢不見賢，故將念希賢，是故一時俗人目之爲賢。然念僧真無賢也。嗚呼！佛澄塗掌羅什吞針，念僧不能；但不可以念僧不能，故而遂高視澄公與什公也。汾陽腥穢布袋街頭，念僧不肯；但不可以念僧不肯，故而遂下視汾陽與布袋也。是歲也己丑，是日也二月十七，念僧生身實當是日。載酒載歌，載觴載詠，聊以爲歡。共登無遮道場，永以爲好，不妨遊戲三昧。念僧其欲爲名高乎？抑且俗與同也？俗與同，則十方無壁落；爲名高，則大地生荆棘。得力不得力，皆于是乎在，咄咄吾且觀之。

方竹圖卷

昔之愛竹者，以愛故，稱之曰「君」。非謂其有似于有斐之君子而君之也，直怫邑無與誰語，以謂可以與我者唯竹耳，是故倘相約而謾相呼，不自知其至此也。或曰：「王子以竹爲此君，則竹必以王子爲彼君矣。此君有方有圓，彼君亦有方有圓。圓者常有，而方者不常有。常不常異矣，而彼此君之，則其類同也，同則親矣。」然則王子非愛竹也，竹自愛王子耳。夫以王子其人，山川土石，一經顧盼，咸自生色，況此君哉！

且天地之間，凡物皆有神，況以此君虛中直上，而獨不神乎！傳曰：「士爲知己用，女爲悦己容。」此君亦然。彼其一遇王子，則竦節奇氣，自爾神王，平生挺直凌霜之操，盡成簫韶鸞鳳之音，而務欲以爲悦己者之容矣，彼又安能孑然獨立，窮年瑟瑟，常抱知己之恨乎？由此觀之，鶴飛翩翩，以王子晉也。紫芝燁燁，爲四皓饑也。寧獨是，龍馬負圖，洛龜呈瑞，儀于舜，鳴于文，獲于魯叟，物之愛人，自古而然矣，而其誰能堪之。

今之愛竹者，吾惑焉。彼其于王子，不類也，其視放傲不屑，至惡也，而唯愛其所愛之竹以似之。則雖愛竹，竹固不之愛矣。夫使若人而不爲竹所愛也，又何以愛竹爲也？以故予絶不愛夫若而人者之愛竹也。何也？以其似而不類也。然則石陽之愛竹也，類也，此愛彼君者也。石陽習静廬山，山有方竹，石陽愛之，特繪而圖之，以方竹世不常有也。石陽將歸，難與予别，持是示予，何爲者哉？予謂（予）〔子〕之此君已相隨入蜀去矣，何曾别。

書黄安二上人手册

出家者終不顧家，若出家而復顧家，則不必出家矣。出家爲何？爲求出世也。出世則與世隔，故能成出世事；出家則與家絶，故乃稱真出家兒。今觀釋迦佛，豈不是見身爲浄飯王之子，轉身即居轉輪聖王之位乎？其爲富貴人家，孰與比也？內有耶輸女之賢爲之妻，又有羅睺羅之聰明爲之兒，一旦棄去，入窮山，忍饑凍，何爲而自苦乃爾也？爲求出世之事也。出世方能度世。夫此世間人，猶欲度之使成佛，況至親父母妻兒哉！故釋迦成道，而諸人同證妙樂，其視保守一家之人何如耶？

人謂佛氏戒貪，我謂佛乃真大貪者。唯所貪者大，故能一刀兩斷，不貪戀人世之樂也。非但釋迦，即孔子亦然。孔子之于鯉，死也久矣，是孔子未嘗爲子牽也。鯉未死而鯉之母已卒，是孔子亦未嘗爲妻繫也。三桓薦之，而孔子不仕，非人不用孔子，乃孔子自不欲用也。視富貴如浮雲，唯與三千七十游行四方，西至晉，南走楚，日夜皇皇以求出世知己。是雖名爲在家，實終身出家者矣。故予謂釋迦佛辭家出家者也，孔夫子在家出家者也，非誕也。

今我自視聰明力量既遠不逮二老矣，而欲以悠悠之念證佛祖大事，多見其不自量也，上人又何爲而遠來乎？所幸雙親歸土，妻宜人黄氏又亡，惟有一女嫁與莊純夫，純夫亦是肯向前努力者。今黄安二上人來此，欲以求出世大事，予何以告之？第爲書釋迦事，又因其從幼業儒，復書孔子生平事以爲譬。欲其知往古，勉將來，以不負此初志而已也。

讀律膚説

淡則無味，直則無情。宛轉有態，則容冶而不雅；沈著可思，則神傷而易弱。欲淺不得，欲深不得。拘于律則爲律所制，是詩奴也，其失也卑，而五音不克諧；不受律則不成律，是詩魔也，其失也亢，而五音相奪倫。不克諧則無色，相奪倫則無聲。蓋聲色之來，發于情性，由乎自然，是可以牽合矯强而致乎？故自然發于情性，則自然止乎禮義，非情性之外復有禮義可止也。惟矯强乃失之，故以自然之爲美耳，又非于情性之外復有所謂自然而然也。故性格清徹者音調自然宣暢，性格舒徐者音調自然疏緩，曠達者自然浩蕩，雄邁者自然壯烈，沉鬱者自然悲酸，古怪者自然奇絶。有是格，便有是調，皆情性自然之謂也。莫不有情，莫不有性，而可以一律求之哉！然則所謂自然者，非有意爲自然而遂以謂自然也。若有意爲自然，則與矯强何異。故自然之道，未易言也。

解經題

「大佛頂」者，至大而無外，故曰大；至高而莫能上，故曰頂。至大至高，唯佛爲然，故曰「大佛頂」也。夫自古自今，誰不從是「大佛頂」如如而來乎？但鮮有知其因者耳。能知其因，如是至大，如是至高，則佛頂在我矣。然何以謂之至大？以無大之可見，故曰至大也。何以謂之至高？以無高之可象，故曰至高也。不可見，不可象，非密而何？人唯不知其因甚密，故不能以密脩，不能以密證，而欲其決了難矣。豈知此經爲了義之密經，此脩爲證明之密脩，此佛爲至大至高，不可見，不可象，密密之佛乎？此密密也，諸菩薩萬行悉從此中流出，無不可見，無不可象，非頑空無用之比也。是以謂之「首楞嚴」。「首楞嚴」者，唐言究竟堅固也。究竟堅固不壞，則無死無生，無了不了之人矣。

書《決疑論》前

經可解，不可解。解則通于意表，解則落於言詮。解則不執一定，不執一定即是無定，無定則如走盤之珠，何所不可？解則執定一說，執定一說即是死語，死語則如印印泥，欲以何用也？

此書千言萬語，只解得《心經》中「色即是空，空即是色」兩句經耳。經中又不曰「是故空中無色」乎？是故無色者衆色之母，衆色者無色之色，謂衆色即是無色則可，謂衆色之外別無無色豈可哉？由此觀之，真空者衆苦之母，衆苦者真空之苦，謂真空能生衆苦則可，謂真空不能除滅衆苦又豈可哉？蓋既能生衆苦，則必定能除滅衆苦，無疑也！衆苦熾然生，而真空未嘗生；衆苦卒然滅，而真空未嘗滅。是以謂之極樂法界，證入此者，謂之自在菩薩耳。今以厭苦求樂者謂之三乘，則《心經》所云「照見五蘊皆空，度一切苦厄」，又云「能除一切苦，真實不虛」者，皆誑語矣。

十法界以佛界與九界並稱，豈可即以娑婆世界爲佛界，離此娑婆世界遂無佛界邪？故謂娑婆世界即佛世界可也，謂佛世界不即此娑婆世界亦可也。非厭苦，誰肯發心求樂？非喜於得樂，又誰肯發心以求極樂乎？極樂則自無樂，無樂則自無苦、無罣礙、無恐怖、無顛倒夢想。非有苦、有罣礙、有恐怖、有顛倒，而見以爲無也。非有智、有得，而見以爲無得也。非有因、有緣、有苦、有集、有滅、有道，而强以爲無苦、集、滅、道也。非有空、有色、有眼耳鼻舌身意，而强以爲空中無色，無眼耳鼻舌身意也。故曰：「但有言説，皆無實義。」

夫經，言教也。聖人不得已而有言，故隨言隨掃，亦恐人執之耳。苟知凡所有相皆是虛妄，則願力慈悲尤相之大者，生死之甚者，而可藉之以爲安，執之以爲成佛之根本乎？凡有佛，即便有願，即便有慈悲。今但恐其不見佛耳，不患其無佛願，無慈悲心也。有佛而無慈悲大願者，我未之見也。故有佛，即便有菩薩。佛是體，菩薩是用，佛是主人翁，菩薩是管家人；佛是聖天子，菩薩是百執事。誰能離得？若未見佛而徒興假慈悲，殆矣！

解經文

晦昧者，不明也。不明即無明。世間有一種不明自已心地者，以爲吾之真心如太虛空，無相可得，秖緣色想交雜，昏擾不寧，是以不空耳。必盡空諸所有，然後完吾無相之初，是爲空也。夫使空而可爲，又安得謂之真空哉？縱然爲得空來，亦即是掘地出土之空，如今人所共見太虛空耳，與真空總無交涉也。夫其初也，本以晦昧不明之故而爲空；其既也，反以爲空之故，益晦暗以不明。所謂晦暗，即是晦昧，非有二也。

然是真空也，遇明白曉了之人，真空即在此明白之中，而真空未始明白也。苟遇晦暗不明之人，真空亦即在此晦暗之中，而真空未始晦暗也。故曰「空晦暗中」。唯是吾心真空，特地結起一朵晦暗不明之色，本欲爲空，而反爲色，是以空未及爲，而色已暗結矣。故曰「結暗爲色」。於是即以吾晦暗不明之妄色，雜吾特地爲空之妄想，而身相宛然遂具，蓋吾此身原從色想交雜而後有也。

既以妄色妄想相交雜而爲身，於是攀緣摇動之妄心日夕屯聚于身内，望塵奔逸之妄相日夕奔趣于身外，如衝波逐浪，無有停止，其爲昏擾擾相，殆不容以言語形狀之矣。是謂心相，非真心也，而以相爲心可歟？是自迷也。既迷爲心，則必決定以爲心在色身之内，必須空却諸擾擾相，而爲空之念復起矣。復從爲空結色雜想以成吾身，展轉受生，無有終極，皆成于爲空之一念，始于晦昧之無明故耳。夫既迷爲心，是一迷也。復迷謬以爲吾之本心即在色身之内，必須空却此等心相乃可。嗟嗟！心相其可空乎？是迷而又迷者也。故曰「迷中倍人」。豈知吾之色身(泊)〔洎〕外而山河，遍而大地，并所見之太虚空等，皆是吾妙明真心中一點物相耳。是皆心相自然，誰能空之邪？心相既總是真心中所現物，真心豈果在色身之内邪？夫諸相總是吾真心中一點物，即浮漚總大海中一點泡也。使大海可以空却一點泡，則真心亦可以空却一點相矣，何自迷乎？

比類以觀，則晦昧爲空之迷惑，可破也已。且真心既已包却色身，(泊)〔洎〕一切山河虚空大地諸有爲相矣，則以相爲心，以心爲在色身之内，其迷惑又可破也。

念佛答問

小大相形，是續鳧短鶴之論也。天地與我同根，誰是勝我者？萬物與我爲一體，又誰是不如我者？

我謂念佛即是第一佛，更不容于念佛之外復覓第一義諦也。如謂念佛乃釋迦權宜接引之法，則所謂最上一乘者，亦均之爲權宜接引之言耳。古人謂佛有悟門，曾奈落在第二義，正仰山小釋迦吐心吐膽之語。後來中峰和尚謂學道真有悟門，教人百計搜尋，是悞人也。故知此事在人真實怕死與不耳，發念苟真，則悟與不悟皆爲戲論，念佛參禪總歸大海，無容着唇吻處也。

《征途與共》後語

弱侯之言，蓋爲未得謂得者發耳。若方子及猶爲勇往之時，豈宜以此言進之哉？然吾聞學者未得謂得真不少也，則即進之以此言亦宜。夫世間功名富貴，最易埋没人。余老矣，死在旦夕，猶不免近名之累，况當熱鬧之場，擦粉塗額以悦于人，而肯究心生死，視人世繁華極樂以爲極苦，不容加乎其身，余又安所求于世也？蓋生死念頭尚未萌動，故世間參禪學道之夫，亦只如此而止矣。則有鼻孔遼天者，亦足奇也，我願弱侯勿太責之備也。姑置勿論，且摘弱侯叙中語，以與侯商何如？

侯謂聲音之道可與禪通，似矣。而引伯牙以爲証，謂古不必圖譜，今不必碩師，傲然遂自信者，適足以爲笑，則余實不然之。夫伯牙于成連，可謂得師矣，按圖指授，可謂有譜有法，有古有今矣。伯牙何以終不得也？且使成連而果以圖譜碩師爲必不可已，則宜窮日夜以教之操，何必移之海濱無人之境，寂寞不見之地，直與世之矇者等，則又烏用成連先生爲也？此道又何與于海，而必之于海然後可得也？尤足怪矣！蓋成連有成連之音，雖成連不能授之於弟子；伯牙有伯牙之音，雖伯牙不能必得之于成連。所謂音在于是，偶觸而即得者，不可以學人爲也。矇者唯未嘗學，故觸之即契，伯牙唯學，故至于無所觸而後爲妙也。設伯牙不至于海，設至海而成連先生猶與之偕，亦終不能得矣。唯至于絶海之濱，空洞之野，渺無人跡，而後向之圖譜無存，指授無所，碩師無見，凡昔之一切可得而傳者，今皆不可復得矣，故乃自得之也。此其道蓋出于絲桐之表，指授之外者，而又烏用成連先生爲邪？然則學道者可知矣。明有所不見，一見影而知渠；聰有所不聞，一擊竹而成偈。大都皆然，何獨矇師之與伯牙邪？

吾願子及如矇師，弱侯如居海上者，于是焉敬以書其後，而題曰《征途與共》以歸之。與共者，與共學也。子及以純父爲可與，故征途日與之共學。倘真可與共，則願并以此語與之可。

批下學上達語

「學以求達」，此語甚不當。既説「離下學無上達」，則即學即達，即下即上，更無有求達之理矣，而復曰「求達」，何邪？然下學自是下學，上達自是上達，若即下學便以爲上達，亦不可也。而乃曰「學以求達」，是果即下學以求達邪，抑別有求達之學邪？若即學求達，當如前詰；若別有求達之學，則剜肉作瘡，尤爲揠苗之甚矣。故程伯子曰：「灑掃應對，便是精義入神。」曰「便是」，則是即學即達也。然又曰：「人須是識其真心。」夫真心不可以識識，而可以學求乎？不可以學求，則又是離學而後有達也，故謂學以求達者非也。離學者亦非，即學者亦非，然則夫子何自而上達乎？此顏子所以終身苦孔之達矣。不曰「即學即達」，不曰「離學而達」，亦不曰「學以求達」，而但曰「下學而上達」，何其意圓語圓，令人心領神會，而自默識於言意之中也。今觀灑掃應對，雖下愚之人亦能之，唯不能達乎其上，是以謂之下學也，是以謂之百姓也，是以謂之鄙夫也，是以謂之凡民也，是以謂之但可使由也。至於精義入神，則自然上達矣。上達，則爲聰明聖智達天德之人矣。是以謂之曰「形而上」也，謂之曰「可以語上」也，謂之曰「君子上達」也。雖顏子大賢，猶曰「未達一間」，曰「其殆庶幾」，况他人哉！則夫子之自謂莫我知，自謂唯天知者，信痛悼之極矣。蓋世之學者不是日用而不知，則便是見之爲仁智，而能上達者其誰也？夫學至上達，雖聖人有所不知，而凡民又可使知之乎？故曰「吾有知乎哉」。雖聖人有所不能，而凡民又可使能之乎？故曰「民鮮能久矣」。民之所以鮮能者，以中庸之不可能也，非棄之也。然則下學者，聖凡之所同。夫凡民既與聖人同其學矣，則謂滿街皆是聖人，何不可也？上達者，聖人之所獨，則凡見之爲仁知，與日用而不知者，總是不達，則總是凡民明矣。然則自顔子而下，皆凡民也。可畏也夫！先聖雖欲不慨歎于由、賜之前可得邪？

書方伯雨册葉

楞嚴，唐言究竟堅固也。究竟堅固者是何物？此身非究竟不壞也，敗則歸土矣。此心非究竟不壞也，散則如風矣。聲名非究竟不壞也，天地數終，乾坤易位，古聖昔賢，載籍無存矣，名於何有，聲於何寄乎？切須記取此一着子：何物是堅固？何年當究竟？究竟堅固不壞是真實語，是虚謬語？是誑人語，是不誑人語？若誑人，是佛自誑也，安能誑人？千萬參取！

讀若無母寄書

若無母書云：「我一年老一年，八歲守你，你既捨我出家也罷，而今又要遠去。你師當日出家，亦待終了父母，纔出家去。你今要遠去，等我死了還不遲。」若無答云：「近處住，一毫也不曾替得母親。」母云：「三病兩痛自是方便，我自不欠掛你，你也安心，亦不欠掛我。兩不欠掛，彼此俱安。安處就是静處，如何只要遠去以求静邪？況秦蘇哥從買寺與你以來，待你亦不薄，你想道情，我想世情。世情過得，就是道情。莫説我年老，就你二小孩子亦當看顧他。你師昔日出家，遇荒年也顧兒子，必是他心打不過，纔如此做。設使不顧，使他流落不肖，爲人笑耻。當此之時，你要脩静，果動心邪，不動心邪？若不動心，未有此理；若要動心，又怕人笑，又只隱忍過日。似此不管而不動心，與今管他而動心，孰真孰假，孰優孰劣？如此看來，今時管他，迹若動心，然中心安安妥妥，却是不動心；若不管他，迹若不動，然中心隱隱痛痛，却是動心。你試密查你心，安得他好，就是常住，就是金剛。如何只聽人言？只聽人言，不查你心，就是被境轉了。被境轉了，就是你不會安心處。你到不去住心地，只要去住境地。吾恐龍潭不静，要住金剛；金剛不静，更住何處邪？你終日要講道，我今日與你講心。你若不信，又且證之你師，如果在境，當住金剛；如果在心，當不必遠去矣。你心不静，莫説到金剛，縱到海外，益不静也。」

卓吾子讀而感曰：恭喜家有聖母，膝下有真佛。夙夜有心師，所矢皆海潮音，所命皆心髓至言，顛撲不可破。回視我輩傍人隔靴搔癢之言，不中理也。又如説食示人，安能飽人，徒令傍人又笑傍人，而自不知耻也。反思向者與公數紙，皆是虚張聲勢，恐嚇愚人，與真情實意何關乎！乞速投之水火，無令聖母看見，説我平生盡是説道理害人去也。又願若無張掛爾聖母所示一紙，時時令念佛學道人觀看，則人人皆曉然去念真佛，不肯念假佛矣。能念真佛，即是真彌陀，縱然不念一句「彌陀佛」，阿彌陀佛亦必接引。何也？念佛者必修行，孝則百行之先。若念佛名而孝行先缺，豈阿彌陀亦少孝行之佛乎？决無是理也。我以念假佛而求見阿彌陀佛，彼佛當初亦念何佛而成阿彌陀佛乎？必定亦只是尋常孝慈之人而已。言出至情，自然刺心，自然動人，自然令人痛哭，想若無必然與我同也，未有聞母此言而不痛哭者也。

耿楚空先生傳

先生諱定理，字子庸，别號楚空，諸學士所稱八先生是也。諸學士咸知有八先生，先生初不自知也。而此稱《楚空先生傳》，何也？夫傳者，所以傳也。先生初不待傳，而此復爲傳以傳之，又何也？蓋先生初不待傳，而余實不容不爲先生傳者。按先生有德不耀，是不欲耀其德也；有才無官，是不欲官其才也。不耀德，斯成大德矣；不用才，始稱真才矣。人又烏能爲先生傳乎？且先生始終以學道爲事者也。雖學道，人亦不見其有學道之處，故終日口不論道，然目擊而道斯存也。所謂雖不濕衣，時時有潤者也。

莊純夫曾告我曰：「八先生云：『吾始事方湛一。湛一本不知學，而好虚名，故去之。最後得一切平實之旨于太湖，復能收視返聽，得黑漆無入無門之旨於心隱，乃始充然自足，深信而不復疑也。唯世人莫可告語者，故遂終身不談，唯與吾兄天臺先生講論于家庭之間而已。』故亦遂以天臺爲師，天臺亦自謂吾之問學雖有所契，然賴吾八弟之力爲多。子庸曾問天臺云：『《學》《庸》《語》《孟》，雖同是論學之書，未審何語最切？』天臺云：『聖人人倫之至一語最切。』子庸謂終不若未發之中之一言也。」余當時聞之，似若兩件然者。夫人倫之至，即未發之中，苟不知未發之中，則又安能至乎？蓋道至于中，斯至矣。故曰：「中庸其至矣乎。」又曰：「無聲無臭至矣。」

歲壬申，楚空遊白下，余時懵然無知，而好談説。先生默默無言，但問余曰：「學貴自信，故曰『吾斯之未能信』。又怕自是，故又曰『自以爲是，不可與入堯、舜之道』。試看自信與自是有何分别？」余時驟應之曰：「自以爲是，故不可與入堯、舜之道；不自以爲是，亦不可與入堯、舜之道。」楚空遂大笑而别，蓋深喜余之終可入道也。余自是而後，思念楚空不置，又以未得見天臺爲恨。丁丑入滇，道經團風，遂舍舟登岸，直抵黄安見楚空，并睹天臺，便有棄官留住之意。楚空見余蕭然，勸余復入，余乃留吾女并吾壻莊純夫于黄安，而因與之約曰：「待吾三年滿，收拾得正四品禄俸歸來爲居食計，即與先生同登斯岸矣。」楚空牢記吾言，教戒純夫學道甚緊；吾女吾壻，天臺先生亦一以己女己壻視之矣。

嗟嗟！予敢一日而忘天臺之恩乎！既三年，余果來歸，奈之何聚首未數載，天臺即有内召，楚空亦遂終天也！既已戚戚無懽，而天臺先生亦終守定「人倫之至」一語在心，時時恐余有遺棄之病。余亦守定「未發之中」一言，恐天臺或未窺物始，未察倫物之原。故往來論辯，未有休時，遂成扞格，直至今日耳。今幸天誘我衷，使予舍去「未發之中」，而天臺亦遂頓忘「人倫之至」。乃知學問之道，兩相舍則兩相從，兩相守則兩相病，勢固然也。兩舍則兩忘，兩忘則渾然一體，無復事矣。余是以不避老，不畏寒，直走黄安會天臺于山中。天臺聞予至，亦遂喜之若狂。志同道合，豈偶然耶！然使楚空先生而在，則片言可以折獄，一言可以回天，又何至苦余十有餘年，彼此不化而後乃覺邪！設使未十年而余遂死，余終可以不化邪！余終可以不與天臺合邪！故至次日，遂同其子汝念往拜先生之墓，而先生之墓木拱矣。余既痛九原之不可作，故特爲此傳，而連書三紙以貽之：第一紙以呈天臺，志余喜也。第二紙付汝念、汝思，使告而焚之先生之墳，志余恨也。第三紙特寄子健于京，志余喜而且恨，恨而又喜也。蓋子健推愛兄之心以及我，可謂無所不至矣。故爲傳傳余意以告先生云。

敬少時多病，貪生無術，藉楚空兄介紹，得受業于耿天臺先生之門。先生雖知余學沉于二氏，然愛余猶子也。繼因往來耿宅，得與李卓吾先生遊，心切師事之。兩先生以論道相左，今十餘年矣。敬居其間，不能贊一辭，口含黄蘗，能以氣向人乎？唯恨楚空兄早逝耳。三日前，得楚空長郎汝念書。汝念以送莊純夫到九江，專人馳書白下，報喜於余云：「兩先生已聚首，語甚歡契。」越三日，則爲十二月二十九，余初度辰也，得卓吾先生寄所著《楚空先生傳》，述兩先生契合本末且悉。余讀之不覺淚下，曰：「兩先生大而化矣，乃適以今日至，豈非余更生辰邪？抑楚空先生復作也？」因手書而梓之，板成，以付汝念及余壻汝思。周思敬跋。

附周友山爲明玉書法語

萬壽寺僧明玉，事温陵李長者日久矣。長者本爲出世故來此，然世人方履人間世，日夜整頓人世事尚無休時，而暇求出世之旨以事出世之人乎？雖出家兒猶然，何况在家者。且長者性方行獨，身世孤單，生平不愛見俗人，聞俗語，以故身世益孤。唯愛讀書。讀書每見古忠臣烈士，輒自感慨流涕，故亦時時喜聞人世忠義事。不但以出世故來見長者，長者方喜之；若或有以真正的實忠義事來告，長者亦無不喜也。是故明玉和尚喜以興福寺開山第一祖無用事告長者云：「興福寺，古刹也。無用，方僧也。無用遊方來至其寺，憫寺僧之衰殘，忿居民之侵害，持竹鎗連結果一十七條性命，然後走縣自明，詣獄請死。縣令憐之，欲爲出脱，無用不從，遂即自刎。寺僧感其至性，能以身護法，以死衛衆，遂以此僧爲開山第一祖。至今直寺者守其規程，不敢少犯。」長者聞之，歡喜無量，叫明玉而言曰：「爾莫輕易説此僧也。此僧若在家，即真孝子矣；若在國，則真忠臣矣；若在朋友，則真義士矣；若肯學道參禪，則真出世丈夫，爲天人師佛矣。可輕易也耶？蓋天地間只有此一副真骨頭耳。不問在世出世，但有此，百事無不成辦也。」

明玉之告長者，并長者之語明玉如此。今年春，明玉爲興福寺直歲僧來求法語于余，余因以得聞長者之語，遂語明玉曰：「即此是法語矣，又何求乎？苟直歲僧聞此語，則能念祖德也，繼繼繩繩，山門不墜矣。苟合寺僧聞此語，則毋忘祖功也，歲歲年年，規程一如矣。况因此得聞長者之風，頓明出世大事乎？明玉可即以此語登之于軸，懸之于直寺方丈之室，庶幾合寺僧衆，雲遊道侶，過而讀焉。或有真正骨頭者，急來報我，我將携以見長者，俾長者不至孤單也。」

題關公小像

古稱三傑，吾不曰蕭何、韓信、張良，而曰劉備、張飛、關公。古稱三友，吾不曰直、諒與多聞，而曰桃源三結義。嗚呼！唯義不朽，故天地同久，况公皈依三寶，於金仙氏爲護法伽藍，萬億斯年，作吾輩導師哉！某也四方行遊，敢曰以公爲述。唯其義之，是以儀之；唯其尚之，是以像之。

三大士像議

觀世音像高一尺四寸，文殊像高一尺二寸，面俱向南，而意思實時時照觀世音。獨普賢像高一尺二寸，面正向，如觀世音然，而趺坐磐石則如文殊。普賢與文殊二大菩薩所坐石崖，比觀世音坐俱稍下三四寸，俱相去一尺九寸。羅漢等像俱高六七寸，有行立起伏不同。觀音坐出石崖一尺三寸，文殊、普賢坐出石崖一尺一寸。別有玲瓏山石，覆罩其頂，俱出崖三尺四寸，直至横斷崖遂止。高處直頂穿山穴，石崖自東來，至正中亦遂止。觀世音旁有善財執花奉獻。崖又稍斷，復起一陡崖，轉向正中坐，坐文殊師利。又自西斜向東，連生兩崖：一崖建塔，一崖坐普賢。即此三坐。上方，迢遞逶迤，或隱或現，或續或絶，俱峻險古怪，則羅漢等往來其間。用心如意塑出，用上好顏料裝成，即有賞；不則明告佛菩薩，即汝罰也。

時有衆僧共見，曰：「崖上菩薩法身莫大小麽？」和尚曰：「只有山藏人，未有人包山。」後菩薩像出，和尚立視良久，教處士曰：「三大士總名菩薩，用處亦各不同。觀音表慈，須面帶慈容，有憐憫衆生没在苦海之意。文殊表智，凡事以智爲先，智最初生，如少男然，面可悦澤豐滿，若喜慰無盡者。普賢表行，須有辛勤之色，恰似諸行未能滿足其願。若知此意，則菩薩真身自然出現，可使往來瞻仰者頓發菩提心矣。豈不大有功德哉！不但爾也，即女平生塑像以來，一切欺天誑人之罪，皆得銷殞矣。」時有一僧對曰：「也要他先必有求懺悔之心乃可。」和尚呵之曰：「此等腐話，再不須道！」處士金姓，眇一目，視瞻不甚便，而心實平穩可教。像之面目有些不平整，和尚每見，輒歎以爲好，豈非以其人乎，抑所歎在驪黃之外也？衆僧實不知故。因和尚歸方丈，即指令改正。和尚大叫曰：「教汝不必改，如何又添改也？」金處士牙顫手搖，即答云：「非某甲意，諸人教戒某也。」林時亦在傍，代啓和尚曰：「比如菩薩鼻不對嘴，面不端正，亦可不改正乎？」和尚忻然笑曰：「爾等怎解此箇道理，爾試定睛一看：當時未改動時，何等神氣，何等精采。但有神則自活動，便是善像佛菩薩者矣，何必添補令好看也。好看是形，世間庸俗人也。活動是神，出世間菩薩乘也。好看者，致飾於外，務以悦人，今之假名道學是也。活動者，真意實心，自能照物，非可以肉眼取也。」

適居士楊定見携寶石至，和尚呼侍者取水浄洗，因置一莖草於浄几之上，取石吸草，以辨真不。蓋必真，乃可以安佛菩薩面頂肉髻也。乃石竟不吸草。和尚乃覺曰：「寶石不吸腐草，磁石不引曲針，自古記之矣。快取一莖新草來投之！」一投即吸。和尚喜甚，曰：「石果真矣！此非我喜真也，佛是一團真者，故世有真人，然後知有真佛；有真佛，故自然愛此真人也。唯真識真，唯真逼真，唯真念真，宜哉！然則不但佛愛此真石，我亦愛此真石也。不但我愛此真石，即此一粒真石，亦惓惓欲人知其爲真，而不欲人以腐草誣之以爲不真也。使此真石遇腐人投腐草，不知其性，則此石雖真，畢竟死于腐人之手決矣。」

佛像菩薩坯胎已就，處士長跪合掌而言曰：「請和尚看安五臟！」和尚笑曰：「且住！我且問爾，爾曾留有後門不？若無門，即有腹臟，屎從何出？所以你們愚頑，未達古人立像之意。古人立像，以衆生心散亂，欲使之覩佛皈依耳。佛之心肝五臟，非佛罔知，豈是爾等做得出也？且夫世之塑神者必安五臟，穿七孔，何也？爲求其靈而應也，庶幾祈福得福，祈免禍得免禍也。此世人塑神事神之本意也。若我與諸佛菩薩則不然。若我以諸佛菩薩爲心，則吾心靈；衆僧若以諸佛菩薩爲心，則衆僧心靈。借佛菩薩像以時時考驗自己心靈不靈而已。靈則生，不靈則死。是佛菩薩之腹臟常在吾也。」處士又曰：「某日開光，須用活雞一隻刺血點目睛。」和尚曰：「我這裏佛自解放光，不似世上一等魍魎匠、魑魅僧巧立名色，誑人錢財也。爾且去用心粧出，令一切人見之無不生渴仰心，頓捨深重恩愛苦海，立地欲求安樂解脱、大光明彼岸，即爾塑事畢矣，我願亦畢矣。無多言！再無多言！」故至今未安五臟，未開光。然雖未開光，而佛光重重照耀，衆僧見之，無不渴仰。

至五月五日，和尚閒步廊下，見莊嚴諸佛菩薩及韋馱尊者像，歎曰：「只這一塊泥（把）〔巴〕，塑佛成佛，塑菩薩成菩薩，塑尊者成尊者，欲威則威，欲慈則慈，種種變化成就俱可。孰知人爲萬物之靈，反不如一泥（把）〔巴〕土塊乎！任爾千言萬語，千勸萬諭，非聾即啞，不聽之矣。果然哉，人之不如一土木也！」懷林時侍和尚，請曰：「和尚以人爲土，人聞之必怒；以土比人，人聞之必以爲太過。今乃反以人爲不如土木，則其以和尚爲胡説亂道，又當何如也？然其實真不如也，非太過之論也。記得和尚曾歎人之不如狗矣，謂狗終身不肯背主人也。又讀孫堅《義馬傳》，曾歎人之不如馬矣，以馬猶知報恩，而人則反面無情，不可信也。今又謂人更土木之不如，則凡有情之禽獸，無情之土木，皆在人上者，然則天亦何故而生人乎？」「噫！此非爾所知也。人之下者，禽獸土木不若，固也；人之上者，且將咸若禽獸，生長草木，又豈禽獸草木可得同乎？我爲下下人説，不爲上上人説。」林復請曰：「上下亦何常之有？記得六祖大師有云：『下下人有上上智』，有上智則雖下亦上；上上人有没意智，没意智則雖上亦下。上下之位，固無定也。」「噫！以此觀之，人決不可以不慎矣。一不慎即至此極，頓使上下易位。我與子從今日始，可不時時警惕乎！」沙彌懷林記。

李温陵集卷之十二

李温陵集卷之十三

海虞後學顧大韶仲恭校

雜述

代深有告文時深有遊方在外

龍潭湖芝佛院奉佛弟子深有，謹以是年月日，禮拜梁皇經懺以祈赦過宥愆事。念本院諸僧雖居山林曠野，而將就度日，不免懶散苟延，心雖不敢以遂非，性或偏護而袛悔。夫出家修行者，必日乾而夕惕，庶檀越修供者，俱履福而有功。早夜思惟，實成虚度。縱此心凛凛，不敢有犯；而衆念紛紛，能無罔知。但一毫放過，即罪同丘山；况萬端起滅，便禍在旦夕乎？深有等爲此率其徒若孫，敬告慈嚴。慈以憫衆生之愚，願棄小過而不録；嚴以待後日之譴，姑准自改而停威。則萬曆二十一年十月以前，已蒙湔刷；而從今二十一年十月以後，不敢有違矣。

又告

切以誦經者，所以明心見性，禮懺者，所以革舊鼎新。此僧家遵行久矣。皆以歲之冬十月十五日始，以次年春正月十五日終。自有芝佛院以來，龍潭僧到今，不知凡幾誦而凡幾懺矣，而心地竟不明，罪過竟不免，何哉？今卓吾和尚爲塔屋於兹院之山，以爲他年歸成之所，又欲安期動衆，禮懺誦經。以爲非痛加懺悔，則誦念爲虚文；非專精念誦，則禮懺爲徒説。故此兩事僧所兼修，則此會期僧家常事也。若以兩者目爲希奇，則是常儀翻成曠典，如何可責以寡過省愆之道，望以明心見性之理乎？謂宜於每歲十月，通以爲常。否則每一期會，必先起念；先起念已，然後舉事；即舉事已，然後募化；既募化已，然後成就。如此艱辛，謂之曠典，不亦宜乎！從今以後，不如先期募化有緣菩薩，隨其多寡，以爲資糧。但得二時無饑，即可百日聚首。於是有僧常覺，慨然任之。不辭酷烈之暑，時遊有道之門；不憚跋涉之勤，日履上聖之室。升合不問，隨其願力，無不頓發菩提妙心；擔荷而來，因其齋糧，可使隨獲菩提妙果。誦經者明心，而施主以安坐自收善報；禮佛者懺罪，而施主以粒米遂廣福田。不唯衆僧不致虚度，雖衆施主亦免唐捐。常覺之功，不既溥乎！但如此歲歲年年，則衆僧有福，施主有福，(當)〔常〕覺亦有福。恐以我爲妄語，故告佛使明知之。

禮誦藥師告文

余兩年來，病苦甚多，通計人生大數，如我之年，已是死期。既是死期，便與以死，乃爲正理，如何不賜我死，反賜我病乎？夫所以賜之病苦者，謂其數未至死，尚欲留之在世，故假病以苦之，使之不得過于自在快活也。若我則該死之人：壽至古稀，一可死也；無益于世，二可死也；凡人在世，或有未了業緣，如我則絶無可了，三可死也。有此三可死，乃不即我死，而更苦我病，何也？聞東方有藥師瑠璃光王佛發大弘願，救拔病苦衆生，使之疾病涅槃。卓吾和尚于是普告大衆，趁此一百二十日期會，諷經拜懺道場，就此十月十五日起，先諷《藥師經》一部四十九卷，爲我祈求免病。想佛願弘深，決不虚妄也。夫以佛願力而我不求，是我罪也。求佛而佛不理，是不慈也；求佛而佛或未必知，是不聰也：非佛也。吾知其決無是事也。願大衆爲我誠心念誦，每月以朔望日念此經，共九朔望，念經九部。嗚呼！誦經至九部，不可謂不多矣；大衆之殷勤，不可謂不虔矣。如是而不應焉，未之有也。但可死，不可病。苦口丁寧，至三再三，願佛聽之。

移住上院邊厦告文

龍湖芝佛院佛殿之後，因山蓋屋，以爲卓吾藏骨之室。蓋是屋時，卓吾和尚往湖廣會城，居士楊定見及常住僧常中、常通等告神爲之。逮和尚歸，又告神添蓋兩廂，及前廊邊兩厦。草草成屋，可居矣。和尚但念力出衆人，成此大屋，宴然居之，不特心神不安，面貌且有厚顔也。屋成，遂題扁懸其額曰：「阿彌陀佛殿。」中塑西方接引佛一尊，高一丈二尺，以爲院僧三時念佛，瞻像歸依之地。南向廂房三間，塑起普陀懸崖，坐觀世音菩薩於崖石波濤之上，以顯急苦難大慈悲之力，使衆僧有所依怙，不生怖畏。前廊五間，中間塑韋馱尊者金像一〔區〕〔軀〕，連座高九尺，專賴其擁護僧衆，使精勤者獲利益，怠昏者用一杵，故扁其額曰「護法尊者之殿」，而觀音則直書「南無觀世音菩薩」七字而已。殿之東西，供養達磨、伽藍二像。門樓北上，其神在上，南向，則爲執金剛神，專聽護法尊者主使。有此種種慈悲威嚴佛菩薩真容，則和尚借佛背後半間丈室以藏骨，心亦安矣。今尚未塑佛，未敢入居正室，且亦未敢謝土。何也？土木之功未得止，則動土之事尚有勞也。但欲擇日入居邊廈，不得不告。

禮誦藥師經畢告文

和尚爲幸免病喘，結經謝佛事。念今日是正月十五之望日，九朔望至今日是爲已足，九部經於今日是爲已完。誦經方至兩部，我喘病即減九分；再誦未及四部，我忍口便能齋素。齋素既久，喘病愈痊；喘病既痊，齋素益喜。此非佛力，我安能然？雖諷經衆僧虔恪無比，實藥王菩薩憐憫重深，和尚不勝禮謝禱告之至。和尚再告：有小僧常通見藥師如來即愈我疾，亦便發心，隨壇接諷，祈瘡口之速合。乃肅躬而致虔，以此月十六之朝，請大衆諷經一部。嗚呼！佛乃三界之大父，豈以僧無可取而遂棄之；況我實諸佛之的嗣，又豈忍不以我故而不理也！念此僧雖非克肖，在僧中亦無大愆。鐘磬齊臻，鼓鉢動響。經聲昭徹，佛力隨施。兩年未愈之瘡，藥王一旦加被，何幸如之！爲此代懇，不勝瞻依。

代常通病僧告文

龍湖僧常通，爲因病瘡苦惱，禮拜水懺，祈佛慈悲事。重念常通自從出家，即依三寶。叵耐兩年以來，痰瘤作祟，瘡疼久纏，醫藥徒施，歲月靡效。咸謂必有冤業，恐非肉眼能醫；倘求一時解除，須對法王懺悔。第顧微末，何緣上達於彼蒼；縱出至誠，未必降臨於下地。歷觀前劫，想不能如悟達師之戒律精勤，重重十世以爲高僧；俯念微軀，又不如哥利王之割截身體，節節支解而無嗔恨。舉足下足，罔非愆尤；日增月增，無可比喻。因忍痛以追思，或明知而故犯。彼已往其奈之何，恐將來當墮無間。所賴衆弟兄等：同心一意，頓興灸艾分痛之真情；因病生憐，遂起借花獻佛之妄念。以是吉日，禮拜懺文。仗諸佛爲證明，一懺更不再懺；對大衆而發誓，此身即非舊身。若已滅罪而更生，何異禽獸；倘再悔罪而復懺，甘受誅夷。伏願大慈大悲，曲加湔刷；大雄大力，直爲洗除。法水暗消，瘡口自合。此蓋佛菩薩憫念保持之恩，與衆弟兄殷勤禮拜之致也。

安期告衆文

一常住中所有事務，皆是道場；所作不苟，盡屬修行。唯愚人不信，不肖者苟且，須賴師長教督之耳。今師不知教督，其徒又不畏慎，則所有事務令誰爲之？必至于廢弛荒散而已。尚賴一二徒子徒孫之賢者自相協力，故龍湖僧院得以維持到今。然中間不無偷惰成性，必待呼喚而後作者；或恃頑不理，雖呼喚之而亦不爲者。未免有三等僧衆在内，則雖欲不荒散，終不可得矣。夫此間僧衆約有四十餘人，各人又受徒子，徒子又收徒孫，日益月增，漸久遂成大叢林。而皆相看不肯作務，則雖有一二賢者，其奈之何！況今正當一百二十日長期，大衆雲集，十方檀越，四海龍象，共來瞻禮者乎？

爲此，將本院僧衆分爲三等，開列于後，庶勤惰昭然，務化惰爲勤，以成善事。報施主之德，助師長之化，結將來之果，咸在於兹矣。勤者，龍象也。懶者，無志也。若安坐而食十方之食，雖呼喚亦不作者，無恥也。皆賴賢師長委曲勸誘之。故有師長則責師長，若師長亦無之奈何，則責韋馱尊者。尊者輕則一杵，重則三杵畢矣，尊者勿謂我太嚴也。唯佛至細至嚴，所以謂之大慈大悲，故經曰《楞嚴》，又曰《華嚴》。嚴者，所以成悲也，爾韋馱又不可不知也。勿太酸澀，佛法不是腐爛之物。第一等勤行僧有八。此八衆，余所親見者，其常住作務，不避寒暑勞苦極矣。第二等躲懶僧衆三名，第三等奸頑僧衆一名。此二等三等之衆，據我目見如此耳，若懶而能勤，頑而能順，即爲賢僧矣。但常住徒有人食飯，無人作務，且人數雖多，皆非是作重務之人，則此十餘衆者，可不加勤哉！努力向前，毋受尊者之杵可也。

告土地文

自庚寅動工以來，無日不動爾土，無歲不勞爾神。唯爾有神，凡百有相，遂使羣工竭力，衆僧盡心，以致佛殿告成，塔屋亦就。目今趺坐直上，則西方阿彌陀佛一軀也，金碧輝煌，宛有大人貴相矣。瞻仰而來者能無頓興念佛念法之心乎？卓立在前，則護法韋馱尊者威容也，金甲耀光，已手降魔寶杵矣。專修净業者能無更堅不懈不退之志乎？又况觀音、勢至咸唱導於吾前，更有文殊、普賢同啓迪于吾後。懸崖千丈，友羅漢直抵上方；少室無餘，面達磨猶在東壁。誰無緩急，大士即是救苦天尊；孰識平生，雲長尤是護法伽藍。黑海有門，唯法無門，現普陀于眼底；上天有路，唯道無路，覩靈山在目中。十界同虚，判念便分龍虎；六牕寂静，一棒打殺猢猻。從兹繼繼繩繩，咸願師師濟濟。務同一念，莫有二心。則卓吾之廬，即是極樂净土；龍湖上院，徧是華嚴道場矣。此雖仗佛之賜，實亦爾相之能。故特塑爾之神，使與司命並列。虔恭致齋，不酒不肉；殷勤設素，匪葷匪羶。唯茶果是陳，只蔬飯以供。名香必爇，願與司命齊意；好花用獻，當聽韋馱指麾。有惡則書，見過速録。細微畢舉，毋曰我供汝也而有阿私；小大同登，毋曰衆汝敬也而有偏黨。幽明協贊，人神同欽。則爾土有力，帝將加升，長守此湖，永相依附矣。

告佛約束偈

龍湖芝佛上院，從新創立道場，上殿阿彌陀佛，下殿韋馱尊者。特地接引衆生，不是等閒作伴。觀音、文殊、普賢，悲、智、行願交參。從今皈依得地，皆賴信女善男。韋馱尊者何爲？寶杵當頭立斷。毫髮分明可畏，尤勿容易等閒！爲此與衆約束，不緊不嚴不慢。四時不須起蚤，黎明報鐘方好。清《金剛》一卷，春夏秋冬一樣。二鼓念佛一千，冬春二時爲然。休夏依時自恣，不是倣古模賢。但記誦經念佛，緊閉門户莫忽！恐惹閒人雜沓，致使誦念閒歇。早晨報鐘甫畢，便入諸殿上香。上香必須鳴磬，磬動知是行香。失磬定是失香，面佛罰跪半晌，大衆聞鐘齊起，急忙整頓衣裳。嗽洗諸事各訖，沙彌如前撞鐘。首衆即便領衆，以次合掌致恭。前後不得參差，先行拜禮韋馱，然後觀音上殿，虔恭禮拜一徧。上殿鋪設經卷，高聲跪誦《金剛》。誦罷齋畢何爲？依舊諷讀《法華》。每歲三冬無事，日日《華嚴》一卷。不許安期抄化，擾害菩薩善良。但得二時粥飯，便當喫緊思量。如果粥飲不繼，沿門持鉢可也。但知聽其自至，便知爲僧便宜。爲僧不須富貴，富貴不須爲僧。爲僧爲己生死，人死於己何與。何必哀死弔喪，替人慶生喜旺，無故遨遊街市，及自上門上户。不許赴請誦經，不許包攬經誦。不許諷誦《玉經》，公奪道人衣鉢。不許私習應付，侵占萬壽僧飯。不許放債生利，不許買賤賣貴。一切富貴心腸，盡付龍湖流水。須知回頭無多，縱使忍饑不久。不聞衣禄分定，非人智力能求。何況一身一口，何必過計私憂！自謂是佛弟子，却學市井下流；自謂禪僧無比，獨坐高貴上頭。猶然蠅蠅狗狗，無人替代爾羞。我勸諸人莫錯，快急念佛修福。但移此心念佛，便是清涼極樂。

二十分識

有二十分見識，便能成就得十分才，蓋有此見識，則雖只有五六分才料，便成十分矣。有二十分見識，便能使發得十分膽，蓋識見既大，雖只有四五分膽，亦成十分去矣。是才與膽皆因識見而後充者也。空有其才而無其膽，則有所怯而不敢；空有其膽而無其才，則不過冥行妄作之人耳。蓋才膽實由識而濟，故天下唯識爲難。有其識，則雖四五分才與膽，皆可建立而成事也。然天下又有因才而生膽者，有因膽而發才者，又未可以一概也。

然則識也、才也、膽也，非但學道爲然，舉凡出世處世，治國治家，以至於平治天下，總不能舍此矣，故曰「智者不惑，仁者不憂，勇者不懼」。智即識，仁即才，勇即膽。蜀之譙周，以識勝者也。姜伯約以膽勝而無識，故事不成而身死；費禕以才勝而識次之，故事亦未成而身死。此可以觀英傑作用之大略矣。三者俱全，學道則有三教大聖人在，經世則有呂尚、管夷吾、張子房在。空山岑寂，長夜無聲，偶論及此，亦一快也。

懷林在旁，起而問曰：「和尚於此三者何缺？」予謂我有五分膽，三分才，二十分識，故處世僅僅得免於禍。若在參禪學道之輩，我有二十分膽，十分才，五分識；不敢比於釋迦老子明矣。若出詞爲經，落筆驚人，我有二十分識，二十分才，二十分膽。嗚呼！足矣，我安得不快乎！雖無可語者，而林能以是爲問，亦是空谷足音也，安得而不快也！

因記往事

向在黄安時，吴少虞大頭巾曾戲予曰：「公可識林道乾否？」蓋道乾居閩、廣之間，故凡戲閩人者，必曰林道乾云。予謂爾此言是罵我邪？是贊我邪？若説是贊，則彼爲巨盜，我爲清官，我知爾這大頭巾決不會如此稱贊人矣。若説是罵，則予是何人，敢望道乾之萬一乎？

夫道乾横行海上，三十餘年矣。自浙江、南直隸以及廣東、福建數省近海之處，皆號稱財賦之産，人物隩區者，連年遭其荼毒，攻城陷邑，殺戮官吏，朝廷爲之旰食。除正刑都總統、諸文武大吏外，其發遣囚繫，逮至道路而死者，又不知其幾也，而林道乾固横行自若也。今幸聖明在上，刑罰得中，倭夷遠遁，民人安枕，然林道乾猶然無恙如故矣。稱王稱霸，衆願歸之，不肯背離。其才識過人，膽氣壓乎羣類，不言可知也。設使以林道乾當郡守二千石之任，則雖海上再出一林道乾，亦決不敢肆。設以李卓老權替海上之林道乾，吾知此爲郡守林道乾者，可不數日而即擒殺李卓老，不用損一兵費一矢爲也。又使卓老爲郡守時，正當林道乾横行無當之日，國家能保卓老決能以計誅擒林道乾，以掃清海上數十年之逋寇乎？此皆事之可見者，何可不自量也。

嗟乎！平居無事，（民）〔只〕解打恭作揖，終日匡坐，同於泥塑，以爲雜念不起，便是真實大聖大賢人矣。其稍學姦詐者，又攙入良知講席，以陰博高官，一旦有警，則面面相覷，絶無人色，甚至互相推委，以爲能明哲。蓋因國家專用此等輩，故臨時無人可用，又棄置此等輩有才有膽有識之人而不録，又從而彌縫禁錮之，以爲必亂天下，則雖欲不作賊，其勢自不可爾。設國家能用之爲郡守令尹，又何止足當勝兵三十萬人已邪！又設用之爲虎臣武將，則閫外之事可得專之，朝廷自然無四顧之憂矣。唯舉世顛倒，故使豪傑抱不平之恨，英雄懷罔措之戚，直驅之使爲盜也。余方以爲痛恨，而大頭巾乃以爲戲；予方以爲慚愧，而大頭巾乃以爲譏。天下何時太平乎？故因論及才識膽，遂復記憶前十餘年之語。吁！必如林道乾，乃可謂有二十分才，二十分膽者也。

某曰：「如此則林道乾無識乎？無識安能運才膽而決勝也？」夫古之有見識者，世不我知，時不我容，故或隱身於陶釣，或混跡於屠沽，不則深山曠野，絶人逃世而已，安肯以身試不測之淵也？縱多能足以集事，然驚怕亦不少矣。吾謂當此時，正好學出世法，直與諸佛諸祖同遊戲也。雖然，彼亦直以是爲戲焉耳。以彼識見，視世間一切大頭巾人，舉無足以當於懷者，蓋逆料其必不能如我何也，則謂之曰二十分識亦可也。

四海

丘文莊謂自南越入中國始有南海，而西海竟不知所在。余謂《禹貢》言「聲教訖於四海」者，亦只是據見在經歷統理之地而紀其四至耳。所云四海，即四方也。故又曰「四方風動」，則可見矣，豈真有東西南北之海，如今南越之海的然可覩者哉？

今據見在四方論之：四川天下之正西也，雲南則天下之西南，陝西則天下之西北。一正西，一西北，一西南，皆不見有海也。由陝西而山西，據大勢則山西似直正北之域矣，而正北亦無海也，唯今薊、遼鄰山東，始有海。從此則山東爲東方之海，山東抵淮、揚、蘇、松以至錢塘、寧、紹等處，始爲正東之海。東甌至福建，則古閩越地也，稍可稱東南海矣。廣東即南越地，今其治爲南海郡，盡以爲正南之海矣，不知閩、廣壤接，亦僅可謂之東南海耳。由此觀之，正西無海也，正北無海也，正南無海也，西北、西南以至東北皆無海，則僅僅正東與東南角一帶海耳，又豈但不知西海所在邪？

且今天下之水皆從西出，西水莫大於江、漢。江有四：有從岷來者，有從沱來者，有從黑、白二水來者。漢有二：有從嶓冢來者，有從西和徼外來者。此皆川中之水，今之所指以謂正西是也。水又莫大于黃河，黃河經過崑崙。崑崙乃西番地，是亦西也。雖雲南之地今皆指以爲西南，然雲南之水盡流從川中出，則其地高于川中可知矣。高者水之所瀉，流之所始，而東南一海咸受之，則海決在下流之處，雲南、四川、山、陝等去海甚遠，皆可知也。雲南、川、陝之外，其地更高，又可知也。不然，何以不川流而西，往彼西海，而乃迢遞逶迤盡向東南行邪？則知以四川爲正西者，亦就四方之勢概言之耳。今雲南三宣府之外，有過洋閼機大布道自海上來者。此布我閩中常得之，則雲南旋遶而東，又與福建同海。則雲南只可謂之東南，而不得謂之西南，又可知矣。

吾以是觀之，正南之地尚未載之輿圖，况西南邪？故余謂據今人所歷之地勢而論之，尚少正南與西南、正西與西北、正北與北東諸處者，以不見有海故卜之也。以天下三大水皆從川中出，卜之而知其難以復尋西海于今之世也。西海既不可尋，則又何名何從而祀海也？然則丘文莊欲祀北海于京之東北，楊升菴欲祀西海于滇之西南，皆無義矣，其誰享之？嗚呼！觀于四海之説，而後知世人之所見者小也，况四海之外哉！

八物

嘗謂君子無怨，唯小人有之；君子有德必報德，而小人無之。夫君子非無怨也，不報怨也；非不報怨也，以直報怨也。苟其人可惡而可去，則報之以可惡可去之道焉；苟其人可好而可用，則報之以可好可用之道焉。其惡而去之也，好而用之也，直也，合天下之公是也。其或天下不知惡而去之、好而用之也，而君子亦必去之、必用之，是亦直也，合天下之公理也。夫是之謂「以直」。既謂之直，則雖無怨于我者，亦必如是報之矣，則雖謂聖人未嘗報怨焉亦可也。若曰「以德報怨」，則有心矣，作僞矣，聖人不爲也。至于人之有德于我者，則志在必報，雖以聖人爲有心，爲私厚，不計矣。何也？聖人義重者也。義重故可以託孤，而况託知己之孤乎？義重故可以寄命，而况寄有德之命乎？故曰「以德報德」。唯其人有必報之德，此世道所以攸賴，國家所以有託，綱常所以不墜，人倫所以不滅也。若小人非不報德也，可報則報，不可報則亦已而勿報，顧他日所值何如耳。苟禍患及身，則百計推托，逃避無影矣，雖有德，將安知乎？唯有報怨一念，則終始不替。然苟勢盛於我，財多於我，我又可藉之以行立，則怨反爲德，又其常也。蓋十百千萬咸如斯也。

此君子小人界限之所以判也。故觀君子小人者，唯觀其報怨報德之間而已。故余嘗以此定古今君子小人，而時時對人言之不省也。除此之外，君子小人有何分別乎？吾見在小人者更爲伶俐而可用也。

或曰「先生既如此説矣，何先生之待小人也過嚴，而惡惡執怨也反過甚乎」？予曰：「不然，我之惡惡雖嚴，然非實察其心術之微，則不敢有惡也。縱已惡其人，苟其人或又出半言之善焉，或又有片行之當焉，則我之舊怨盡除，而親愛又隨之矣。若其人果賢，則初未嘗不稱道其賢，而欲其亟用之也。何也？天之生才實難，故我心唯恐其才之不得用也，曷敢怨也？是以人雖怨我，而欲害我報我者終少，則以我心之直故也。」

或曰：「先生之愛才誠然矣，然其始也取人太廣，愛人太驟，其既也棄人太急，而終之收録人也亦太狹。曷不論定而後賞，勿以始廣而終狹乎？」吁！不然也。夫人實難知，故吾不敢以其疑似而遂忽之，是故則見以爲廣；而真才難得，故吾又不敢以疑似而遂信之，是故則見以爲狹耳。若其入眼即得，無復疑似，則終身不忒，如丘長孺、周友山、梅衡湘者，固一見而遂定終身之交，不待再試也。如楊定見，如劉近城，非至今相隨不舍，吾猶未敢信也。直至今日患難如一，利害如一，毁謗如一，然後知其終不肯畔我以去。夫如是，則予之廣取也固宜。設予不廣取，今日又安得有此二士乎？夫近城篤實人也，自不容以有二心，楊定見有氣人也，故眼中亦常常不可一世之士。夫此二人，皆麻城人也。友山麻城人，而麻城人不知之也。衡湘麻城人，而麻城人不知之也。若丘長孺之在麻城，則麻城諸俗惡輩直視之爲敗家之子矣。吾謂周友山則世之所稱布帛菽粟是也，其不知也宜也。梅衡湘則古今所稱伯樂之千里馬，王武子之八百駿是也，其不知也亦宜也。若丘長孺，雖無益於世，然不可不謂之麒麟鳳凰、瑞蘭芝草也。據長孺之爲人，非但父母兄弟靠不得，雖至痛之妻兒亦靠他不得也。非但妻兒靠不得，雖自己之身亦終靠他不得。其爲無用極矣。然其人固上帝之所篤生，未易材者也。觀其不可得而親疎敬慢也，是豈尋常等倫可比邪？故予每以麟鳳芝蘭擬之，非過也。若楊定見二子者，譬則樓臺殿閣，未易動揺，有足貴者。且高明之家，吉人之都，是非好惡，又自明白。

或曰：「公之知梅衡湘，似矣，然人之所以不知者，以其權智太審也。夫人而專任權智，則可以生人，亦可以殺人，如江淮河海之水然矣。」予謂衡湘雖大樣，然心實細謹，非曹孟德等比也。必如曹孟德等，方可稱之爲江淮河海之水，如之何而遂遽以譽衡湘也哉！嗚呼！此數公者，我固知之，而數公固各不相知也。非有日月星辰洞然皎然，如郭林宗、許子將、司馬德操者出，安能兼收而並用之邪？

或曰：「如先生言，必如此數者，然後可以用於世邪？」曰：「不然也。此其可大用者也，最難得者也，未易多有者也。予但見麻城一時有此數人，便以爲易易矣，不知我費了多少心力，方得此數人乎！若其他則在在皆有，時時可用，自不待費力以求之矣。猶之鳥獸草木之生，周遍大地，任人選取也。」

予既與諸侍者夜談至此，次日偶讀升菴《鳳賦》，遂感而論之曰：「《書》稱麟鳳，稱其出類也。夫麟鳳之希奇，實出鳥獸之類，亦猶芝草之秀異，實出草木之類也。雖曰希奇秀異，然亦何益於人世哉！意者天地之間，本自有一種無益於世而可貴者，如世之所稱古董是邪？今觀古董之爲物，於世何益也？夫聖賢之生，小大不同，未有無益於世者。苟有益，則雖服廂之牛，司晨之雞，以至一草一木，皆可珍也。」故因《鳳賦》而推廣之，列爲八物，而鳥獸草木與焉。吁！八物具而古今人物盡於是矣。八物伊何？曰鳥獸草木，曰樓臺殿閣，曰芝草瑞蘭，曰杉松栝柏，曰布帛菽粟，曰千里八百，曰江淮河海，曰日月星辰。

夫鳥獸草木之類夥矣，然無有一羽毛一草木而不堪人世之用者。既已堪用矣，則隨所取擇，總無棄物也。是一物也。

夫宫寺樓閣，山舍茅廬，基址一也，而高低異；木植一也，而小大異；居處一也，而廣狹異。同是鄉人而鄉不如，則以宫室業産之良矣。譬之於鳥則賓鴻，於獸則獵犬，於草則國老，於木則從繩。同於鳥獸草木，而又不同於鳥獸草木，則以其爲鳥獸草木本類之獨者耳。是一物也。

夫芝草非常，瑞蘭馨香，小人所棄，君子所喜，設於世無君子亦已。譬之玩物，過目則已，何取於温？譬之好音，過耳則已，何取於飽？然雖無取於温飽，而不可不謂之希奇也。是一物也。

夫青松翠柏，在在常有，經歷歲時，棟梁遂就。噫！安可以其常有而忽之？與果木鬭春，則花不如，與果木鬭秋，則實不如。吁！安可以其不如而易之？世有清節之士，可以傲霜雪而不可以任棟梁者，如世之萬年青草，何其滔滔也。吁！又安可以其滔滔而擬之！此海剛峰之徒也。是亦一物也。

夫智者好奇，以布帛菽粟爲不足珍；賢者好異，以布帛菽粟爲無異於人。唯大智大賢反是，故以其易飽易煖者自過吾之身，又以其同飽同煖者同過人之日。所謂易簡而得理，無爲而成化，非若人之徒歟？真若人之徒也。是亦一物也。

夫馬牛麟鳳，俗眼視之，相去故甚遠也。然千里之駒，一日而致；八百之牛，一日而程。麟乎鳳乎，雖至奇且異，亦奚以異爲也？士之任重致遠者，大率類此。而世無伯樂，秖謂之馬牛而不知其能千里也，真可慨也！是又一物也。

夫能生人又能殺人，能貧人又能富人，江淮河海是也。利者十五，而害者亦十五。利害相半，而趨者不倦。今世用人者知其害而不察其利，是欲堙塞天下之江河而不用之也。宋王介甫欲決梁山泊以爲良田，而思無置水之處。劉貢父大聲叫曰：「再鑿一梁山泊，則可置此水矣！」然則今日江淮河海之士，既以有害而不用矣，將安所置之哉？是亦一物也，今未見其人也。

夫智如日月，皎若辰星，照見大地，物物賦成。布帛菽粟者，決不責以霜杉雪柏之操；八百千里者，決不索以異香奇卉之呈。名川巨浸，時或汎濫崩衝；長江大河，實藉其舟楫輸灌。高樓凉殿，巍然焕然，誰不欲也，獨不有鳥獸魚鼈與之咸若，山川草木亦令多識乎？器使之下，可使無不獲之夫。則知日月星辰灼然兼照，真可貴矣。此一物者，實用八物，要當以此物爲最也，今亦未見其人也。

嗚呼！此八物湯也，以爲藥則氣血兼補，皆有益於身；以救世則百工効用，皆有益於治。用人者其尚知此八物哉！毋曰彼有怨於我也，彼無德於我也。雖有千金不傳之祕，長生不老之方，吾只知娼嫉以惡之，而唯恐其勝己也已。吁！觀於八物之説，而後知世之用人者狹也，况加以娼嫉之人歟！

五死篇

人有五死，唯是程嬰、公孫杵臼之死，紀信、欒布之死，聶政之死，屈平之死，乃爲天下第一等好死。其次臨陣而死，其次不屈而死。臨陣而死勇也，未免有不量敵之進，同乎季路。不屈而死義也，未免有制於人之恨，同乎睢陽。雖曰次之，其實亦皆烈丈夫之死也，非凡流也。又其次則爲盡忠被讒而死，如楚之伍子胥，漢之鼂錯是矣。是爲不知其君，其名曰不智。又其次則爲功成名遂而死，如秦之商君，楚之吴起，越之大夫種是矣。是爲不知止足，其名亦曰不智。雖又次於前兩者，然既忠於君矣，雖死有榮也；既成天下之大功矣，立萬世之榮名矣，雖死何傷乎？故智者欲審處死，不可不選擇於五者之間也。縱有優劣，均爲善死。

若夫卧病房榻之間，徘徊妻孥之側，滔滔者天下皆是也。此庸夫俗子之所習慣，非死所矣，豈丈夫之所甘死乎？雖然，猶勝於臨終扶病歌詩，杖策辭别，自以謂不怖死，無顧戀者。蓋在世俗觀之，未免誇之爲美談，呼之爲考終。然其好名說謊，反不如庸夫俗子之爲順受其正，自然而死也。等死於牖下耳，何以見其節，又何以見其烈，而徒務此虛聲爲邪！

丈夫之生，原非無故而生，則其死也又豈容無故而死乎？其生也有由，則其死也必有所爲，未有岑岑寂寂，卧病牀褥間，扶柩推輦，埋於北邙之下，然後爲得所死矣。蒼梧殯虞，會稽尸夏，聖帝明王亦必由之，何況人士歟！第余老矣，欲如以前五者，又不可得矣。夫如此而死既已不可得，如彼而死又非英雄漢子之所爲，然則將何以死乎？計唯有做些小買賣耳。大買賣如公孫杵臼聶政者既不見買主來到，則豈可徒死而死於牀褥之間乎？且我已離鄉井，捐童僕，直來求買主于此矣，此間既無知己，無知己又何死也？大買賣我知其做不成也，英雄漢子，無所洩怒，既無知己可死，吾將死於不知己者以洩怒也。謹書此以告諸貌稱相知者，聞死來視我，切勿收我屍！是囑。

傷逝

生之必有死也，猶晝之必有夜也。死之不可復生，猶逝之不可復返也。人莫不欲生，然卒不能使之久生；人莫不傷逝，然卒不能止之使勿逝。既不能使之久生，則生可以不欲矣。既不能使之勿逝，則逝可以無傷矣。故吾直謂死不必傷，唯有生乃可傷耳。勿傷逝，願傷生也！

戒衆僧

佛說波羅蜜。波羅蜜有六，而持戒其一也。佛說戒、定、慧，戒、定、慧有三，而戒行其先也。戒之一字，誠未易言。戒生定，定生慧。慧復生戒，非慧離戒；慧出於戒，非慧滅戒。然則定、慧者成佛之因，戒者又定、慧之因。我釋迦老子未成佛之先，前後苦行一十二年，其戒也如此，汝大衆所知也。我釋迦老子既成佛之後，前後説法四十九年，其戒也如此，亦汝大衆所知也。若謂佛是戒空，戒是佛縛，既已得道成佛，不妨毁律破戒，則舍精舍，歸王宫，有何不可？而仍衣破衲，重持鉢，何爲者哉？須知父母乳哺之恩難報，必須精進以報之。所謂一子成道，九族生天，非妄言也。十方顆粒之施難消，必須精進以消之，所謂披毛戴角，酬還信施，豈誑語邪？

然則戒之一字，衆妙之門；破戒一言，衆禍之本。戒之一字，如臨三軍，須臾不戒，喪敗而奔；戒之一字，如履深谷，須臾不戒，失足而殞。故知三千威儀，重於山岳；八萬細行，密如牛毛。非是多事强爲，於法不得不爾故也。毋曰「莫予覯也」，便可閒居而縱恣。一時不戒，人便已知，正目而視者，非但一目十目，蓋千億目共視之矣。毋曰「莫予指也」，便可掩耳而偷鈴。一念不戒，鬼將誅之，旁觀而嗔者，非但一手十手，蓋千億手共指之矣。

嚴而又嚴，戒之又戒。自今以往，作如是觀：坐受齋供，如吞熱鐵之丸，若不膽顫心寒，與犬豕其何異？行覓戒珠，如入清涼之閣，若復魂飛魄散，等乞丐以何殊？如此用心，始稱衲子。如水行舟，風浪便覆；如車行地，欹斜即敗。風浪誰作？覆没自當。欹斜誰爲？顛仆自受。凡我大衆，其慎之哉！除年長久參者無容贅示，間有新到比丘未知慙愧，不得不更與申明之耳。凡此大衆，幸各策厲，庶稱芝佛道場；猛著精神，共成龍潭勝會可矣。

戒大智

我所喜者學道之人，汝肯向道，吾又何説？道從六度入，六度之中，持戒禪定其一也。戒如田地，有田地方有根基，可以爲屋種田。然須忍辱，忍辱者，謙下以自持，虚心以受善，不敢以貢高爲也。如有田地，須時時澆糞灌水，方得有秋之穫。不然，雖有田地何益？精進則進，此持戒忍辱兩者而已。此兩者日進不已，則自然得入禪定真法門矣。既禪定，不愁不生智慧而得解脱也。故知布施、持戒、忍辱，真禪定之本，而禪定又爲智慧解脱之本。六者始終不舍，如濟渡然，故曰六度。此六度也，總以解脱爲究竟。然必須持戒、忍辱以入禪定，而後解脱可得。及其得解脱也，又豈離此持戒、忍辱而别有解脱哉！依舊即是前此禪定之人耳。如離禪定而説解脱，非唯不知禪定，而亦不知解脱矣。以此見生死事大，决非淺薄輕浮之人所能造詣也。試看他靈山等會，四十九年猶如一日，持戒忍辱常如一年。今世遠教衰，後生小子拾得一言半句便自猖狂，不敬十方，不禮晚末，説道何佛可成，此與無爲教何異乎！非吾類也。

李温陵集卷之十三

李温陵集卷之十四

海虞後學顧大韶仲恭校

讀史

藏書紀傳總論

李氏曰：人之是非，初無定質；人之是非人也，亦無定論。無定質，則此是彼非，並育而不相害；無定論，則是此非彼，亦並行而不相悖矣。然則今日之是非，謂予李卓吾一人之是非可也；謂爲千萬世大賢大人之公是非，亦可也；謂予顛倒千萬世之是非，而復非是予之所非是焉，亦可也。則予之是非，信乎其可矣。

前三代，吾無論矣。後三代，漢、唐、宋是也，中間千百餘年，而獨無是非者，豈其人無是非哉？咸以孔子之是非爲是非，故未嘗有是非耳。然則予之是非人也，又安能已？夫是非之争也，如歲時然，晝夜更迭，不相一也。昨日是而今日非矣，今日非而後日又是矣。雖使孔夫子復生於今，又不知作何如非是也，而可遽以定本行罰賞哉！

老來無事，爰覽前人，起自春秋，訖于宋元，分爲紀、傳，總類别目，用以自怡，名之曰《藏書》。《藏書》者何？言此書但可自怡，不可示人，故名曰《藏書》也。而無奈一二好事朋友，索覽不已，予又安能以已邪？但戒曰：覽則一任諸君覽觀，但無以孔夫子之定本行罰賞也，則善矣。

藏書紀傳後論

李卓吾曰：聖主不世出，賢主不恒有，若皆如漢祖、孝文、孝武之神聖，孝昭、孝宣之賢明，則又何患乎其無臣也！唯聖主難逢，而賢主亦難遇，然後大臣之道，斯爲美矣，故傳大臣。大臣之道非一，有因時而若無能者，有忍辱而若自污者，有結主而若媚，有容人而若愚，有忠誠而若可欺以罔者，隨其資之所及，極其力之所造，皆可以輔危亂而致太平。如諸葛孔明之輔劉禪，可以觀矣。非謂必兼全五者，而後足當大臣之名也。大臣又不可得，於是又思其次，其次則名臣是已，故傳名臣。夫大臣之難遘，亦猶聖主之難遭也。倘得名臣以輔之，亦可以輔幼弱而致富强。然名臣未必知學而實自有學。

自儒者出，而求志達道之學興矣，故傳儒臣。儒臣雖名爲學而實不知學，往往學步失故，踐跡而不能造其域，卒爲名臣所嗤笑，然其實不可以治天下國家，亦無怪其嗤笑也。

自儒者以文學名爲儒，故用武者遂以不文名爲武。而文武從此分矣，故傳武臣。夫聖王之王也，居爲後先疏附，出爲奔走禦侮，曷有二也！唯夫子自以嘗學俎豆，不聞軍旅，辭衛靈，遂爲邯鄲之婦所證據，千萬世之儒皆爲婦人矣，可不悲乎！使曾子、有子若在，必知夫子此語即速貧速朽之語，非定論也。

武臣之興，起于危亂；危亂之乘，由於嬖寵，故傳親臣，傳近臣，傳外臣。外臣者，隱處之臣也。天下亂則賢人隱，故以外臣終焉。嗚呼！受人家國之託者，愼無刻舟求劍。託名爲儒，求治而反以亂，而使世之真才實學，大賢上聖，皆終身空室蓬户已也，則儒者之不可以治天下國家，信矣。若康節先生，明道先生，龜山楊先生，皆儒也，雖曰古之大臣，又誰曰不宜？又誰敢嗤之？作列傳。

世紀總論

李生曰：一治一亂若循環。自戰國以來，不知凡幾治幾亂矣。方其亂也，得保首領，已爲幸矣。幸而治，則一飽而足，更不知其爲麤糲也；一睡而安，更不知其非廣厦也。此其極質極野無文之時也。非好野也，其勢不得不野。雖至於質野之極，而不自知也。迨子若孫，則異是矣。耳不聞金鼓之聲，足不履行陣之險，惟知安飽自適而已。則其勢不極文固不止也。所謂「其作始也簡，其將畢也必巨」，雖神聖在上，不能反之於質與野也。然文極而天下之亂復起矣，英雄並生，逐鹿不已，雖聖人亦順之爾。

儒者乃以忠質文並言，不知何説。又謂以忠易質，以質救文，是尤不根之甚矣。夫人生斯世，惟是質文兩者。兩者之生，原於治亂。其質也，亂之終而治之始也，乃其中心之不得不質者也，非矯也。其積漸而至於文也，治之極而亂之兆也，乃其中心之不能不文者也。皆忠也。

夫當秦之時，其文極矣，故天下遂大亂而興漢。漢初，天子不能具鈞駟，雖欲不質可得耶？至于陳陳相因，貫朽粟腐，則自然啓武帝大有爲之業矣。故漢祖之神聖，堯以後一人也；文帝之用柔，文王羑里以後一人也；西楚繼蚩尤而興覇；孝武紹黄帝以增廓；皆千古大聖，不可輕議。羣雄未死，則禍亂不息；亂離未甚，則聖神不生。一文一質，一治一亂，於斯焉見矣。

田齊

齊之亡甚無謂，齊王建餓得亦甚可憐。然如建者，不餓死中甚用也。餓死一無用痴漢，而可以全活數十百人，猶且爲之。况全齊百萬生靈乎？干戈不格且四十年，戰國之民，齊何獨幸歟！夫天之立君，本以爲民爾。由此觀之，雖謂建有大功德於民亦可。

漢文帝

歷代詔令多文飾，惟孝文詔書，字字出肺腸，讀之令人深快，予故備載之。孝文深得退一步法，自然脚跟穩實，故其詔令不虚也。學者未知黄帝老子之實，謂之異端楊朱氏，能令天下禍敗。吁！請細觀焉，毋但哺前人糟粕也。

魏

建安十八年，操進三女憲、節、華爲夫人。及伏后被弑，節立爲皇后。曹丕受禪，遣人求璽綬，后怒不與。如是數輩，后乃呼入，親數讓之，以璽抵軒下，因涕泣詈曰：「天不祚爾。」嗚呼！誰知此詈遂成讖也。漢獻帝貶爲公，以后爲山陽公夫人。相傳至玄孫秋猶爲公，行漢正朔，用天子禮樂未絶也。永嘉不兢，氐、羌並起，司馬已失天下，况魏乎？嗚呼！又誰知漢以公相傳，又且幾百年，而魏之不祚一至此也。西晉已亡，而後漢之祀絶，則漢之祀有五百餘年。其末代如周之寄食東西，而更勝之矣。深仁厚澤之報何如哉！故有國者，不可以急于取國，而恣爲勦絶撲滅之威，以自擅而圖後禍也。本欲爲慮後之圖，孰知後禍更速乎！魏武、司馬懿是已。魏武好殺，其子丕先殺其弟，禁錮其宗。其餘盡夷滅於司馬懿之手，無孑遺者。司馬懿好殺，又多殺曹氏，奪國未幾，而司馬炎二十五子咸自相啖。不盡者懷、愍二君，總奴虜斬截于羌胡矣。天之報施，竟何如哉！天道好還，人不可以獨殺，諒哉！余故謂曹后「天不祚爾」之言有驗也。

魏之前後五帝，共享國四十一年。其一被弑，其二見廢，唯丕與叡僅存。然則魏武亦枉苦心矣。本欲滅吴并蜀以一天下，孰知吴、蜀未滅，而已先滅耶？又豈料俯仰之間，四十餘年，蕩然遂無復有耶？已取天下於人，若此其難；人取天下於己，若此其易。難易之故，吾知雖以曹公之多智，亦必不能逆爲之籌矣。可不悲歟！奂在位七年，虚器也；髦在位七年，身且不保，求爲虚器又不能得也。芳雖在位六年乃廢，然實他人子，非魏物也。其與司馬晉之爲牛，嬴秦之爲吕，等耳。未絶而先自絶矣。然則自魏明帝而後，稱魏帝者，空有帝之名，無帝之實也。吾又以是觀之，丕七年，叡十四年，是魏之有天下也，實則僅僅二十又一年也，只有二代相繼而爲帝也。魏武不亦枉哉，而苦心乎哉，悲夫！

晉司馬氏

李生曰：司馬懿于曹丕，至善也。曹叡之愛禮懿亦至。懿蓋兩朝顧命大臣，受遺託寄，非孟德父子之于漢比也。既受其託，殺而奪之，以爲己有。既廢芳立髦矣，復弑髦而立奂，又廢奂而自立。豈其主有劉禪之庸，孫皓之虐者乎！夫庸如劉禪而蜀之君臣如故也，虐如孫皓而吴之君臣如故也。必如司馬氏父子，則國家崇班重任，盡爲盜柄。君之視臣如股肱心膂者，乃引而納之蕭牆之内也。一介之士，必有密友，况有國者，將奚託哉！是不容不以篡弑論矣。

宋齊梁陳

卓吾子曰：劉裕以讖故，弑昌明，立恭帝。又遣傅亮諷帝禪位，帝欣然書詔曰：「晉氏已久失之，重爲劉公所延。今日之事，本所甘心。」遂遜于琅邪第。夫裕之功德巍巍，四海皈心久矣。晉氏衰弱已極，即以琅邪一區處之，如漢獻故事，亦自無患，何必更使兵人踰垣而入弑之也？雖司馬懿之毒必發，虐必報，然爲裕者亦可省此毒手矣。連弑二無罪之君以自種毒，故裕子義符即位未幾，復爲傅亮所弑。子孫繼立，自相屠夷，無遺子者。而蕭道成遂勒兵而入，毒亦遂發矣。

蕭道成之來也，猶謂功在社稷，志切救主。反爲蒼梧所害，出不得已，於是焉廢蒼梧而立順帝，復弑蒼梧而即帝位，封順帝爲汝陰王，足矣。人心歸齊而怨宋，亦自無足虞者。乃復弑順帝，令宋室子孫無少長皆死，何也？是又無故自種此毒也。故蕭衍代齊，遂廢寶融爲巴陵王，仍遣鄭伯禽以生金進而加摺之。此亦蕭道成自種之毒，不得不發於其子孫與蕭衍之手者，又可逃乎？設使道成子孫不自相屠，至蕭衍亦决不肯留種矣。

最好笑者，蕭衍斷死刑則泣，以麪爲犧牲。而以昭明太子故，盡殺道士，略無慘顔，卒致太子死而身爲侯景所弑。其子簡文，求死不得，竟絶於土囊之口矣。又并其太子大器及王侯在建康者，盡數皆死。其毒不更慘耶！夫我以生金進彼，彼亦以土囊進我，一施一報，自是常理也。

獨陳霸先不忍殺一口以代梁，故其後主雖荒淫不度，遭遇隋堅，刻毒異甚，反哀而禮之，爲不奏吴樂以安其心。夫堅豈不嗜殺人者，陳霸先之不殺先之也。余是以知毒之發，百倍於種；福之加，萬倍於施。天道不爽如此，可畏又如此，奈之何甘自種毒而不悔也！

燕慕容氏

儁疾寢，謂太原王恪曰：「今二方未平，景茂冲幼，社稷屬汝何如？」恪曰：「太子雖幼，致治之主也。陛下若以臣爲能，臣請輔少主。」儁喜曰：「汝爲周公，吾復何憂！」乃召吴王垂還鄴，召恪及司徒評受遺輔政。後恪死，垂奔秦，暐爲符堅所滅。

李生曰：慕容儁「何如」二字，大類劉先主臨終之語。舍著北地王諶不立，舍著諸葛公不授，挈而傳之木偶，可笑也。

大臣總論

大臣之道亦難矣。予觀古大臣之用心，畧有此五等者，故别而論之。夫因時者，無作爲之迹，遐哉邈乎，不可尚矣。但能忍辱者，亦妙於趨時。務結主者，尤貴于含垢。此非休休有容者不能也。而要其實，皆本之于至誠，惡能强之哉！則謂此五者，一大臣之能事可也。近世若李文正，同時若盱江羅汝芳，其人非乎？羅尤難識，雖有大賢未免疑謗，而况于庸衆人耶！殆無怪乎老且死矣，而竟不獲用于世也。蓋世之好尚不同，士之志業亦異。如必兼全五者而後爲政，則千古無君臣矣。但能各從所好，一門深入，亦足當棟梁之任，卓然不易幾及。此古人所以致慎于學術也。惟學術之不究，而冒焉以身試之，是以知其决不可耳。且夫騁其材智，恣其胸臆，狃于聞見，騖于虚名。縱幸而成，亦與野戰者等也。又安知天下之重，不可以輕擲；僥倖之事，不可以嘗試乎？輕擲而屢試之，而屢不悔。彼所謂大賢君子，皆是也。而王介甫、張德遠其甚也。介甫不知富强之術，而必欲富强；德遠不知恢復之計，而惟務恢復。悲乎！是直以君父爲兒戲也矣。

叔孫通

曹參遵何約束；丙吉守魏之規；叔孫因陋就簡，制作禮樂，以粉太平。是皆以無用爲用者也。夫禮樂何處無之，若必待積德，又至百年，則人道之滅久矣。且世無百年之運，人無百年之世。信如兩生之説，則雖賢聖亦徒然耳，曷足貴乎？彼蓋不知夫擊壤而歌者，真盛世之聲也；鼓腹而遊者，真盛世之容也。當漢時，君臣方免於争戰之苦，而歌呼慶幸于殿陛之間，皆自以爲至樂矣。稍綿蕞之便與天地同節，又何待也！積亂成治，積虐成德。三章約法，彼安堵之民，一言而遂定。及是，已盡出于烈焰之中矣。其爲手舞足蹈，雖有夷夔，可得而復加之邪？然則叔孫生之禮樂，亦若此焉耳。爲漢儒宗，不亦宜歟！

王導謝安

當晉之時何時，而其主何主也？中原爲胡虜之區，其君臣已偏安一隅矣。大將持重兵于外，欲以擁衛朝廷，而反遥制朝廷之權矣。此時尚可爲乎！然晉祚卒延者何？王、謝之力也。偉哉二公之于晉也。無求備，無取必，無敢僥倖。譬如有虚怯之症，飲食可進則進之，不可則俟之。不遽試以金石之藥，攻刦之劑。以無病視病，故其病不治而自愈矣。何者？忘之也。夫天下之病，以治而失者多矣。若當卧病時，而能忘其病，此其忘身無患，固非扁鵲、倉公之所能驚也，况世醫乎？自道德教遠，世之言治皆苟焉耳。不思因時之政，治以不治。雖黄帝不能違，而况累卵之時乎！善哉王茂弘之言曰：「人言我憒憒，後人當此思憒憒。」安石亦曰：「不爾，不成京師。」至哉言乎！于道德深且遠矣。獨怪夫有宋之時，君臣俱犯虚怯之症，其不足有爲明矣。一時大賢，起而欲救之，務爲求全，果於取必。乃百藥雜試，以圖僥倖，而遂壞之也。悲夫！

狄仁傑

梁公始者幾危，後得免于虎口，遂悟黄帝、老子之旨，同流合汙，與世委蛇。對主褫裘，當朝蒲博，非但全唐，亦以完軀，其事偉矣。又可喜者，婁公實薦梁公，而反以爲不知人；梁公實重婁公，而反數擠之于外。朋黨之疑不開，二張之交已合，后雖忮忍，不知反正之權，已在此老掌握之中矣。所謂汚其身以善其君者，梁公有焉。奈何作史者往往添足其間，欲以爲梁公諱也。故撮其要者，録之于篇，亦以見當斯之際，尚有能爲之人，則天下决無不可爲之時，無不可爲之事矣。特未有善學黄老如梁公者，徒使人扼捥嘆息，恨不得起之于九原耳。

公孫弘

轅固以弘爲阿世，仲舒以弘爲從諛，長孺以弘爲不忠，似也。予謂臣而忠可也，獨不思難乎其爲上歟？主欲聖而臣欲忠，夫誰獨無欲者。今臣欲忠而不以聖歸其主，主欲聖而不以忠與其臣，是以愈相持而愈不相值也。必也其至忠乎？至忠者不忠，平津侯是已。夫帝素憚汲，汲亦素面折帝，帝之多欲如故也。汲以忠求帝，帝反以戇與汲。是故忠未獲而淮陽之命下矣。平津侯不然，天子使吾丘壽王等難弘，弘詘服。使朱買臣等難弘，弘則曰：「山東鄙人，不知其便若是。」蓋歸其能于主，而居己于不能，上下之道當如是耳。然天子卒用侯言，不置滄海，不通西南夷，族郭解而舍卜式，非人情不軌之臣，則帝之受益于侯者亦弘矣。

作史者乃稱其意忌，而復引二人以爲證。夫主父之横，甚于郭解，可勿誅邪？仲舒以明災異下獄論死，與弘何與也。况膠西之相，惟仲舒能以禮匡王爲王敬重。舉能其官，又可過乎？

盧懷慎

懷慎自以才不及崇，每事推崇。此與視人之技若己有，見人之彦實能容，何異乎？誠大臣也。夫世之以清白自守，濁視他人者，皆是也。况公何嘗無才乎？當局而讓姚崇，身退而薦宋璟。執手數語，天寶之後，若身見之。才與識兩俱勝者也。

容人大臣

結主者慕獲上之誠，容人者羡《秦誓》之美，有自來矣。夫自秦穆著誓，孔子取以爲平天下之要訣，而後一个臣者不難擇矣。所謂一个臣者無他技，蓋斷斷乎其無他技也，非有技而藏之不試也。夫有其技者，必以技爲天下役。自無其技，則天下之技往歸焉。此自然之勢也。故爲君者，擇一相而已。所擇于一相者，非有技也，爲其好人之技也。而君能好之，則天下平矣。然自古至今，多才與技者，未嘗乏人。獨好技者之難，何哉？以其未嘗無他技故耳。后儒不識好惡之理，一旦操人之國，務擇君子而去小人，以爲得好惡之正也。夫天有陰陽，地有剛柔，人有君子小人，何可無也！君子固有才矣，小人獨無才乎？君子固樂于嚮用矣，彼小人者獨肯甘心老死于黄馘乎？是皆不可以無所而使之有不平之憾也。使小人而可以無所，則是天地有棄物，而慈母有棄子也。必天地而不生此物，父母而不生此子也而後可。否則未有不以技爲天下役者矣，而奈何去之！吾恐仁人之所放流者，正在此而不在彼也。故列叙古之大臣，復取其能容人者以爲世鑒焉。

藺相如

卓吾曰：言有重於泰山，相如是也。相如真丈夫，真男子，真大聖人，真大阿羅漢，真菩薩，真佛祖，真令人千載如見也。

張良

漢之三傑，皆爲帝所疑。獨不疑子房者，以子房終始之心至明白也。昔人謂子房善藏其用，夫秦、項滅而英雄之恨已銷，可以辟穀謝世矣，何用之藏歟！使子房而功名富貴人也，當不已於好謀用知之私，雖欲藏用以求免帝之疑，又可得歟？信、何是已。信無足論矣，觀何日夜求免于疑者，至無遺策矣。何亦自以爲得藏身之知也，然帝疑何之心，卒與何相終始。其得免于械繫者，直幸耳。乃知心迹苟明，雖智如子房，未始藏其用也。范蠡惟不勝好謀用智之私，故卒以滅吴霸越，成萬世之名，夫會稽之棲，報父之讐也，非無罪而興師者也。舍而不誅，蠡之君臣當用以爲德矣。謀之二十餘年，自强可也，雪耻可也。乃句踐既許吴成矣，蠡獨鼓進兵何哉！以長頸烏喙之人，猶掩泣而不忍其死者，蠡獨何忍乎？太伯之祀，忽焉遽絶。句踐之疑，從兹甚矣。與其逃海避誅，以知求脱，孰若優游廊廟，使悍后妬主皆信而不疑也。故爲陶朱公者，去越適齊，又去齊適陶，役役于利名之場，老死而不止，是用知之過也。則謂留侯善藏其用亦可也。

吕好問

李綱當此時，不思多方博訪耆德，以佐時艱。乃一好問，不肯容留。惜哉！王業艱難，政宜含垢，繩之以法，懼者衆矣，非虚言也。好問跨父越祖，不用真可惜，真可惜！

鼂錯

鼂錯區區欲圖袁盎，自速反噬，無足怪也。然而漢景之愚，亦已甚矣。若錯但可謂之不善謀身，不可謂之不善謀國也。錯之對其父曰：「固也不如此，宗廟不尊，劉氏不安。」其父曰：「劉氏安矣，而鼂氏危。」予嘗痛哭此言曰冤哉，錯之以忠受戮也。鼂、賈同時，人皆以賈生通達國體。今觀賈生之策，其迂遠不通者，常十而一二也。豈如鼂之鑿鑿可行者哉！故宜魏相諸賢，多從鼂、賈以致中興也。然言鼂，則賈繼之矣，餘無能出賈之右者也。

張騫

張騫持漢節入匈奴，十三年而不失，與子卿何異！同時八十餘人皆没，獨騫與堂邑父兩人在耳。身所經歷大夏、大宛、烏孫、康居、大小月氏，不下三萬餘里。所至戎人愛而信之，以故兩度得脱，無困迫憂。則其才力，固有大過人者。予固取其節而重其才，益信漢武之能得士也。

王曾

王孝先人品甚高，事業亦偉，以今觀之，俱無足論，予獨喜其能以計去丁謂也。以謂之奸，位元宰，交結方深，一旦去之，如縛雞然。卒展動不得，可謂有用之學術矣。去凶人，定國家，安善類，幾不密則失身。城狐社鼠，禍蔓延必重悞國，自古所難也。予謂公即此是學矣。使以公之才，而知如此之爲學，則當皇帝幼冲，劉后垂簾，丁謂已去，而社稷之寄在我，胡爲乎裁抑劉氏，使不得一行其意，便以爲輔相之能哉？其後吕相繼之，卒安劉氏而成仁宗四十年恭儉之德，公豈未諒之邪？柰何復相而復攻吕之短，又不得容其身于明良之朝也？史臣無識，于公之去丁也，既明丁非其罪矣，乃復爲公諱曰「獨衆論稱快」云。夫丁果當去，不必當罪；去丁果當，不必稱快。知此則可爲天子大臣矣。

趙鼎

趙鼎卒，其子汾護喪歸葬衢州。守臣章傑知中外士大夫是日皆攜酒來會葬，陰遣縣尉翁蒙之以搜私釀爲名，欲馳往掩取之，以爲奇貨，而不知蒙之固正人也。蒙之急書片紙，走僕自後垣出，密以告汾，令盡焚篋中書，以及弓刀之屬。比官兵至，搜索悉無所得。鼎之一家，賴以紓禍，蒙之力也。李生曰：守臣枉出奇計，縣尉自有蒙之。人生品格已就，豈在官爵崇卑！

陳亮

亮卒之後，葉適請於朝，命補一子官，非故典也。李卓吾曰：終始知公者葉，雖與文公游，文公不知也。

乃郡守周葵，早歲便知亮，異哉！堂堂朱夫子，反以章句繩亮，麄豪目亮，悲夫！士唯患不麄豪耳，有麄有豪而後真精細出矣。不然皆假也。

富國名臣論

史遷傳《貨殖》，則羞賤貧；書《平準》，則厭功利。利固有國者之所諱歟！然則太公之九府，管子之輕重非歟？夫有國之用與士庶之用孰大？有國之貧與士庶之貧孰急？漢自高帝圍于冒頓，高后辱于嫚書，文景困于中行説，堂堂天朝，犬戎侮之，至妻以公主而納之財，猶且不得免也。烽火通甘泉，邊城晝警，而入粟塞下，募民徙邊，積穀屯田，殆無虚歲矣。武帝固大有爲不世出之主也，于此肯但已乎？今夫富者力本業，出粟帛以給公上，貧者作什物、出力役以佐國用，助征戍，是所益于國者大也。獨有富商大賈，羨天子山海陂澤之利，以自比于列侯都君，而不以佐國家之急，果何説乎？設使國家無有此，固無損也。夫有之未嘗益，則無之自無損。此桑弘羊均輸之法，所以爲國家大業，制四海安邊足用之本，不可廢也。且其初亦非有意盡奪之也，既拜爵以勸之矣，又大封賜卜式以夸耀風厲之矣，而商賈終不聽也。故重征商税，使之無利而止，然後縣官自爲之耳。又于京師置平準以平物價，使之不至騰湧。而後買賤賣貴者，無所售其嬴利，其勢自止，不待刑驅而勢禁之也。弘羊既有心計，又能用人。其所用者，前有爵賞之勸，後有誅罰之威。是以銖兩之利盡入朝廷，奸吏無所措其手足。不加賦而國用足矣，太倉、甘泉，一歲皆滿。邊餘穀，賞賜日以鉅萬，皆取足大農。大農財帛，盈溢如故也。武帝之雄才如何哉！甚矣！孝武之未可以輕議也。

宋之王安石，吾不知何如人者，乃亦欲効之，可乎？夫安石不知其才之不能，而冒焉遽以天下之重自任。議者不以其才之不足以生財，而反咎其欲奪民之財，則其所見又在安石下矣。夫安石之遇神宗，猶夷吾之于齊，商君之于秦也，言聽而計從之矣。然夷吾行之，迨二百餘年以至于威、宣，猶享其利。商君相秦，不過十年，能使秦立致富强、成帝業，乃安石欲益反損，欲强反弱，使神宗大有爲之志，反成紛更不振之弊，胡爲也哉？是非生財之罪也，不知其所以生財之罪也。嗚呼！桑弘羊者，不可少也。

卓茂

李生曰：偉哉！「律設大法，禮順人情」之語也。夫以禮教汝，汝必無我怨惡。若以律治汝，則一門之内，小可論，大可殺，將無所措手足矣。柰之何爲民父母者不念也！苟一日之間，三復斯語，安有不興憫惻之念者，安有無所措手足之民也？然茂爲密令，亦必數年之後，教乃大行。則非久任不遷，亦當以不及降調罷軟罷斥矣。烏能澤及密黎，聲施後世乎？

徐有功

鉅鹿主簿潘好禮稱有功仁恕過漢于、張。起居舍人盧若虚論之曰：「徐公當雷霆之震，而能曲全仁恕，雖千載未見其比也。」李生曰：「果然哉！平情待下，正直事上，剛而能恕，尤爲難事。」張文成爲有功贊曰：「躡虎尾而莫驚，觸龍鱗而不懼。鳳峙鴟梟之内，直以全身；豹變豺狼之間，忠能遠害。」可謂善名狀矣。

謀臣

士之有知謀者，未必正直，而正直者，亦未必有知謀，此自然之理也。世人之貴正直也久矣，余謂惟知謀之士不用，而後正直之臣見，節義之行始顯耳。節義者，敗亡之徵也。東漢之末事可見已。夫惟國家敗亡，然後正直節義之士收其聲名，以貴于後世，則何益矣！歷觀近古，嬴氏興而六國之謀臣盡走咸陽。而後屈平以死諫顯于楚，李牧以死戰顯于趙，荆卿以匕首入秦顯于燕矣。雖數子者其名美，彼列國者，曾奚賴乎？漢興，而陳平之謀居多。平非惟有定天下之勛，亦且有安社稷之烈。使當時無周昌、王陵等數十輩，亦何損于漢也？由此觀之，創業中興之主，所用所養，皆可知矣。予以謂知謀之士可貴也。若夫惇厚清謹，士之自好者亦能爲之。以之保身雖有餘，以之待天下國家緩急之用則不足，是又不足貴矣。是故惇謹之士，于斯爲下；循良之吏，悃愊無華。方之能吏，京兆趙、張，才質固殊，有便于民，其實一也。

厮養卒

可惜此厮養卒，不載名姓。卓吾子曰：厮即姓，養卒即名。其姓名即千載不朽矣。豈似世之自負著姓有名望，而實與草木同腐者乎？

荀彧

荀彧既屢以高、光、劉、項争天下事許曹操矣，却拒董昭之請何耶？世間道學，好騎兩頭馬，喜踹兩脚船，專欲無厭，思惟兼得，而不知人之不可欺，卒之俱不能得而反以兩失也。豈獨荀令君然哉！裴松之等取唐衡生卒之年，苦爲彧辨，又謂其出於不得已，皆無見識之甚。要知無之不足爲彧奇，有之不足爲彧累，烏用辨矣！

屈原

予讀《漁父》之詞，而知屈大夫非能言之而不能行也。蓋自不肯行也。人固有怨氣横臆，如醉如夢，尋死不已者，此等是也。宗國顛覆，姑且勿論，彼見其主日夕愚弄於賊臣之手，安忍坐視乎？勢之所不能活者，情之所不忍活也，其與顧名義而死者異矣。雖同在節義之列，初非有見於節義之重，而欲博一死以成名也。其屈大夫之謂歟？

伍員申包胥

伍員既没，而後楚有屈原。雖生不並世，要皆楚之烈也。第原自欲死，而員乃爲人所死。屈原决擇於死生之際，唯死爲可，故卒就死，以明己之生真不如死也。伍員知吴之必亡，而不知己之先亡，吴猶未亡，而身先亡於太宰嚭之手矣。其視屈大夫實大逕庭，吾是以後之。雖然，伍子胥之必覆楚也，申包胥之必復楚也，絶孝純忠，驚天震地。此中若妄有褒彈，是誠滅却一隻眼矣。豈可！豈可！

侯生

侯生之刎頸送公子也，感公子之知我也，是固然矣。然特其一耳。余嘗有《侯生詠》，今録之：「夷門晝策却秦兵，公子奪符出魏城。上客功成心遂死，千秋萬歲有侯嬴。」是亦然矣，而未盡也。余又有《荆卿詠》，復録之：「荆卿原不識燕丹，祇爲田光一死難。慷慨悲歌爲擊筑，蕭蕭易水至今寒。」向使田光不死，則荆卿决不見丹，矧肯入秦乎？故田光以死激荆卿而匕首發，侯生以死激朱亥而晉鄙椎。何者？荆卿於太子，本無相知之素，朱亥于公子，亦無深交之分也。當公子親迎侯生時，侯生故過朱亥，而立公子車騎市中，豈真不知公子之退讓，而復借此以觀之哉？公子既終不問，然後權詞以稱之耳。使公子當日果能請屠者與之同載而歸，則屠者即爲公子客矣。當自能爲公子死也，何待竊符之日乃謂公子曰「臣客屠者朱亥可與俱，此人力士，可使擊之」乎？是朱亥至是尚爲侯生客，未嘗爲公子客也。非公子客，又何以得其死力而用之？故侯生死而朱亥决矣。夫古之君子，貴成事，急然諾，如是而已。事苟可成，然諾苟可不失，則鼎鑊如飴，何足怪也？侯生本以智謀奇，而余獨列在節直之科者，以其視死如歸，不難報德以成事也。噫！若侯生者，豈直爲節直之雄哉！雖爲天子大臣可矣。

王章

治京兆者，前有趙、張，後有三王。三王者，王尊、王章、王駿也。駿，王陽之子。王陽爲孝子，王尊爲忠臣，誠然哉！請以身填金隄，因止宿廬居隄上也。王章，爲鳳所舉。非鳳專權，不親附鳳，反言鳳不宜用，爲鳳所陷卒不念牛衣涕泣時何哉？然與趙廣漢始事霍氏，後揣上旨，徑將兵吏入霍氏之門，搜索推破，斧斬門關，異矣！吾謂王章可敬也，班氏譏之非也。雖不聽婦言而死，要無害其爲兩賢者。嗚呼！章賢者也。有妻有女又賢，是可以死。

龔勝等

人言西漢明經術，東漢重節義。以今觀之，西漢之節義，一何多也。但西漢之直節隱於下，東漢之直節憤于上。隱於下者，本圖免死，又或不免於死，或不免于全家俱死。憤于上者，自分必死，以救同類之死，以冀惡黨之不敢肆。而惡黨竟肆，同類竟死，況一身一家乎！吾以是觀之，處衰亂之世，當危亡之朝，或上或下，皆未有可者也，然則亦任之而已。

且漢自孝安而下，國宜亡矣，而卒不亡者何居？則以賢人滿朝，君子接踵。虎視雖眈而虎口常探，龍戰雖傷而龍鱗屢逆，百折不回，九死靡悔。李、杜滅而李、杜復繼之，終不以于野之血玄然黄然，嚇嚇可畏而遂縮也。假使何進能聽太后之語，不妄召外兵以討諸閹，則袁、曹雖强，亦何釁而起乎！蓋至于老瞞專國二十五年，終不敢篡漢自立，則孔融雖死，其所裨於漢帝者弘矣。殺其身無益於君，已勝于老死牖下者萬萬，況有益于君耶！

西漢哀、平未甚失德也，而王莽從容焉飭智矯廉以取之。向使終始謙恭下士，不改漢家舊制，則潛移嘿運不覺矣。故知虎豹在山，藜藿不采，非虚語也。吾又以是觀之，東漢諸賢之憤于上非得已也。然上焉可也，憤焉不可也。正己而不求人，以潛消其非僻之心；正己而物自正，以坐收其不顯之益，斯善矣。雖然，此必學焉而後可也。

世之學而後入政者，能幾人哉？嗚呼！不憤不發。夫子嘗曰：「殺身以成仁」矣，孟子亦曰：「舍生而取義」矣。事君致身，此萬世律令也。此而不發憤，更待何時而後發憤乎？若夫明哲保身之云，直謂不在其位者發，非謂居高食厚者發也。道學先生慎勿錯引聖語以誤後世其可。

朱穆

范曄論之曰：「穆著《絶交論》，蔡邕以爲貞而孤，於是又作《正交》，以廣其志。夫古之善交者鮮矣。漢興稱王陽、禹貢、陳遵、張竦，中世有廉范、慶鴻、陳重、雷義。」曄蓋譏《絶交》也，是豈識公叔著論之本意乎？

况荆卿、豫讓，歷萬世而一遇；遇且不可，又曷可絶也！ 曄之見益鄙矣。且夫彈冠結綬，時勢相依，正今士之弊，曄獨以爲至交，傷哉！ 益以見世之無交也，不待絶而自絶矣。因爲歌曰：

不須絶交，交自絶我。交已絶我，無交可絶。一絶
爰有劉峻，廣而論之。可喜范曄，不睹其辭。二絶
范氏若在，必有褒貶。著書立言，有口無眼。三絶
荆卿豫讓，千載無雙。朱暉朱穆，祖孫畧同。四絶
范曄何人，厥膽孔大。無識無行，口復利害。五絶
欲絶交游，先絶此囚。伯宗劉溉，未足深讐。六絶

范式孔嵩

李生曰：觀二子官皆至刺史、郡守，則前此舉動，皆馬扁也，非虞卿真節義比矣，謂之局騙，不亦宜乎！ 然二子亦難矣。信如巨卿，則雖馬扁，吾甘奉之也。

田疇

陶淵明《擬古》云：「辭家夙嚴駕，當往志無終。問君今何行，非商復非戎。聞者田子春，節義爲士雄。斯人久已死，鄉里習其風。生有高世名，既没傳無窮。不學狂馳子，直在百年中。」觀陶公此詩，則子春始終爲漢，亦已可知矣。其不受爵禄，有以也。

李温陵集卷之十四

李温陵集卷之十五

海虞後學顧大韶仲恭校

讀史

道學

道之在人，猶水之在地也。人之求道，猶之掘地而求水也。然則水無不在地，人無不載道也審矣。而謂水有不流，道有不傳，可乎？顧掘地者，或棄井而逃，或自甘于溷濁臭穢，終身不見甘泉而遂止者有之，然而得泉者亦已衆矣。彼謂「軻之死不得其傳」者，真大謬也。惟此言出，而後宋人直以濂、洛、關、閩接孟氏之傳，謂爲知言云。吁！自秦而漢而唐，而後至于宋，中間歷晉以及五代，無慮千數百年，若謂地盡不泉，則人皆渴死矣；若謂人盡不得道，則人道滅矣，何以能長世也？終遂泯没不見，混沌無聞，直待有宋而始開闢而後可也，何宋室愈以不競，奄奄如垂絶之人，而反不如彼之失傳者哉？好自尊大，徒爲標幟，而不知其詬誣，亦太甚矣。今夫造爲謗言，誣害一家者，其罪誅。今以一語而誣千百載之君臣，非特其民無道，其臣無道，其君亦且無道，一言而千古之君臣皆不免于不道之誅，誣罔若此，有聖王出，反坐之刑，當如何也？而可輕易如此矣乎？

予甚恨之，是以不能已于太息焉。晚年多暇，意欲一洗千古之謗，而力不能致全書。又老來好書，目力既竭，計有行游四方，就正有道，日聞所不聞，庶幾快之。而筋力衰矣，出門復難，就正未易。噫！耳目無功，聞見自狹，予雖欲尚論古人，以知其世，何可得也？姑即平生所知者，録而別之，目爲有德之儒。雖師友淵源莫詳次第，而僅存什一，要當知道無絶續，人具隻眼云耳。

荀子

荀與孟同時，其才俱美，其文更雄傑，其用之更通達而不迂，不曉當時何以獨抑荀而揚孟也。中間亦尊周、孔，然非俗所以尊者。亦排墨子，亦非十二子，然亦非世俗之所以非者。故曰荀、孟。吁，得之矣！

孟子

孟氏之學，識其大者，真若登孔子之堂而受衣鉢也，其足繼孔聖之傳無疑。其言性善亦甚是。然至盡排衆説，猶未免執定説以騁己見，而欲以死語活人也。夫人本至活也，故其善爲至善，而其德爲明德也。至善者，無善無不善之謂也。惟無善無不善，乃爲至善；惟無可無不可，乃爲當可耳。若乃執一定之説，持刊定死本，而欲印行以通乎天下後世，是執一也。執一便是害道，孟氏已自言之矣。彼其意不過欲急于覺人耳，夫使人而可覺也，則樂正子之徒當先覺之矣。乃其徒卒無一人信性善之説者，何哉？又使天下而可覺也，則戰國當先覺之矣，乃戰國之君臣亦未有一人肯信性善之説者，何哉？又使後世而可覺也，乃後人誦性善之説者，未嘗不喜談而樂道之也，而何善人之少也？由此觀之，覺人者可思也。惟夫子之善言性也，曰「性相近也，習相遠也」「上知與下愚不移」。不執一説便可通行，不定死法便足活世，故曰：孔子其太極乎？萬世之師之也宜也。

孟氏知尊夫子而願學之也亦宜也，然以爲賢于堯舜，以爲生民未有，則亦不自知其言之過矣。夫孔子自謂好古敏求，學而後知之者矣，乃堯、舜，性之也，何易賢也。若以謂舉作用而言，則孔子之舉措，分明是舜以下聖人之舉措也，觀其夢寐周公可見矣。夫周公且非舜比也，而况堯乎？當堯之時，洪水之害極矣。衆方舉鯀，堯故知之，然且順衆而用之，不徒用之，用之且至于九載，至九載而績用弗成也乃已。其舉禹，舉稷，舉臯陶、伯益，舉十六相而誅三凶，且殛鯀也，皆舜攝位以後事也。由此觀之，則堯之端拱成化，後世烏能知之哉！而以爲賢于堯，不過情乎？然此猶可委曰弟子互相神聖其師云耳，乃王伯之辨，則舛謬不可通甚矣。

夫稱天下之所歸往曰「王」。前此而王者有三，故曰三王。王者不足爲天下之歸往，則方伯連帥脩其職業，佐王者以定諸侯，寧一天下。于是始稱方伯之任，故謂之「伯」。自古未嘗有知其任者，而齊桓始行之，桓亦不知行此也。管仲相桓，實首任之，而桓公不知也。故桓公欲征西戎，仲因之令燕脩召公之政；桓公欲伐蔡，仲因之責楚包茅之不入；曹沫之刼桓公，其事舛矣。仲因之令還魯之侵地，而布大信于諸侯。所謂轉禍爲福，因敗爲功，兵車不以，而諸侯歸服。桓公之忿以雪，而其名又美，故當時之人不曰雪忿，而曰仗義。桓公之横行于天下也已極，而其兵不試，故當時之諸侯不曰横行，而曰盟誓。故不惟周王得位，列國寢兵，百姓休息，雖桓公亦自喜于得仲之晚也，自然任之之専也已。何也？本以私意出，而反以公道入；本以取小出，而反以服大入；本以僥倖出，而反以全勝入；本爲人致出，而反以致人入；本爲鬬争出，而反以歸順入；本爲齊侯出，而反爲尊周入；桓公雖欲不信管仲不可得矣。此其借之之力，固所以脩方伯之職，非分外舉也，何以得罪于三王乎？吾以爲正有功于王者矣。故爲三王易，爲五伯難。夫子曰：「微管仲，吾其被髮左衽矣。」「一匡天下，民到于今受其賜。」「九合諸侯，不以兵車，管仲之力也。如其仁，如其仁。」故脩伯者之事，仲實始之，自是秦穆、晉文、宋襄、楚莊相繼效尤，遂成五伯。此五伯之所由名也。而二百餘年之周，借是以延長不滅，誰之功耶？而以爲「無道桓、文之事」可歟？蓋孟氏徒知夫子小管仲之器，而不知夫子實心服管仲之功。其小仲之器者，亦大概爲門弟子云耳。當時門弟子如子貢，亦不免以得邦家望夫子，故夫子曰：「待勢而彰，其器小也。」人亦何待功業烜赫而後足以立于世哉，非以夫子之事功爲能有加于仲也。

樂正子

孟子以樂克爲善人、信人。夫曰善人，則不踐迹矣。曰信人，則有入室之望矣。可喜何如也！夫人之所以終不成人者，謂其效顰學步，徒慕前人之迹爲也。不思前人往矣，所過之迹，亦與其人俱往矣，尚如何而踐之？此如嬰兒之初生也，未能行立，須藉父母懷抱提携，乃能有往。稍長便不用矣，况既長且大歟？今之踐迹者，皆嬰兒之類，須賴有人在前爲之指引者也，非大人事也。夫大人之學，止于至善，至善者無善之謂也，無善則無迹，尚於何而踐之？然則非但不必踐，不當踐，雖欲踐之而不得焉者也。夫孔子非迹乎？然而孔子何迹也。老聃非迹乎？釋迦非迹乎？然而老之與釋何迹也。今之三教弟子皆踐彼迹者也，可不謂大哀乎！惟是世間一種善人，自然吻合乎至善之初，生來便自不肯依人脚跡，作轅下之駒矣。故孔子屢稱之而極言其不可得見，乃孟子遽以許樂克，則樂克亦可人哉！

吾且極言之。凡人之生，負陰而抱陽。陽輕清而直上，故其人得之則爲狂；陰堅凝而執固，故其人得之則爲狷。雖或多寡不同，參差難一，未能純乎其純，然大概如是而已。惟彼純陽之健，純陰之順，則其人難得見之，夫子所以思也。自今觀之，聖人者，中行之狂狷也。君子者，大而未化之聖人也。善人者，狂士之徽稱也。有恒者，狷之別名也。是皆信心人也。故曰「忠信之人可以學禮」，曰「主忠信」，夫善人而至于信，則駸駸矣。是信者，狂狷之所以成始成終者也。惟其不學，則謂之善人，從事于學，則謂之君子；由有學而悟無學，則謂之中行。而信實根抵之矣。學者不識善人之實，乃以廉潔退讓篤行謹默之士一概當之，是入鄉愿之室而冒焉以爲登善人之堂也，一何視善人之淺哉！

孔子之門，曾點以狂而見道，曾參以狷而信道，此其彰彰較著焉。求之于古，必如伯夷、伊尹，行一不義殺一不辜而得天下不爲，方可名爲狷者。若柳士師，則狂者流矣。由此觀之，放勳狂而帝，文王狂而王，泰伯狂而伯，皆狂也。若舜也禹也湯與武也，以至周、召之列，皆狷也。微子狂而去，箕子狂而奴，比干狷而死，夫子曰：「殷有三仁焉。」曰：「三仁」者，無彼此也。管夷吾狂之魁也，漢高帝狂之神也，漢文帝狂之聖也，陶朱狂而哲，子房狂而義，莊周、列禦寇，道家之所謂狂也，曹相國、汲長孺，道家之所謂狷也，皆能措刑於不用，己不勞而民安之矣。荀之與楊，聖門之所謂狂狷也，韓子何人而遽指其醇疵哉！若陶淵明肆于菊，東方朔肆于朝，阮嗣宗肆于目，劉伯倫、王無功之徒肆于酒，淳于髡以一言定國肆于口，皆狂之上乘者也。難之難者，其東方生乎！避世金馬門，以萬乘爲僚友，所謂「古之狂也肆」，其在斯人歟！其在斯人歟！

狂者又不可得，欲得不屑不潔之人而與之，是狷也。孟氏之所謂次也，猶言志至而氣即次之，謂不可以軒輊也。惟天地之生狂者不數，故古今豪傑獨狷者差多耳。吾且畧陳其一二焉：伍員以孝狷，屈平以忠狷，藺相如以勇狷，貫高以氣狷，魯仲連之倫以俠狷，天下後世但指以爲一偏一曲之士，未有知其脩者。下至東漢，節義之士大率如此。惟牛醫兒一脈，頗爲害事，甚至互相標榜，目爲魯國顔子，自謂既明且哲，實則賊德而禍來學。回視家國將傾，諸賢就戮，上之不能如孫登之污埋，次之不能如皇甫規之不與，下之不能興狐兔之悲。方且沾沾自喜，因同志之死以爲名高，是誠何忍哉！此鄉愿之學。狂狷之實，不可以不早辨也。

寧獨是，文章亦然。李謫仙、王摩詰，詩人之狂也；杜子美、孟浩然，詩人之狷也。韓退之文之狷，柳宗元文之狂，是又不可以不知也。漢氏兩司馬，一在前可稱狂，一在後可稱狷。狂者不軌于道，而狷者幾聖矣。雖心源瑩徹，未知何如，予獨怪其論人物定是非，古今前後，一眼覷破，如日鏡之于形影也，如死者復生立而在于前，相對語笑，復欷歔涕泣感慨抵掌搤腕而不能已也。使讀者如寤如寐，如夢如憶，如醉如醒，恍兮惚兮，如身在太陰之中，人在九泉之下，不知彼死兮我生，彼生兮我死，杳莫能覺，是爲奇耳。蘇氏一門，父子兄弟三人，一爲狂，一爲狷，其一爲縱横者流。坡公論議節概雖與謫仙相似，第猶有耿耿忠愛之意，以至坎懔而死，亦其宜耳。當其時，君相知之矣，後世又知之矣。但所謂知公者，亦不過以其才之奇耳，則謂之不知公亦可也。其殆孔北海禰正平之狂歟？

嗟夫！世無孔子，則古今天下無真是非；世無司馬，則誰爲繼孔子者？此予之所以語狂狷也。知狂狷，則知善人矣。然則樂克亦可人哉！

文中子

文中子於道稍有見，其自負亦不小，蓋以聖人爲己任者也。然學未離門户，教不出垣牆，而責房、魏不能與禮樂，舛矣。當太宗時，門弟子羅列將相，未謂不遇也，而曰有君無臣，曰必待董、薛，則仲淹之教可知矣。彼其區區，欲以周公之禮樂治當時之天下，以井田、封建、肉刑爲後世之必復，一步一趨，舍孔子無足法者。然則使通而在，猶不能致治平也，況其徒乎！

謝良佐

朱熹云：「孔門只説爲仁，上蔡却説知仁。人能見得此心，便是爲仁。」「上蔡之説，一轉而爲張子韶，再傳而爲陸子静。上蔡所不敢衝突者，子韶盡衝突之；子韶所不敢衝突者，子静盡衝突之。」「上蔡説仁説覺，分明是禪，如云『見此消息，不下工夫』之類是也」。卓吾曰：不因文公言，那得知顯道！

行業儒臣

或問于予曰：「德行有二乎？」李生曰：「何可二也？夫聖人在上，教出于一，成德、爲行，二之則不是矣。」「然則子之分德、行爲二也何居？」曰：「去聖人既遠，學務狥名，非名弗學，非學無名。以名爲學，失其本矣。德之與行，雖欲不二，又可得耶？

「且夫足乎己無待于外之爲德。韓子固文學之儒也而言德，則聖門之德行是也，君子之儒也，所謂由仁義行者也，是集義也。今無得于心，而日以號于人曰我能行道，則亦小人之儒而已，所謂行仁義者也，是義襲也。由此觀之，在子夏已不免爲小人之儒矣，況于他乎？彼當其時親受業于聖門而爲高足之徒者也猶尚如是，況于千百世之後乎？在聖人已知其徒之學爲儒、學爲德行者必至于是也，故合而言之，益恐其爲小人而不肯爲君子也。蓋合之則爲君子，分之則爲小人。其在今日，則夫教人之爲君子者已不自知其入于小人之歸矣，況學者乎？是故分之，使知其德自德，而行自行，斷斷乎不容以自誣也。蓋分之則爲君子，合之則爲小人，則亦不得已焉耳矣。

「嗟夫！此何事也？天地之心，生民之命，萬世之平，皆在于此，而可輕乎？予是以不避忌諱切骨而論之，要使人務于實學，道期于心得，隳體黜聰，心齋坐忘，則庶乎不愧于君子之儒，可以列于德行之科矣。否則矜名譽而悮後儒，是聖門之罪人也，豈不痛哉！」

司馬光

善夫，畢仲遊之納忠也。唐肅宗語房琯曰：「六軍萬姓之命方急，無財則散。卿惡第五琦可也，何所取財？」琯不能對。嗚呼！光謂安石不曉理財可也，而謂不加賦而用足，不過設法陰奪民利，其害甚于加賦，以爲弘羊欺武帝之言，則可笑甚矣。夫武帝豈易欺者哉？且光既知財貨百物，皆天地之所生矣，生則烏可已也，而可以數計邪？今夫山海之藏，麗水之金，崑山之璧，銅、鉛、銀、錫、五金百寶之産，日入商賈之肆，時充貪墨之囊，不知其幾也，所貴長國家者，因天地之利，而生之耳。《大學》不明言生財有大道乎，又言生之衆爲之疾，不專專以節用言也。若專以節用言，則必衣皂綈之衣，惜露臺之費者，然後可以有天下爲天子也。夫文帝之恭儉，乃千古之聖主，古今爲天子者亦多矣，必皆文帝而後可，則是富有天下，反不如千金之匹夫也。人又何憚而不爲匹夫，何羨而必爲天子也？宜其不足以動安石之一頷，而啓神宗罷生財之一念也歟。明道所謂當分其過者，誠歟！畢仲遊之忠言互相發云。

朱子

自侂胄用事十四年，威行宫省，權震寓内，當時有「由竇尚書，屈膝執政」，「南園山莊，竹籬犬嘷」共爲傳笑焉。然侂胄非有秦檜之奸惡也，不過貪富貴患得失之小人耳。若皆目之爲奸，欲必去之，則太甚矣。其釀成勢焰，流毒邦家，則以君子自負者激而成之，殊可怪也。

李生曰：侂胄之得志，汝愚薦之也。學道之受禍，晦翁導之也。當時汝愚若以節度使授侂胄已矣，節度使不與，而與太師，可乎？夫當朝廷賞功之時，則宜以賞功爲重，一毫已見不可用也。而曰我爲宗臣，爾爲外戚，可歟？我欲博宗臣不受賞之名矣，而欲抑侂胄以同我，又可歟？縱曰其人不可，吾姑假此以抑之，則此賞功者也，非所以論人也，吾又安得作好惡于其間哉？秉國之鈞不平，謂何當此宰肉之際，而以己見裁抑不平，陳孺子不爲也。況學孔氏者乎？夫趙爲丞相，朱爲講官，侂胄未得志也，而朱先生侍講，首以侂胄爲言，何哉？既約彭龜年共攻之矣，他日經筵復留身論奏，至于再，至于三，必欲決去之而後已。吾恐天下之人，耳盡聾，目盡瞎，亦必以我爲阿附丞相者矣。縱家置一喙告之曰：「我不爲黨，不立異，不以道學自名，不爲僞。」必不信也。夫我以彼爲小人，彼亦以我爲小人，此定理也。彼以我爲僞學，我既以爲不是，則我以彼爲小人，彼又安肯是我哉！彼此不相爲是，則又安所定也！且夫我本欲決去小人者也，而小人又決不去，是無術也。苟無術，是無學也。既無學，又何以從政而安民乎？則謂我爲僞學亦可矣。淅東初命，先生即以唐仲友爲奇貨，甫入奏事，先生又以甘昇爲首禍，信如所言，則凡在君側者，必如先生而後可矣，又安可得也？夫孝宗，願治之主也。治貴適時，學必經世。彼其時，爲人臣子者，觸目激衷，哀號痛恨，不在甘昇一豎子明矣。吾意先生當必有奇謀秘策，能使宋室再造免于屈辱，呼吸俄頃，危而安，弱而疆，幼學壯行，正其時矣。乃曾不聞嘉謀嘉猷，入告爾后，而直以内侍爲言，是爲當務之急歟？或者聖人正心誠意之學，直爲内侍一身而設，顧不在乎夷狄中國之强弱也，則又何貴于正心誠意爲也！上雖欲不厭聞不可得矣。吾故謂今之學者，但能不講學則天下太平矣。但能見己之小人，而不見人之小人，則雖曰不講學，吾必謂之學也。然自古及今，以能去小人謂爲君子者多矣，獨先生哉！快一己之喜惡，流無窮之毒害，僞學之禁有以也。

司馬相如

論者以相如詞賦爲千古之絶，若非遭逢漢武，亦且徒然。故曰：誰爲爲之？孰令聽之？聽者希，則爲者雖工，而其志不樂，况有天子知而好之。此相如之遭，所以爲大奇也。自是而降，賦莫盛于楊雄，文莫尚于韓愈，然雄已不見知于漢，愈已不見知于唐矣。况其時取士以此，天子好音，君臣相知，賡歌迭唱，至盛極文之時乎。今觀愈之文，亦無難讀者，奈何寥寥至百餘年，必待穆伯長而後知其好也？假使讀《子虚》《上林》，又當何如也？故吾謂漢武帝真不世出之雄者，非過也。

雖然，又有奇者。方相如之客臨卭也，臨卭富人如程鄭、卓王孫等，皆財傾東南之産，而目不識一丁，令雖奏琴，空自鼓也，誰知琴心？其羅列賓席者，衣冠濟楚，一何偉也！空自見金而不見人，但見相如之貧，不見相如之富也。不有卓氏，誰能聽之？然則相如，卓氏之梁鴻也。使其時，卓氏如孟光，必請於王孫，吾知王孫必不聽也。嗟夫，斗筲小人，何足計事？徒失佳偶，空負良緣，不如早自決擇，忍小耻而就大計。《易》不云乎：同聲相應，同氣相求，同明相照，同類相招，雲從龍，風從虎，歸鳳求凰，安可誣也！是又一奇也。悲夫！古今才士，數奇寡諧，奈何彼相如者，獨抱二奇以遊于世。予是以感慨而私論之，未敢以語人也。

呂惠卿

惠卿美才。王雱百計害之，惠卿以爲皆安石所教也，發其私書，世人報復雪己常態耳。夫愛生惡死，人人同心，急功名，惧禍敗，畏讒毁，寧獨一惠卿然哉！蘇子由之疏過矣，令人何可當也。

章惇

惇性剛狠，膽麄才贍，以衆人攻擊，不得伸其氣，輒爾乘時報復。使有聖主賢相愛而用之，亦足建功定國，非邢恕、蔡確比也。

蘇軾

子瞻自謂嬉笑怒駡皆可書而誦，信然否？夫嬉笑怒駡既是文章，則風流戲謔，總成嘉話矣。然則吹箎舞劍，皆我畫笥；雀噪蛙鳴，全部鼓吹。坡公得之，是以大妙。奇正相生，如環無端，顛倒豪傑，莫知端倪，不亦宜歟？然無坡公之心而效其嚬，無坡公之人而學其步，而自謂曰我能嘻笑怒駡也，我能風流戲謔也，又奚可？古今風流，宋有子瞻，唐有太白，晉有東山，本無幾也。必如三子，始可稱人龍，始可稱國士，始可稱萬夫之雄。用之則爲虎，措國家於磐石；不用則爲祥麟爲威鳳：天下後世，但有悲傷感嘆悔不與之同時者耳。孰謂風流容易耶！

司馬遷

觀班氏父子譏遷之言，謂真足以譏遷矣，不知適以彰遷之不朽耳。使遷而不淺陋，不疎畧，不輕信，不是非謬于聖人，何足以爲遷乎！則兹史固不待作也。遷、固之懸絶正在于此。夫所謂「作」者，謂其興于有感而志不容已，或情有所激而詞不可緩之謂也。若必其是非盡合于聖人，則聖人既已有是非矣，尚何待于吾也？夫案聖人以爲是非，則其所言者乃聖人之言，非吾心獨得之言也。言不出于由衷，情非由于所激，則無味矣。有言者不必有德，又何貴于言也？此遷之史所以爲繼《麟經》而作，後有作者，終不可追。夫《春秋》者，夫子之史也。筆則筆，削則削，初未嘗案古之聖人以爲己之是非也。故游、夏雖文學，終不能出一辭以贊之。而况爲之傳、爲之註乎？蓋夫子之心，則天下後世自知之。至其言之不可知者，初無害其爲可知，又何必穿鑿傳會，以求合于一字一句之間也。當時惟有《左氏》直傳其事，使人詳其事，覽其辭，高下淺深各自得之。故昔人有言，《左氏》本爲經作，而《左氏》實自孤行，誠有見也。使其依阿夫子，言必牽合，其爲文必不工，縱矯强爲工，亦且無味，誰能重之。《史記》者，遷發憤之所爲作也，其不爲後世是非而作也明矣。其爲一人之獨見也者，信非班氏之所能窺也歟！若責以明哲保身，則死於竇固之獄，又誰爲之？其視犯顔敢諍者，又孰爲不明哲歟！

武臣總論

戰非聖人之得已也。上兵伐謀，不戰而自屈矣。今夫楚人百戰而百勝，漢人百戰而百不勝，然卒爲漢所并者，伐其謀也。然則楚人雖善戰，將安施乎？知此，則知大將之任矣。彼以勝敗論將者，非知大將之道也。若夫謀定而後戰，戰而必勝，皆不越于此矣。此可以語將，未可以語天下之大將也；可以語兵，未可以語天下之上兵也。吾又安得深謀蚤智之士，明于堅忍致人之術者，以與語不戰之旨乎？司馬仲達是已。仲達受巾幗婦人之辱，聞畏蜀如虎之誚，終不得而致也。彼六出祁山，運糧不繼，空自苦耳。司馬氏無損兵費糧之失，而諸葛已困矣。末後渭濱屯戍，諸葛氏固自以算無遺策，不知仲達已逆知其必不能久也。本欲致人而反見致于人，亦豈得爲謀之善歟？然則陳壽謂將略非亮所長者，未爲過也。太上之言曰：「柔勝剛，弱勝强，魚不可脱於淵。國之利器，不可以示人。」至矣哉！爲將者所宜潛心也。

吴起

李卓吾曰：吴起料敵制勝，號知兵矣。而卒困於公叔之僕，何哉？其廢公族疏遠以養戰士，所以强楚者以是，所以殺身者亦以是。其鼂錯之徒歟！任事者必任怨，雖殺身可也。又曰：李克亦可人哉，使訪之程正叔輩，必以貪財好色見殺矣，孰與富國强兵乎！

韓信

蒯通爲侯畫策，何其工也！而不知侯之終不聽，何哉？然卒如其策矣。侯固無負于漢祖也，方其築壇拜將，一軍皆驚，卒之少年之耻雪，漂母之恩酬，志亦遂矣。堂堂赤幟，涉涉囊沙，垓下挫羽，木罌破魏，雖西楚霸王，且恐懼遣武涉往矣。英雄萬古香，安在乎其無王也！諺曰：「畏首畏尾，身其餘幾！」今世人士，少知自好，猶能判身首以就功名，况烈丈夫之業乎！等死耳，牖下亦死，湯鑊亦死，自無用太較計爲也。嗚呼！天地如存，三傑長在，酇侯之命不延，淮陰之壽不短；彼區區者，猶抱冤痛于侯，其餘幾之人哉！

趙充國

充國、武賢雖同歸復故官，然公爵位極矣，安得全不爲辛子謀乎？浩星賜之言，千載不可易也。兵事不必盡言，武賢決當薦用，決不宜使之徒勞而無賞也。是皆公之知有己，不知有人處，故未善。

陳湯

詳劉向、谷永、耿育三書，則知腐儒如匡衡輩，狥私忘國，妬賢嫉能，蓋千萬古一律矣。有志之士，是以長守貧賤，抱關擊柝而不悔也。

曹瑋

寶元中，王𪍑爲樞密使，河西首領趙元昊反，上問邊備，輔臣皆不能對，明日，樞密四人皆罷。𪍑謫虢州，語人曰：「昔予奉使至河北，是時曹南院爲定帥。𪍑至定，治事畢，瑋謂𪍑曰：『公事已畢，明日願少留。』明日饌食罷，瑋屏左右謂𪍑曰：『公滿面權骨，不十年必總樞。時西方當有警，公宜預講邊備，蒐閲人材，不然，無以應卒。』𪍑曰：『四境之事，惟公知之，何以見教？』曹曰：『瑋在陝西日，河西趙德明嘗使以馬易于中國，怒其息微，欲殺之，莫可諫止。德明有一子，方年十餘歲，極諫其父，謂以戰馬資隣國，已是失計，今更以貨殺邊人，則誰肯爲吾用者？瑋聞，私念之曰：『此子欲用其人矣，是必有異志。』聞其常往來牙市中，欲一識之，竟不可得，乃使善畫者圖而觀之，真英物也，必爲邊患，公其勉之。』」

李卓吾曰：對王𪍑談兵，如對假道學談學也。對耳不相聞，况能用之於掌本兵之後乎？既失官矣，乃更思前語，滔滔者天下皆是也。

范仲淹

李生曰：使張睢陽不愛死，則郭令公不得羨收京之勳；使段司農不亟死，則李太尉不得專克復之績；使范文正不貪宋朝人物第一之名，則巍巍相業，又豈潞公、魏公諸賢所敢望哉！何也？以此三公者，才智固有以大過於人也，惟有以累之，故其智不得藏，而才不得小焉耳。然亦古今之傑矣，予固不忍系之於名臣之列，而特附見於大將云。何也？天下惟相才將才最難得也。相才得，然後朝廷尊；將才得，然后朝廷益尊。若其他技能，皆收羅畢舉于將相之門者，安可與將相並論也？觀者勿曰：「文正之賢，當列在德行之科。」審若是，非惟不知文正，亦且不知德行矣。世固有行可以表俗，言可以軌世，而無益于國家成敗如尾生、孝己者，豈少耶！

賢將論

大將之事，非賢將之任也。大將則勿問而知其賢矣。大將之所爲，非天下之至神，不能當也。《始計》曰：「將者，智、信、仁、勇、嚴。」岳忠武侯曰：「五者缺一不可。」然是五者智爲先。智則其見大，其識遠，其幾沈，其見事敏而決，其中虛而能聽能受，其知彼知己，知天知地，知可以勝不可以勝者，至矣。信如四時，不可易也。勇如雷霆，不可犯也。仁則視卒如子，不忍傷也。嚴則視子如卒，有犯輒死，不姑息也。將有此五者，不言賢，賢可知矣，苟非大賢上聖，又安可以語大將之事也。

世平時緩，家詩書而户禮樂，糟粕者冠冕珮玉以立於朝，視甲胄之士皆爲武夫，爲麤人。小小儆戒，即推以與一二麄人，而自視則曰：「我伊、傅、周、召也，我皋、夔、稷、契也，安能知此麄人之事哉？」蓋食肉者，乃細人，彼赴火者，盡麄人也。嗚呼！古今天下，又安得有如是智、信、仁、勇、嚴之麄人而用之哉！

馬援

援初爲書與嚚將楊廣，使曉勸嚚，其言甚美。朱勃之上書白援無罪也，其言亦美。然援實俠之豪，其爲書與嚴、敦，反令其效伯高，不欲其效季良，何哉？然卒以此書得改葬，則此書信不爲無意矣。范氏謂其「戒人之禍，智矣，而不能自免于讒隙」，此言非也。夫伏波，節俠也，既自許以馬革裹尸矣，又何畏乎壬人？何畏乎讒說？嗟乎！功名之際，理自宜然。

皇甫嵩

范曄論曰：皇甫嵩、朱雋，並以上將之略，受脤倉卒之時。及其功成師剋，威聲滿天下，值弱主蒙塵，獷賊放命，斯誠葉公投袂之幾，翟義鞠旅之日。故梁衍獻規，山東連盟。而舍格天之大業，蹈匹夫之小諒，卒狼狽虎口，爲智士笑。豈天之長斯亂也？何智勇之不終甚乎！前史著平原華嶠稱其父光禄大夫表，每言其祖魏太尉歆，稱：「時人説皇甫嵩之不伐；汝豫之戰，歸功朱雋，張角之捷，本之於盧植。收名斂策而己不有。夫功名者，世之所甚重也。誠能不争天下之所甚重，則怨禍不深矣。」如皇甫公之赴履危亂，而終歸全，其致不亦貴乎！

李卓吾曰：范氏此論當矣。夫退讓者，盛德事也。持此爲君，則漢文其選；持此爲將、爲相，則天下歸心，衆謀畢集，將國勢實賴，而何有於一家乎！是乃古今天下建功立德，保國定家之第一著好棊子也。惜乎人人皆知而不能下也。古今天下惟一留侯知之，是以功成而遂，辟穀不事。使淮陰早知此義，族其可得而赤耶？然則韓信之不聽蒯徹之説也，未爲不是也，獨其所以居功者未是耳。夫當功業烜赫之日，封爵在前，富貴在後，獨能退讓不居，推功與人，似若不知有身家之念，子孫之遺者，不知正所以深念其身及其家，而遠遺子孫也。故曰「世人皆遺之以危，吾獨遺之以安，雖所遺不同，未爲無所遺也。」此當時隱者之語，語此一著者也。夫古今天下，惟貧而隱者，不昧此一著，故終其身亦能守此一著。然此一著也，非但貧而隱者知之，彼貴且富者，亦未嘗不自謂能知而又能下之也。平時咸自謂曉了，及乎事功已立，名利可居，即遂迷謬不反矣。吾是以知貪之爲禍，而功名富貴之迷人甚也。彼皇甫義真者，獨能知而下之，豈不誠可貴乎？范氏之推之也固宜。雖然，義真之不受閻忠之説也宜也；若子鄺之説、梁衍之説咸棄不用，則身家之念起矣，是退怯也，非退讓也，是又安足貴也？吾故因范氏之論而推明之曰：爾知身家之不足繫乎？非不足繫也。愛身家者，未必能保其身家，而不愛其身家者，正所謂善保其身、善保其家者也。嗚呼，皇甫義真之不死于董卓之手者，幸也；若朱儁者，不赴陶謙等倡義之招，而赴傕、汜，卒爲汜所留，而死於郭汜之手。噫，何以異哉！

李勣

李勣「一言喪邦」，何謂哉？「田舍翁多收十斛麥，尚欲易婦，況天子乎？」此平常之説也。平常緣于人情，名教高于責備，然安知夫專事名教者，平生果無三房五室與帷簿之私乎？吾恐其不免于責主之明，恕己之闇也。甚矣，脩齊治平之説之足以禍天下也！非脩齊治平之不可也，所以講于誠意正心之説者非也。姑未暇論。夫高宗之昏，其能割枕席之愛，以拱手聽命于諸公乎？武氏妬悍如此，其肯低首回心，終爲人下乎？諸公于此，亦不智矣。諸公但見犯顔敢諫之爲忠，殺身成仁之名美，尊守名教之爲賢，不知適以增武氏之虐焰，而引之滔天也。蓋至于易姓受命，改唐爲周，然後知其罪不在李勣、許敬宗，而在褚遂良、長孫無忌諸人矣。彼其敢于肆毒興羅織誅殺宗室大臣者，不過欲以箝天下之口，而使之不敢違異也。使其時盡如陳平、絳侯，畧無違異之嫌，則武氏固聰明主也，非吕氏比也。試觀近古之主，有知人如武氏者乎？有專以愛養人才爲心，安民爲念如武氏者乎？此固不能逃于萬世之公鑒矣。夫所貴于君者，不過以不知人爲患耳。今觀婁、郝、姚、宋諸賢並羅列于則天之朝，迨至開元，猶用之不盡。如梁公者，殊眷異禮，固没身不替也。宋璟剛正嫉邪，日與二張爲仇，武氏不過也。何也？賢人君子，固武氏所深信而敬禮者。彼其視廬陵王輩懦而不足爲，不待他日有天下而後見也。然則武氏豈宜以女主觀哉！善乎賈生言之曰：「人主之行異布衣。布衣者，競小廉，矜小行，人主惟天下安社稷固耳。」由此觀之，帝王卿相所責固大矣。若謂李勣「一言喪邦」，則陳平、周勃阿意順旨，梁公終始于濁亂之朝，褫裘縱博，日與淫奴爲伍，是皆萬世之罪人也。

賊臣

所謂貪賊者，謂其志在得失，猶可得而餌之，籠罝而使之也。如林甫、檜者，方自以才智駕御一世，非漢祖之神聖、魏武之雄傑，安能使之哉？故有國者，不可不慎也。若蔡京，使貪可也；陳平，使詐可也；周興、來俊臣等，使之殘刑以逞可也。彼吕不韋、司馬仲達諸人，雖以秦皇之威、魏武之狡，不可畜而使之也。何也？彼固以畜秦皇、魏武爲也；一滅秦于先，能使秦皇爲其子；一滅魏于後，能使魏武不能棄其身。皆千古巨奸，未可輕易。非是，則雖狠如敦、温，逆如安、史，皆可得而驅馳畜養之矣，不必棄也。何也？天下惟小人最多才焉故也。才不易生，故尤不易棄，此惟真聰明之主能知也。懷恩、懷光乃心王室，區區之心，無以自明，不能抵頭就戮，甘心于讒臣之口，遂發憤以至此耳，非可與逆賊同比倫也明矣。是皆死難立功之臣也。若王陵數子，不忍去官，而忍殺母，非但母死不奔喪已也，曾參絶之矣。

秦檜

使檜不死，高宗有寒心矣。使檜幸而永年，高宗不壽，檜不但欲受九錫已也。原其所以竭力事金者，冀他日如契丹立石敬塘故事耳，其設心自以坐而享張邦昌、劉豫之貴也。趙鼎諸人不學無術，盡入其術中而不悟，悲矣！

太子憲

明皇待諸弟如此，待諸子又如彼，何也？讓皇帝于是爲不可及矣。非讓皇帝有太伯、伯夷之賢，則明皇之待諸弟，不難于諸子矣。

唐宦官

元載亦有權術可用。然代宗初失國，倚恃魚朝恩力，而卒受制於朝（思）〔恩〕。及誅魚朝恩，實得元載力而卒受制於元載。然則爲人主者亦難矣，不用不得，用之又不得。是以雖郭令公心事如青天白日，人主難遽信也。而况如令公者，古今天下又最希鮮者乎！吁，非大聖人，安能當九五之位歟！

外臣總論

時隱者，時當隱而隱，所謂邦無道則隱，是也。此其人固有保身之哲矣，然而稍有志者亦能之，未足爲難也。若夫身隱者，以隱爲事，不論時世是也。此其人蓋有數等焉。有志在長林豐草，惡囂躭寂而隱者；有嬾散不耐煩，不能事生産作業而其勢不得不隱者。以此而隱，又何取于隱也？等而上之，不有志在神仙，願棄人世，如陶弘景輩者乎？身游物外，心切救民，如魯連子者乎？志趣超絶，不屈一人之下，如莊周、嚴光、陶潛、邵雍、陳摶數公者乎？蓋身雖隱而心寔未嘗隱也，此其隱蓋高矣，然猶未大也。必如阮嗣宗等，始爲身心俱隱，無得而稱焉。嗟夫！大隱居朝市，東方生其人也。彼阮公雖大，猶有逃名之累，尚未離乎隱之迹也。吾謂阮公雖欲爲馮道之事而不能，若馮公，則真無所不可矣。

吏隱外臣總論

使子房不爲韓，則終始辟穀人也。且不知有吏矣，安知有吏而隱乎？既已藉漢滅秦報韓，是以不容不吏隱于漢耳。迹若吏隱，而心非也。吾迹其終之所就，又得不謂之吏隱乎？使侯生不遇公子，則終身抱關人也。一遇公子，則出奇畫策，刎頸相隨，視死如飴矣。何者？得死所也。迹若吏隱，而心亦非也。吾迹其七十之初，據其平生之寓，是以亦謂之吏隱云耳。吾故曰二子皆吏隱也。夫古今豪傑終身不遇而卒老于抱關，死于牖下者，何限也？彼侯生之得死于公子者幸也。設不幸而不得死，則將終抱關，將終吏隱，自不容不甘之矣。若子房者，當日既不能死始皇於一擊之下，他年又若不能遂滅秦之兇，子房肯甘心辟穀已乎？嗚呼！國士之遇也，知己之感也，滅國之恨也，五世之冤也：千載豪傑，其揆一也。吏不吏，隱不隱，皆迹也，非所論也。具眼者，倘以我言爲然否？

胡廣

甚矣，殺身之難也。世之人士，動以殺身律人，過矣！使必皆殺身而後可，此賢者所以終身岩穴，不肯見於世也。胡廣、趙誡，雖不能如李、杜之極諫力争，然李、杜既死，仍復有李、杜者相繼而起，羅列於朝，誰之力歟？其與自殺而遂已者，厥功倍矣。故曰「天下中庸有胡公」，信哉！其爲中庸也。豈若張禹者，以帝師之重，言聽計從，乃曲意阿鳳，專爲孫謀者比乎！吾是以亦謂吏隱也，蓋隱于無名者也。

馮道

馮道自謂長樂老子，蓋真長樂老子者也。孟子曰：「社稷爲重，君爲輕。」信斯言也，道知之矣。夫社者所以安民也，稷者所以養民也；民得安養而後君臣之責始塞。君不能安養斯民，而後臣獨爲之安養斯民，而後馮道之責始盡。今觀五季相禪，潛移嘿奪，縱有兵革，不聞争城。五十年間，雖經歷四姓，事一十二君并耶律契丹等，而百姓卒免鋒鏑之苦者，道務安養之力也。譙周之見，亦猶是也。嗚呼！觀于譙周《讐國》之論，而知後世人士皆不知以安社稷爲悦者矣。然亦必有劉禪之昏庸，五季之淪陷，東漢諸帝之幼冲，黨錮諸賢之互爲標幟乃可。不然，未可以是而藉口也。

李温陵集卷之十五

李温陵集卷之十六

海虞後學顧大韶仲恭校

讀史

曹公二首

曹公欲以愛女嫁丁儀，五官中郎將曰：「婦人觀貌，而丁儀目眇，恐愛女不悦。」後公與儀會，因坐而劇談，勃然起曰：「丁掾好士，即使其兩目盲，猶當嫁女與之，何況但眇。是兒悮我！」嗚呼！曹公愛才而忘其眇，愛才而忘其愛，愛才而忘其女之所不愛，若曹公真可謂愛才之極矣！然丁掾亦何可當也？夫人以目眇爲病，而丁掾獨以目眇見爲奇，吾是以知曹公之具眼矣。是故獨能以隻眼視丁掾也。是故丁掾可以失愛女，而不可以失岳翁！縱不可以稱岳翁，而不得不稱以知己之主！

魏武病頭風，方伏枕時，一見陳琳檄，即躍然起曰：「此愈我疾！此愈我疾！」夫文章可以起病，是天下之良藥不從口入而從心授也。病即起于見文章，是天下之真藥不可以形求，而但可以神領也。夫天下之善文章，如良醫之善用藥，古今天下亦不少矣。故不難於有陳琳，而獨難於有魏武。設使呈陳琳之檄於凡有目者之前，未必不皆以爲好，然未必遽皆能愈疾也。唯愈疾，然後見魏武之愛才最篤，契慕獨深也。故吾不喜陳琳之能文章，而喜陳琳之遇知己。蓋知己甚難，雖琳亦不容不懷知己之感矣。唐之明皇，豈不是能文章者？然杜甫「三大禮賦」，浩然「不才」詩，已棄之如秦、越人矣，况六朝之庸主哉！况沈、謝引短推長，僧虔秃筆自免，孝標空續《辨命》哉！

楊修

史稱丞相主簿楊修謀立曹植爲魏嗣，曹丕患之，以車載廢簏，内吴質與之謀。修以白操，丕大懼，質曰：「無害也。」明日復以簏載絹而入，推驗無人，操由是疑。又修每當就植，慮有闕白，忖度操意，豫作答教十餘條，勑門下隨問應答。於是教裁出，答即入，操怪之，乃收殺修。此爲實録矣。或以修聰敏異常，又與袁氏爲婚，故曹公忌之。

夫曹公爱才，今古所推，雖禰正平之無狀，猶爾相容，陳孔璋之檄辱及父祖，且收以爲記室，安得有此？且有此，安得兼羣雄而并天下也？其欲謀立臨淄，爲丕等所譖是的，蓋臨淄本以才捷愛幸，秉意投修，故修亦自以植爲知己。植既數與修書，無所避忌，修亦每於操前馳騁聰明，則修之不善韜晦，自宜取敗。修與禰正平、孔北海俱相知，俱是一流人，故俱敗。

反騷

「雄少好辭賦，慕司馬相如之作，怪屈原文過相如，至不容，作《離騷》，自投江而死，悲其文，讀之未嘗不流涕焉。以爲君子得時則大行，不得則龍蛇，遇不遇，命也，何必湛身哉！迺作書，往往摭《騷》文而反之，自崏山投諸江以弔屈原云。」

李生曰：《離騷》離憂也，《反騷》，反其辭，以甚憂也，正謂屈子翻愁結耳。彼以世不足憤，其憤世也益甚；以俗爲不足嫉，其嫉俗愈深。以神龍之淵潛爲懿，則其卑鄙世人，驢騾下上，視屈子爲何物，而視世爲何等乎？蓋深以爲可惜，又深以爲可憐，痛原轉加，而哭世轉劇也。夫有伯夷之行，則以餓死爲快；有士師之沖，則以不見羞汙爲德：各從所好而已。若執夷之清而欲兼柳之和，有惠之和又欲並夷之清，則惠不成惠，夷不成夷，皆假焉耳。屈子者夷之倫，楊雄者惠之類，雖相反而實相知也，實未常不相痛念也。彼假人者豈但不知雄，而亦豈知屈乎？唐柳柳州有云：「委故都以從利兮，吾知先生之不忍。立而視其顛覆兮，又豈先生之所志？窮與達其不渝兮，夫唯服道而守義。吁嗟先生之貌不可得兮，猶仿佛其文章。託遺編而歎喟兮，渙餘涕其盈眶。哀今之人兮，庸有慮時之否臧？退默默以自服兮，曰吾言之而不行！」其傷今念古，亦可感也！獨太史公《屈原傳》最得之。

史記屈原

夫爲井者，泄淤泥而瑩清泉，可以汲矣，而乃不汲，真不能不令人心惻也。故知王明則臣主並受其福，不明則臣主並受其辱，又何福之能得乎？然則懷王客死於秦，屈原沈没於淵，正並受其辱者耳，曷足怪也！張儀侮弄楚懷，直似兒戲，屈原乃欲託之爲元首，望之如堯、舜、三王，雖忠亦痴。觀者但取其心可矣。且所草藁既未定，上官大夫昏愚庸主有何草制可定，左右近侍絶無與原同心者，則原亦太孤孑而無助矣。即推以等安得見之？既得而見，則是吾示天下以公也。公則無有我人，又何待奪，又何奪之而不與乎？即推以爲上官大夫之能可也，不待彼有奪意斯善矣。此以人事君之道，臣之所以廣忠益者，真大忠也，甚不可以不察也。

漁父

細玩此篇，畢竟是有此漁父，非假設之辭也。觀其鼓枻之歌，迥然清商，絶不同調，末即頓顯拒絶之迹，遂去不復與言，可以見矣。如原決有此見，肯沈汨羅乎？實相矛盾，各執一家言也。但爲漁父則易，爲屈子則難，屈子所謂邦無道則愚以犯難者也。誰不能智，唯愚不可及矣。漁父之見，原亦知之，原亦能言之，則謂爲屈原假設之詞亦可。

招魂

朱子曰：「古者人死，則以其上服升屋履危，北面而號曰：『皐某復。』遂以其衣三招之而下以覆尸。此禮所謂復也。説者以爲招魂，復魂有禱祠之道，盡愛之心，蓋猶冀其復生耳。如是而不生，則不生矣，於是乃行死事。而荆楚之俗，乃或以施之生人，故宋玉哀閔屈原放逐，恐其魂魄離散，遂因國俗，託帝命，假巫語以招之。其盡愛致禱，猶古遺意。是以太史公讀之而哀其志焉。」

李生曰：上帝命巫陽占筮屈平所在，與之魂魄。巫陽謂屈原放逐江南，魂魄不復日久，不待占而後知，筮而後與也。但宜即差掌夢之官往招其魂，速之來歸耳。夫返魂還魄，生死肉骨，天帝專之，乃使陽筮之，帝之不足爲明矣。故陽謂帝命難從，而自以己情來招引之也。天帝亦遂辭巫陽，而謝不能復用屈原焉。蓋玉自比巫陽，而以上官、子蘭等比掌夢之官，以懷、襄比天帝，辭意隱矣。其招之辭，只述上下四方之不可久處，但道故國土地、飲食、宫室、聲妓、宴游之樂，宗族之美，絶不言當日事，可謂至妙至妙。善哉招也！痛哉招也！樂哉招也！同時景差亦有《大招辭》，至漢時淮南小山作《招隱士》。朱子曰：「淮南王安好招致賓客，客有『八公』之徒，分造詞賦，以類相從，或稱大山，或稱小山，漢《藝文志》有淮南王羣臣賦四十四篇是也。」王逸云：「小山之徒閔傷屈原身雖沉没，名德顯聞，與隱處山澤無異，故作《招隱士》之賦以彰其志。」

誡子詩

「明者處世，莫尚於中。優哉游哉，於道相從。首陽爲拙，柳惠爲工。飽食安步，以仕代農；依隱玩世，詭時不逢。才盡身危，好名得華。有羣累生，孤貴失和。遺餘不匱，自盡無多。聖人之道，一龍一蛇。形見神藏，與物變化，隨時之宜，無有常家。」

卓吾子曰：既云隨時之宜，則首陽非拙；既云無有常家，則何必柳下而後爲工？班固贊曰：「劉向言少時數問長老賢人通於事及朔時者，皆曰，朔口諧倡辯，不能持論，喜爲庸人誦説。故令後世多傳聞者。而楊雄亦以朔，言不純師，行不純德，其流風遺書蔑如也。然朔名過實者，以其詼達多端，不名一行，應諧似優，不窮似智，正諫似直，穢德似隱。非夷、齊而是柳下惠，戒其子以尚容。其滑稽之雄乎！」卓吾子曰：向既稱朔口諧辯倡，則是論勝也，而曰「不能持論」何哉？向之所謂論者，向去朔未遠，千載而上，恍然猶將見之，而問於長老之在朔時者，向可知也。當朔時，朝野無半人知朔，唯武帝知朔，故朔有諫必聽。彼同時諸長老，誰是知朔者而問朔也？不見設客難乎？吁！「言不純師，行不純德，流風遺書蔑如」乎不也？雄之爲人益可知矣。卑卑弄其唇吻，欲以博萬世之名，視朔奚啻霄壤！餘此參駁，當爲朔、雄實録。

非有先生論

遇得其人，則一言以興；遇不得其人，則一言遂死。千載遇少而不遇多，此志士所以在山，仁人所以盡養壽命也。唯其不忍爲，是以莫肯爲，歌咏彈琴，樂而忘死，宜矣。然則東方生蓋亦幸而遭遇漢武者也。人謂大隱居市朝，以東方生爲朝隱。噫！使非武帝愛才知朔如此，敢一日而居市朝之間哉？最先避世而歌德衰者朔也。

子虛

班固曰：「史遷稱《春秋》推見至隱，《易》本隱以之顯，《大雅》言王公大人而德逮黎庶，《小雅》譏小己之得失，其流及上：所言雖殊，其合德一也。相如雖多虛辭濫説，然其要歸，引之節儉，此與《詩》之諷諫何異？楊雄以爲靡麗之賦勸百而諷一，猶騁鄭、衛之音，曲終而奏《雅》，不已戲乎！」余謂楊雄此言非但不知人，亦且不知文；非但不知文，亦且不知言；非但不知言，亦且不知諷矣。既不知諷，宜其劇秦而美新也。

賈誼

班固贊曰：「劉向稱『賈誼言三代與秦治亂之意，其論甚美，通達國體，雖古之伊、管未能遠過也。使時見用，功化必盛，爲庸臣所害，甚可悼痛！』追觀孝文玄默躬行，以移風俗，誼之所陳畧施行矣。及欲改定制度，以漢爲土德，色上黄，數用五，及欲試屬國，施五餌三表以繫單于，其術固以疏矣。誼亦夭年早終，雖不至公卿，未爲不遇也。凡所著述五十八篇，掇其切要於事者著於《傳》云。」

李卓吾曰：班氏文儒耳，只宜依司馬氏例以成一代之史，不宜自立論也。立論則不免攙雜別項經史聞見，反成穢物矣。班氏文才甚美，其於孝武以前人物，盡依司馬氏之舊，又甚有見，但不宜更添論贊於後也。何也？論贊須具曠古隻眼，非區區有文才者所能措也。劉向亦文儒也，然筋骨勝，肝腸勝，人品不同，故見識亦不同，是儒而自文者也。雖不能超於文之外，然與固遠矣。

漢之儒者咸以董仲舒爲稱首，今觀仲舒不計功謀利之云，似矣。而以明災異下獄論死，何也？夫欲明災異，是欲計利而避害也。今既不肯計功謀利矣，而欲明災異者何也？既欲明災異以求免於害，而又謂仁人不計利，謂越無一仁又何也？所言自相矛盾矣。且夫天下曷嘗有不計功謀利之人哉！若不是真實知其有利益於我，可以底吾之大功，則烏用正義明道爲耶？其視賈誼之通達國體，真實切用何如耶？

班氏何知，知有舊時所聞耳，而欲以貶誼，豈不可笑！董氏章句之儒也，其腐固宜。雖然，董氏特腐耳，非詐也，直至今日，則爲穿窬之盜矣。其未得富貴也，養吾之聲名以要朝廷之富貴，凡可以欺世盜名者，無所不至。其既得富貴也，復以朝廷之富貴養吾之聲名，凡所以臨難苟免者，無所不爲。豈非真穿窬之人哉！是又仲舒之罪人，班固之罪人，而亦敢於隨聲雷同以議賈生，故予因讀賈、鼂二子經世論策，痛班氏之溺於聞見，敢於論議，遂爲歌曰：駟不及舌，慎莫作孽！通達國體，劉向自別。三表五餌，非踈匪拙。彼何人斯？千里之絶。漢廷諸子，誼實度越。利不可謀，何其迂闊！何以用之？皤鬢鶴髮。從容廟廊，冠冕珮玦。世儒拱手，不知何說。

鼂錯

班固贊曰：「鼂錯鋭於爲國，遠慮而不見身害。其父睹之，經於溝瀆，亡益救敗，不如趙母指括以全其宗，悲夫！錯雖不終，世哀其忠，故論其施行之語著於篇。」

卓吾曰：鼂錯對策，直推漢文於五帝，非諛也，以其臣皆莫及也。故曰「五帝神聖，其臣莫及，而自親事。」親事則不可不知術數矣。今觀其時在廷諸臣，僅賈生耳。賈生雖千古之英，然與文帝遠矣，是豈文帝咸有一德之臣乎？夫既不得如五伯之佐，賢於其主；又不得如三王之臣，與主而俱賢：則孝文真孤立無輔者矣。是故鼂錯傷之，而推之以與五帝並也。然謂漢文無輔則可，謂其不知術數則不可。夫治國之術多矣，若謂人盡不知術數，必欲其皆就己之術數，則亦豈得謂之知術數哉？漢文有漢文之術數也，漢高有漢高之術數也，二五帝霸又自有二五帝霸之術數也。以至六家九流，凡有所挾以成大功者，未嘗不皆有真實一定之術數。唯儒者不知，故不可以語治。雖其間亦有一二偶合，然皆非性定神契，心融才會，真若執左券而後爲之者也。是故因其時，用其術，世無定時，我無定術，是之謂與時消息而已不勞，上也。執其術，馭其時，時固無常，術則有定，是之謂執一定以應於無窮，次也。若夫不見其時，不知其術，時在則術在，而術不能違時；術在則時在，而時亦不能違術。此則管夷吾諸人能之，上之上也。若鼂錯者，不過刑名之一家，申、商之一術，反以文帝爲不知學術，而欲牽使從己，惑矣！

夫申、商之術，非不可平均天下，而使人人視之盡如指掌也，然而禍患則自己當之矣。故錯以其殘忍刻薄之術，輔成太子；而太子亦卒用彼殘忍刻薄之術，還害其身。嗚呼！孰知錯傷文帝之無輔，而其父反以傷鼂錯之無父乎！是故國爾忘家，錯唯知日夜傷劉氏之不尊也。公爾忘私，而其父又唯知日夜傷鼂氏之不安矣。千載之下，真令人悲傷而不可已，乃班固反譏其父不能學趙母，謬哉！

絶交書

此書若出相知者代康而爲之辭則可；若康自爲此詞，恐無此理。濤之舉康，蓋所謂真相知者；而康之才亦實稱所舉。康謂己之情性不堪做官，做官必取禍，是也；謂濤不知己而故欲貽之禍，則不是。以己爲駕雛，以濤爲死鼠，又不是。以舉我者爲不相知，而直與之絶，又以己爲真不愛官，以濤爲愛官者，尊己卑人，不情實甚，則尤爲不是矣。嗚呼！如康之天才，稍加以學，抑又何當也？而肯襲前人之口吻，作不情之遁辭乎？然此書實峻絶可畏，千載之下，猶可想見其人。毋曰余貶康也，余爲上上人説耳。

養生論

嵇、阮稱同心，而阮則體妙心玄，一似有聞者，觀其放言與孫登之嘯可覩也。若向秀注《莊子》，尤爲已見大意之人，真可謂莊周之惠施矣。康與二子遊，何不就彼問道？今讀《養生論》，全然不省神仙中事，非但不識真仙，亦且不識養生矣。何以當面蹉過如此耶？以此聰明出塵好漢，雖向、阮亦無如之何，真令人恨恨。雖然，若其人品之高，文辭之妙，則豈「七賢」之所可及哉！

琴賦

《白虎通》曰：「琴者禁也。禁人邪惡，歸於正道，故謂之琴。」余謂琴者心也，琴者吟也，所以吟其心也。人知口之吟，不知手之吟；知口之有聲，而不知手亦有聲也。如風撼樹，但見樹鳴，謂樹不鳴不可也，謂樹能鳴亦不可。此可以知手之有聲矣。聽者指謂琴聲，是猶指樹鳴也，不亦泥歟！

《尸子》曰：「舜作五絃之琴，以歌南風，曰：『南風之熏兮，可以解吾民之愠兮。』」因風而思民愠，此舜心也，舜之吟也。微子傷殷之將亡，見鴻鴈高飛，援琴作操，不敢鳴之於口，而但鳴之於手，此微子心也，微子之吟也。文王既得后妃，則琴瑟以友之，鍾鼓以樂之，向之展轉反側，寤寐思服者，遂不復有，故其琴爲《關雎》。而孔子讀而贊之曰：「《關雎》樂而不淫。」言雖樂之過也，而不可以爲過也。此非文王之心乎？非文王其誰能吟之？漢高祖以雄才大畧取天下，喜仁柔之太子既有羽翼，可以安漢，又悲趙王母子屬在吕后，無以自全，故其倚瑟而歌鴻鵠，雖泣下霑襟，而其聲慷慨，實有懾籍之色，非漢高之心乎？非漢高又孰能吟之？

由此觀之，同一心也，同一吟也，乃謂「絲不如竹，竹不如肉」，何也？夫心同吟同，則自然亦同，乃又謂「漸近自然」，又何也？豈非叔夜所謂未達禮樂之情者耶？故曰：「言之不足，故歌咏之；歌咏之不足，故不知手之舞之。」康亦曰：「復之不足，則吟咏以肆志；吟咏之不足，則寄言以廣意。」傅仲武《舞賦》云：「歌以咏言，舞以盡意。論其詩不如聽其聲，聽其聲不如察其形。」以意盡於舞，形察於聲也。由此言之，有聲之不如無聲也審矣，盡言之不如盡意又審矣。然則謂手爲無聲，謂手爲不能吟亦可。唯不能吟，故善聽者獨得其心而知其深也，其爲自然何可加者，而孰云其不如肉也耶！

吾又以是觀之，同一琴也，以之彈於袁孝尼之前，聲何夸也？以之彈於臨絶之際，聲何慘也？琴自一耳，心固殊也。心殊則手殊，手殊則聲殊，何莫非自然者，而謂手不能二聲可乎？而謂彼聲自然，此聲不出於自然可乎？故蔡邕聞絃而知殺心，鍾子聽絃而知流水，師曠聽絃而識南風之不競，蓋自然之道，得手應心，其妙固若此也。

幽憤詩

康詣獄明安無罪，此義之至難者也，詩中多自責之辭何哉？若果當自責，此時而後自責，晚矣，是畏死也。既不畏死以明友之無罪，又復畏死而自責，吾不知之矣。夫天下固有不畏死而爲義者，是故終其身樂義而忘死，則此死固康之所快也，何以自責爲也？亦猶世人畏死而不敢爲義者，終其身寧無義而自不肯以義而爲朋友死也，則亦無自責時矣。朋友君臣，莫不皆然。世未有託孤寄命之臣既許以死，乃臨死而自責者。「好善闇人」之云，豈別有所指而非以指吕安乎否耶？當時太學生三千人，同日伏闕上書，以爲康請，則康益可以死而無責矣。鍾會以反虜乘機害康，豈康尚未之知，而猶欲頤性養壽，改絃易轍於山阿巖岫之間邪？此豈稽康頤性養壽時也？余謂叔夜何如人也，臨終奏《廣陵散》，必無此紛紜自責錯謬幸生之賤態，或好事者增飾於其間耳，覽者自能辯之。

酒德頌

《法言》曰：「螟蛉之子，蜾蠃祝之曰『類我類我』久則肖之矣。速哉七十子之肖仲尼也。」李軌曰：「螟蛉桑蟲，蜾蠃蜂蟲。蜂蟲無子，取桑蟲蔽而殪之，幽而養之，祝曰『類我』，久則化成蜂蟲矣。」此頌唯結語獨新妙，非《法言》引用意，讀者詳之！今人言養子爲螟蛉子即此。然則道學先生、禮法俗士，舉皆蜂蟲之螟蛉子哉！猶自謂二豪，悲歟！

思舊賦

向秀《思舊賦》，只説康高才妙技而已。夫康之才之技，亦今古所有；但其人品氣骨，則古今所希也。豈秀方圖自全，不敢盡邪？則此賦可無作也，舊亦可無爾思矣。秀後康死，不知復活幾年，今日俱安在也？康猶爲千古人豪所歎，而秀則已矣，誰復更思秀者，而乃爲此無盡算計也邪？且李斯歎東門，比擬亦大不論。「竹林七賢」，此爲最無骨頭者，莫曰先輩初無臧貶「七賢」者也。

楊升庵集

余讀先生文集，有感焉。夫古之聖賢，其生也不易，其死也不易。生不易，故生而人皆仰；死不易，故死而人爾思。於是乎前而生者，猶冀有待於後世；後而生者，又每歎恨於後時；同時而生者，又每每比之如附驥，比之如附青雲。則聖賢之生死固大矣。

余讀先生文集，欲求其生卒之年月而不得也。遍閱諸序文，而序文又不載。彼蓋以爲序人之文，只宜稱贊其文云耳，亦猶序學道者必大其道，叙功業者必大其功，叙人品者必表揚其梗概，而豈知其不然乎？蓋所謂文集者，謂其人之文的然必可傳於後世，然後集而傳之也。則其人之文當皎然如日星之炳焕，凡有目者能覩之矣，而又何藉於叙贊乎？彼叙贊不已贅乎？况其人或未必能文，則又何以知其文之必可傳，而遂贊而序之以傳也？故愚嘗謂世之叙文者，多其無識孫子欲借他人位望以光顯其父祖耳。不然，則其勢之不容以不請，而又不容以不文辭者也。夫文而待人以傳，則其文可知矣，將誰傳之也？若其不敢不請，又不敢辭，則序文者亦只宜直述其生卒之日，與生平之次第，使讀者有考焉斯善矣。

吁！先生人品如此，道德如此，才望如此，而終身不得一試，故發之於文，無一體不備，亦無備不造，雖游其門者尚不能贊一辭，况後人哉！余是以竊附景仰之私，欲考其生卒始末，履歷之詳，如昔人所謂年譜者，時時置几案間，儼然如游其門，躡而從之。而序集皆不載，以故恨也。况復有矮子者從風吠聲，以先生但可謂之博學人焉，尤可笑矣。

蜻蛉謡

古今人情一也，古今天下事勢亦一也。某也從少至老，原情論勢，不見有一人同者，故予每每驚訝，以爲天何生我不祥如此乎！夫人性不甚相遠，而予獨不同，非不祥而何？予初仕時，親見南倭、北虜之亂矣；最後入滇，又熟聞土官、猺獞之變矣。大概讀書食禄之家，意見皆同，以余所見質之，不以爲狂，則以爲可殺也。今讀先生集，記姜公事。姜公之心正與余合，而先生取之如此，則知先生唯不用，用必爲姜公無疑矣。生雖後時，見符前哲，亦可以證余生之非不祥也。因喜録此。

唐貴梅傳

升菴先生《孝烈婦唐貴梅傳》曰：「烈婦姓唐，名貴梅，池州貴池人也。笄年適朱，夫貧且弱。有老姑悍而淫，少與徽州富商有私。弘治中，富商復至池，見婦悦之，密以金帛賂姑。姑利其有，誨婦淫者以百數，弗聽；迫之，亦弗聽；加以箠楚，又弗聽；繼以炮烙，體無完膚，終不聽。姑乃以婦不孝訟於官。通判慈谿毛玉受賂，倍加刑焉。婦幾死，然終不聽也。商猶慕其色，令姑保出之。親黨咸勸婦曰：『何不吐實？』婦曰：『若然，全吾名而汙吾姑乎？』乃夕易袿襹，雉經於後園古梅樹下，姑不知也。及旦，手持桑杖，將入室挺之。且駡且行，曰：『惡奴，早從我言，得金帛享快樂，今定何如也？』入室無見，尋至樹下，乃知其死，因大慟哭。親黨咻曰：『生既以不孝訟，死乃稱嘔心，何以慟哭爲？』姑曰：『婦在，吾猶有望；婦死，商人必倒贓。吾是以哭，非哭惡奴也。』尸懸於樹三日，顏如生，樵夫牧兒見者咸墮淚。每歲梅月之下，隱隱見其形。有司以府官故，終不敢舉節。余舅氏喻士積，薄游至池，聞其事，作詩弔之，歸屬慎爲傳其事。嗚呼！婦生不辰，遭此悍姑。生以梅爲名，死於梅之株。冰操霜清，梅乎何殊？既孝且烈，汗青宜書。有司失職，咄哉可吁！乃爲作傳，以附露筋碑之跗。」

卓吾子曰：先王教化，只可行於窮鄉下邑，而不可行於冠裳濟濟之名區；只可行於三家村裏不識字之女兒，而不可行於素讀書而居民上者之君子。池州通判毛玉，非素讀書而居民上之君子乎？慈谿爲縣，又非毛玉所産之巨邑名區乎？今通判貪賄而死逼孝烈以淫，素讀書而沐教化者如此；孝烈唐貴梅寧死而不受辱，未曾讀書而沐聖教者如彼：則先王之教化亦徒矣。「孝烈」二字，楊太史特筆也。夫貴梅之死烈矣，於孝何歟？蓋貴梅所以寧死而不自白者，以姑之故也。不然，豈其不切齒痛恨於賄囑之商，而故忍死以爲之諱哉？書曰「孝烈婦」，當矣。死三日而尸猶懸，顏如生，衆人雖知而終不敢舉，每歲之暮，白月照梅，隱隱如見，猶冀有知者乎？吁！今之官府，不但此等之死不肯代白，縱有別項容易表白者，亦必有勢與力而後肯。孰知數千里之外，無干與之人，不用請求而遂以孝烈傳其事也？楊太史當代名流，有力者百計欲借一言以爲重而不得，今孝烈獨能得太史之傳以自昭明於百世，孝烈可以死矣。設使當其時貴池有賢者果能慨然白之於當道，亦不過賜額掛匾，了一故事耳矣，其誰知重之乎？自此傳出，而孝烈之形，吾知其不復重見於梅月之下也！升菴之聞，聞於其舅喻士積。士積夙遊貴池，親見其事，曾爲詩以弔之，故升菴作傳，具載士積見聞始末，以士積可信也。然則此傳不但孝烈藉以章顯，士積亦附以著名矣，傳豈徒作耶！

嗟嗟！毛通判當日之爲，亦只謂貪其賄而人莫知也。貴梅已死，而誰爲白也。孰知不白於貴池而卒白於新都乎？今《升庵文集》盛行於世，夫誰不知傳其事於此集之中者？貴池人士咸知有贓吏毛玉受賄而死逼孝烈以淫也，慈谿人士亦咸知有鄉官毛玉受賄而死逼孝烈以淫也。毛玉唯無孫子則已，苟有子，則必不敢認毛玉以爲父；苟有孫，則必不敢認毛玉以爲祖矣。蓋同鄉少年傾慕太史之日久矣，讀其書，閱其事，則必私相告語。私相告語，未有不竊笑而背罵者。夫毛玉之心，本欲多積金錢以遺其孫子，使孫子感己也，又安知反使孫子不敢認己也哉！太史之傳，嚴於先王之教化明矣。餘謂此傳有裨於世教者弘也，故復亟讀而詳録之，以爲孝烈之外傳云。

茶夾銘

唐右補闕綦毋旻著《代茶飲序》云：「釋滯消壅，一日之利暫佳；瘠氣耗精，終身之害斯大。獲益則歸功茶力，貽害則不謂茶災。」予讀而笑曰：「釋滯消壅，清苦之益實多；瘠氣耗精，情慾之害最大。獲益則不謂茶力，自害則反謂茶殃。」吁！是恕己責人之論也。乃銘曰：我老無朋，朝夕唯汝。世間清苦，誰能及子？逐日子飲，不辯幾鍾。每夕子酌，不問幾許。夙興夜寐，我願與子終始。子不姓湯，我不姓李，總之一味，清苦到底。

李白詩題辭

升庵曰：「白慕謝東山，故自號東山李白。杜子美云『汝與東山李白好』是也。劉昫修《唐書》，乃以白爲山東人，遂致紛紛耳。」因引曾子固稱白蜀郡人，而取《成都志》謂白生彰明縣之青蓮鄉以實之。卓吾曰：

蜀人則以白爲蜀産，隴西人則以白爲隴西産，山東人又借此以爲山東産，而修入《一統志》，蓋自唐至今然矣。今王元美斷以范傳正《墓誌》爲是，曰：「白父客西域，逃居綿之巴西，而白生焉。是謂實録。」嗚呼！一個李白，生時無所容入，死而千百餘年，慕而争者無時而已。餘謂李白無時不是其生之年，無處不是其生之地。亦是天上星，亦是地上英。亦是巴西人，亦是隴西人，亦是山東人，亦是會稽人，亦是潯陽人，亦是夜郎人。死之處亦榮，生之處亦榮，流之處亦榮，囚之處亦榮，不游不囚不流不到之處，讀其書，見其人亦榮亦榮！莫争莫争！

伯夷傳

真西山云：「此傳姑以文取。」楊升菴曰：「此言甚謬。若道理有戾，即不成文，文與道豈二事乎？益見其不知文也。本朝又有人補訂《伯夷傳》者，異哉！」又曰：「朱晦翁謂孔子言伯夷，求仁得仁，又何怨，今太史公作《伯夷傳》滿腹是怨，此言殊不公也。」

卓吾子曰：「何怨」是夫子説，「是怨」是司馬子長説，翻不怨以爲怨，文爲至精至妙也。何以怨？怨以暴之易暴，怨虞、夏之不作，怨適歸之無從，怨周土之薇之不可食，遂含怨而餓死。此怨曷可少也？今學者唯不敢怨，故不成事。

岳王并施全

宋贈鄂王岳飛謚忠武，其文曰：「李將軍口不出辭，聞者流涕；藺相如身雖已死，凛然猶生。」又曰：「易名之典雖行，議禮之言未一。始爲忠愍之號，旋更武穆之稱。獲覩中興之舊章，灼知皇祖之本意。爰取危身奉上之實，仍采戡定禍亂之文。合此兩言，節其一惠。昔孔明之志興漢室，子儀之光復唐都，雖計效以或殊，在秉心而弗異。垂之典册，何嫌今古之同辭；賴及子孫，將與山河而並久。」楊昇菴曰：「今天下岳祠皆稱武穆，此未定之謚也。當稱忠武爲宜。」又曰：「朱文公云：『舉世無忠義，這些正氣忽自施全身上發出來。』故《續綱目》書施全刺秦檜不克而死，亦文公遺意也。近有人云：『今之岳祠多鑄賊檜像，跪縛門外。更當鑄施全像，立在左，持刀砍檜乃得。』」

李卓吾曰：此論甚當，甚有益風教。倘禮官言官肯上一疏，則忠武之謚，曉然於百世；施全之忠，暴白於聖朝矣。不然，人人未得知也。

張千載

廬陵張千載，字毅甫，别號一鶚，文山之友也。文山貴時，屢辟不出。及文山自廣敗還，至吉州城下，千載潛出相見，曰：「丞相往燕，千載亦往。」往即寓文山囚所近側，三年供送飲食無缺。又密造一櫝，文山受命日，即藏其首，訪知夫人歐陽氏在俘虜中，使火其屍，然後拾骨寘囊，弁櫝南歸，付其家安葬。是日，文山之子夢其父怒曰：「繩鉅未斷！」其子驚覺，遽啓視之，果有繩束其髮。李卓吾既書其事，遂爲之贊曰：不食其禄，肯受其縛！一繩未斷，如錐刺腹。生當指冠，死當怒目。張氏何人，寘囊弁櫝。生死交情，千載一鶚。

李涉贈盜

唐李涉《贈盜》詩曰：「相逢不用相迴避，世上如今半是君。」劉伯温《詠梁山泊分贓臺》詩云：「突兀高臺累土成，人言暴客此分贏。飲泉清節今寥落，何但梁山獨擅名！」《漢書》云：「吏皆虎而冠。」《史記》云：「此皆刼盗而不操戈矛者。」李卓吾曰：此皆操戈矛而不畏官兵捕盗者。因記得盗贈官吏亦有詩一首，並録附之：

未曾相見心相識，敢道相逢不識君？一切蕭何今不用，有臟擡到後堂分。肯憐我等夜行苦，坐者十三行十五。若謂私行不是公，我道無私公奚取？君倚奉公戴虎冠，誰得似君來路寬？月有俸錢日有廩，我等衣食何盤桓！君若十五十三俱不許，我得持彊分廩去，驅我爲盗寧非汝！

封使君

古傳記言漢宣城郡守封邵，一日化爲虎，食郡民。民呼曰封使君，即去不復來。其地謡曰：「莫學封使君，生不治民死食民！」張禺山有詩云：「昔日封使君，化虎方食民；今日使君者，冠裳而喫人。」又曰：「昔日虎使君，呼之即慚止，今日虎使君，呼之動牙齒。」又曰：「昔時虎伏草，今日虎坐衙。大則吞人畜，小不遺魚鰕。」或曰此詩太激。禺山曰：「我性然也。」升菴戲之曰：「東坡嬉笑怒駡皆成詩，公詩無嬉笑，但有怒駡耶？」李卓吾復謔之曰：果哉怒駡成詩也！升菴此言，甚於怒駡。

李温陵集卷之十六

李温陵集卷之十七

海虞後學顧大韶仲恭校

讀史

宋統似晉

先生謂宋統似晉，予謂宋多賢君，晉無一主，即宋藝祖以比司馬炎何如也？唯其仁柔，是以怯弱，然愛民好士之報，天亦不爽矣。徽、欽雖北轅，與懷、愍青衣行酒，跣足執蓋，實大逕庭。天之厚宋，亦可知也。唐雖稍得，然無主不亂，個個出走。自五丁開道以來，巴蜀遂爲唐帝逃竄後户，與漢已大不侔矣。故謂宋比漢不得則可，謂比唐不得則不可，況比晉乎？晉之司馬懿，一名柔奸家奴也，更加以司馬師之强悍，司馬昭之弑奪，而何可以比藝祖？司馬炎一名得志狹邪也，更濟以賈南風之淫妬，問公私之蝦蟆，而何可以比太宗？況仁宗四十年恭儉哉，神宗勵精有爲者！所恨宋主無一剛耳。故余謂唐、宋一也，比之晉則已甚。若康節不答國祚之問，唯取架上《晉紀》以示，見徽、欽事符懷、愍，南渡事似江東，非以是遂爲晉比也。

逸少經濟

先生謂逸少「識慮精深，有經濟才，而爲書名所蓋，後世但以翰墨稱之，藝之爲累大哉」！卓吾子曰：藝又安能累人？凡藝之極精者，皆神人也，况翰墨之爲藝哉！先生偏矣！或曰：先生蓋自寓也。

孔北海

「北海大志直〔接〕〔節〕，東漢名流，而與『建安七子』並稱；駱賓王勁辭忠憤，唐之義士，而與『垂拱四傑』爲列。以文章之末技，而掩其立身之大閑，可惜也！」卓吾子曰：文章非末技，大閑豈容掩？先生差矣！或曰：先生皆自况也。

經史相爲表裏

經、史一物也。史而不經，則爲穢史矣，何以垂戒鑑乎？經而不史，則爲説白話矣，何以彰事實乎？故《春秋》一經，春秋一時之史也。《詩經》《書經》，二帝三王以來之史也。而《易經》則又示人以經之所自出，史之所從來，爲道屢遷，變易匪常，不可以一定執也。故謂六經皆史可也。

鐘馗即終葵

楊升菴曰：「《考工記》云：『大圭首終葵。』注：『終葵，椎也。齊人名椎曰終葵。』蓋言大圭之首似椎也。《金石録》以爲晉、宋人名。夫以終葵爲名矣，後又訛爲鐘馗。俗又畫一神像帖於門首，執椎以擊鬼。好怪者便傳會説鐘馗能啖鬼。畫士又作《鐘馗元夕出遊圖》，又作《鐘馗嫁妹圖》。文士又戲作《鐘馗傳》，言鐘馗爲開元進士，明皇夢見，命工畫之。按孫逖、張説文集有《謝賜鐘馗畫表》，先於開元久矣，亦如石敢當，《急就章》中虚擬人名也。俗便立石於門，書『太山石敢當』，文人亦作《石敢當傳》。昧者相傳，便謂真有其人矣。」

卓吾子曰：莫怪他謂真有其人也，此物比真人還更長久也。且先生又安知不更有鐘馗其人乎？終葵二字，亦是後人名之耳。後人可以名終葵，又後人獨不可以名鐘馗乎？假則皆假，真則皆真，先生勿太認真也！

先生又曰：「蘇易簡作《文房四譜》云：『虢州歲貢鐘馗二十枚。』愼按：硯以鐘馗名，亦即《考工記》終葵大圭之義，蓋硯形如大圭耳。」

李卓吾曰：蘇易簡又以進士锺馗而訛呼石爲鐘馗矣。硯石爲鐘馗，鐘馗爲進士，進士爲大圭首，大圭首爲椎，總之一椎而已，先王勿勞也！

段善本琵琶

唐貞元中，長安大旱，詔移兩地祈雨。街東有康崑崙，琵琶號爲第一手，自謂街西無己敵也。登樓彈新翻調《緑腰》。及度曲，街西亦出一女郎，抱樂器登樓彈之，移在楓香調中，妙技入神。崑崙大驚，請與相見，欲拜之爲師。女郎更衣出，乃莊嚴寺段師善本也。德宗聞知，召加奬賞，即令崑崙彈一曲。段師曰：「本領何雜邪？兼帶邪聲。」崑崙拜曰：「段師神人也。」德宗詔授康崑崙。段師奏曰：「請崑崙不近樂器十數年，忘其本領，然後可授。」

卓吾子曰：至哉言乎！學道亦若此矣，凡百皆若此也。讀書不若此，則不如不讀；作文不若此，則不如不作；功業不若此，則未可言功業；人品不若此，亦安得謂之人品乎？總之鼠竊狗偷云耳。無佛處稱尊，康崑崙之流也。何足道！何足道！

樊敏碑後

鐫石，技也，亦道也。文惠君曰：「噫！技蓋至此乎？」庖丁對曰：「臣之所好者道也，進乎技矣。」是以道與技爲二，非也。造聖則聖，入神則神，技即道耳。技至於神聖所在之處，必有神物護持，而況有識之人歟？且千載而後，人猶爱惜，豈有身親爲之而不自爱惜者？石工書名，自愛惜也，不自知其爲石工也，神聖在我，技不得賤矣。否則，讀書作文亦賤也，寧獨鐫石之工乎？雖然，劉武良以精鐫書名可也，今世鐫工，又皆一一書名碑陰何哉？學步失故，盡相習以謂當然，可笑矣！故雕鐫者工，則書鐫者姓名，碑蓋藉鐫而傳也。鐫者或未甚工，而所鐫之字與其文，或其人之賢，的然必傳於世，則鐫石之工亦必鐫石以附之。所謂交相附而交相傳也。蓋技巧神聖，人自重之。能爲人重，則必借重於人。然元佑奸黨碑，石工常安民乃懇求勿鐫姓名於其後，又何耶？

詩畫

東坡先生曰：「論畫以形似，見與兒童隣。作詩必此詩，定知非詩人。」升菴曰：「此言畫貴神，詩貴韻也。然其言偏，未是至者。鼂以道和之云：『畫寫物外形，要物形不改；詩傳畫外意，貴有畫中態。』其論始定。」

卓吾子謂改形不成畫，得意非畫外，因復和之曰：「畫不徒寫形，正要形神在；詩不在畫外，正寫畫中態。」杜子美云：「花遠重重樹，雲輕處處山。」此詩中畫也，可以作畫本矣。唐人畫《桃源圖》，舒元輿爲之記云：「煙嵐草木，如帶香氣。熟視詳玩，自覺骨戛青玉，身入鏡中。」此畫中詩也，絶藝入神矣。吴道子始見張僧繇畫，曰：「浪得名耳。」已而坐卧其下，三日不能去。庾翼初不服逸少，有家雞野鶩之論，後乃以爲伯英再生。

然則入眼便稱好者，决非好也，决非物色之人也，况未必是吴之與庾，而何可以易識。噫！千百世之人物，其不易識，總若此矣。

黨籍碑

「安石誤國之罪，本不容誅；而安石無誤國之心，天地可鑒。主意於誤國而誤國者，殘賊之小人也，不待誅也。主意利國而誤國者，執拗之君子也，尚可憐也。」

卓吾曰：公但知小人之能誤國，而不知君子之尤能誤國也。小人誤國猶可解救，若君子而誤國，則末之何矣。何也？蓋彼自以爲君子而本心無媿也。故其膽益壯而志益决，孰能止之？如朱夫子亦猶是矣。故余每云貪官之害小，而清官之害大；貪官之害但及於百姓，清官之害并及於兒孫。余每每細查之，百不失一也。

無所不佩

王逸曰：「行清潔者佩芳，德光明者佩玉，能解結者佩觿，能决疑者佩玦。故孔子無所不佩也。」

李卓吾曰：道學原重外飾，蓋自古然矣，而豈知聖人之不然乎？古者男子出行不離劍佩，遠行不離弓矢，日逐不離觿玦。佩玉名爲隨身之用，事親之物，其實思患豫防，文武兼設，可使由而不可使知之道也，與井田寓兵同括矣。意不在文飾，持假名爲飾耳。後人昧其實也，以是爲美飾而矜之。務内者從而生厭曰：「是皆欲爲侈觀者，何益之有！」故於今並不設備，而文武遂判。非但文士不知武備，至於武人居常走謁，亦效文裝矣：寬衣博帶，雍雍如也，肅肅如也。一旦有儆，豈特文人束手，武人亦寧可用耶？

荀卿李斯吴公

升菴先生曰：「以荀卿大儒，而弟子有焚書坑儒之李斯；以李斯爲師，而弟子有治行第一之吴公。人之賢否，信在自立，不係師友也。」卓吾子曰：能自立者必有骨也。有骨則可藉以行立；苟無骨，雖百師友左提右挈，其奈之何？一刻無人，一刻站不得矣。然既能行立，則自能奔走求師，如顔、曾輩之於孔子然，謂其不係師友，亦非也。

宋人譏荀卿

宋人謂卿之學不醇，故一傳於李斯，即有坑儒焚書之禍。夫弟子爲惡而罪及師，有是理乎？若李斯可以累荀卿，則吴起亦可以累曾子矣。《鹽鐵論》曰：「李斯與苞丘子同事荀卿，而苞丘子修道白屋之下。」卓吾子曰：使李斯可以累荀卿，則苞丘子亦當請封荀子矣。

季文子三思

文子相三君，其卒也無衣帛之妾，食粟之馬，無重器備，左氏侈然稱之。黄東發曰：「行父怨歸父之謀去三家，至掃四大夫之兵以攻齊。方公子遂弑君立宣公，行父不能討，反爲之再如齊納賂焉。又帥師城莒之諸、鄆二邑以自封殖，其爲妾馬金玉也多矣，是即王莽之謙恭也。時人皆信之，故曰『季文子三思而後行。』夫子不然之，則曰『再思可矣。』若曰：『再尚未能，何以云三思也？』使能再思，不黨篡而納賂，專權而興兵，封殖以肥己矣。文公不得其辭，乃云『思至于三，則私意起而反惑。』誠如其言，則《中庸》所謂『思之不得弗措也』，《管子》所謂『思之思之又重思之，思之不通，鬼神將通之』，吴臣勸諸葛恪十思者，皆非矣。」

卓吾曰：周公之聖，唯在於思兼，思而不合，則夜以繼日。一夜一日，思又何止三也？朱子蓋惑於聖人慎思之説，遂以三思爲戒。唯其戒三思，是以終身不知聖人之慎思也。我願學者千思萬思，以思此「慎思」二字。苟能得慎思之旨於千思萬思之中，則可以語思誠之道矣，區區一季文子何足以煩思慮乎！

陳恒殺君

升菴先生曰：「孔子沐浴而朝，於義盡矣。胡氏乃云『仲尼此舉，先發後聞可也。』是病聖人之未盡也。果如胡氏之言，則不告於君而擅興甲兵，是孔子先叛矣，何以討人哉？胡氏釋之於《春秋》，朱子引之於《論語》，皆未知此理也。岳飛金牌之召，或勸飛勿班師，飛曰，此乃飛反，非檜反也。始爲當於義矣。」

李卓吾曰：世固有有激而爲者，不必問其爲之果當也；有有激而言者，不必問其能踐言與否也。哀其志可也，原其心可也，留之以爲天下後世之亂臣賊子懼可也。何必説盡道理，以長養亂賊之心乎？若説非義，則孔子沐浴之請亦非義矣。何也？齊人弑君，與魯何與也？魯人尚無與，又何與於家居不得與聞政事之孔子也？不得與而與，是出位之僭也。明知哀公三子皆不可與言而言，是多言之窮也。總之爲非義矣。總之爲非義，然總之爲出於義之有所激也，總之爲能使亂臣賊子懼也，即孔子當日一大部《春秋》也，何待他日筆削《魯史》而後謂之《春秋》哉？先正蔡虚齋有《岳飛班師》一論，至今讀之，猶令人髮指冠，目裂眦，欲代岳侯殺秦檜、滅金虜而後快也，何可無此議論也？明知是做不得，説不得，然安可無此議論乎？安得無此議論乎？

王半山

半山謂荆軻豢於燕，故爲燕太子丹報秦。信斯言也，亦謂吕尚豢於周，故爲周伐紂乎？相知在心，豈在豢也，半山之見醜矣。且荆卿亦何曾識燕丹哉！只無柰相知如田光者薦之於先，又繼以刎頸送之於後耳。荆卿至是，雖欲不死，不可得矣。故余有《詠荆卿》一首云：「荊卿原不識燕丹，衹爲田光一死難。慷慨悲歌爲擊筑，蕭蕭易水至今寒。」又有《詠侯生》二首云：「夷門畫策却秦兵，公子奪符出魏城。上客功成心遂死，千秋萬歲有侯嬴。」又「晉鄙合符果自疑，揮鎚運臂有屠兒。情知不是信陵客，刎頸迎風一送之。」蓋朱亥於公子相知不深，又值侯生功成名立之際，遂以死送之耳。雖以死送公子，實以死送朱亥也。醜哉宋儒之見，彼豈知英雄之心乎！蓋古人貴成事，必殺身以成之；捨不得身，成不得事矣。

爲賦而相灌輸

「爲賦」二字甚明，何説未明也？蓋爲賦而相灌輸，非爲商而相灌輸也。爲賦而相灌輸，即如今計户納糧運租之類；爲商而相灌輸，乃是驅農民以效商賈之爲。夫既驅農民以效商矣，又將驅何民以事農乎？若農盡爲商，則田盡不闢，又將以何物爲賦而相輸灌也？曷不若令商自爲之，而征其税之爲便乎？農有租賦之入，商有征税之益，兩利兼收，愚人亦知，而謂武帝不知耶？蓋當時霍子孟輩，已不曉桑大夫均輸之法之善矣，何况班孟堅哉！俗士不可語於政，信矣。

文公著書

「朱文公談道著書，百世宗之。然觀其評論古今人品，誠有違公是而遠人情者。王安石引用姦邪，傾覆宗社也，乃列之《名臣録》而稱其道德文章；蘇文忠道德文章，古今所共仰也，乃力詆之，謂得行其志，其禍又甚于安石。夫以安石之姦，則未減其已著之罪；以蘇子之賢，則巧索其未形之短。此何心哉？」卓吾子曰：文公非不知坡公也。坡公好笑道學，文公恨之，直欲爲洛黨出氣耳，豈其真無人心哉！若安石自宜取。

先生又曰：「秦檜之姦，人皆欲食其肉，文公乃稱其有骨力；岳飛之死，今古人心何如也，文公乃譏其横，譏其直向前厮殺。漢儒如董如賈，皆一一議其言之疵，諸葛孔明名之爲盗，又議其爲申、韓；韓文公則文致其大顛往來之書，亹亹千餘言，必使之不爲全人而後已。蓋自周、孔而下，無一人得免者。憶文公註《毁譽章》云：『聖人善善速，而惡惡則已緩矣。』又曰：『但有先褒之善，而無預詆之惡。』信斯言也，文公於此，惡得爲緩乎？無乃自蹈於預詆人之惡也？」卓吾子曰：此俱不妨，但要説得是耳。一蘇文忠尚不知，而何以議天下之士乎？文忠困阨一生，盡心盡力幹辦國家事一生。據其生平，了無不幹之事，亦了不見其有幹事之名，但見有嬉笑遊戲，翰墨滿人間耳。而文公不識，則文公亦不必論人矣。

《闇然堂類纂》引

《闇然堂類纂》者何？潘氏所纂以自爲鑒戒之書也。余讀而善之，而性健忘，且老矣，目力漸竭，不可以多取，故復録其最者以自鑒戒焉。

夫余之别潘氏多年矣，其初直謂是木訥人耳，不意其能剛也。大抵二十餘年以來，海内之友寥落如晨星，其存者或年往志盡，則日暮自倒，非有道而塞變，則蓋棺猶未定也。其行不掩言，往往與卓吾子相類。乃去華之于今日，其志益堅，其氣益實，其學愈造而其行益修，斷斷乎可以托國托家而托身也。非其暗室屋漏，闇然自修，不忘鑒戒，安能然乎？設余不見去華，幾失去華也。余是以見而喜，去而思，思而不見則讀其書以見之，且以示余之不忘鑒戒，亦願如去華也。

夫鑒戒之書，自古有之，何獨去華？蓋去華此纂皆耳目近事，時日尚新，聞見罕接，非今世之士人所常談。譬之時文，當時則趨，過時則頑。又譬之於曲則新腔，於詞則别調，於律則切響，夫誰不側耳而傾聽乎？是故喜也。喜則必讀，讀則必鑒必戒。

朋友篇

去華生平朋友之義最篤，故是《纂》首纂《篤友誼》。夫天下無朋久矣。何也？舉世皆嗜利，無嗜義者。嗜義則視死猶生，而况幼孤之託，身家之寄，其又何辭也？嗜利則雖生猶死，則凡攘臂而奪之食，下石以滅其口，皆其能事矣。今天下之所稱友朋者，皆其生而猶死者也。此無他，嗜利者也，非嗜友朋也。今天下曷嘗有嗜友朋之義哉！既未嘗有嗜義之友朋，則謂之曰無朋可也。以此事君，有何賴焉？

阿寄傳

錢塘田豫陽汝成有《阿寄傳》。阿寄者，淳安徐氏僕也。徐氏昆弟别産而居：伯得一馬，仲得一牛，季寡婦得寄。寄年五十餘矣，寡婦泣曰：「馬則乘，牛則耕，踉蹌老僕，乃費吾藜羹！」阿寄歎曰：「噫！主謂我力不牛馬若邪？」乃畫策營生，示可用狀。寡婦悉簪珥之屬，得金一十二兩畀寄，寄則入山販漆，期年而三其息，謂寡婦曰：「主無憂，富可立致矣。」又二十年而致産數萬金，爲寡婦嫁三女，婚兩郎，齎聘皆千金。又延師教兩郎，皆輸粟入太學，而寡婦阜然財雄一邑矣。頃之，阿寄病且革，謂寡婦曰：「老奴馬牛之報盡矣。」出枕中二楮，則家計巨細悉均分之，曰：「以此遺兩郎君！」言訖而終。徐氏諸孫或疑寄私蓄者，竊啓其篋，無寸絲粒粟之儲焉。一嫗一兒，僅敝緼掩體而已。予蓋聞之俞鳴和。又曰：「阿寄老矣，見徐氏之族，雖幼必拜，騎而遇諸途，必控勒將數百武以爲常。見主母不睇視，女雖幼，必傳言，不離立也。」若然，則縉紳讀書明禮義者，何以加諸？以此心也，奉其君親，雖謂之大忠純孝可也。

去華曰：「阿寄之事主母，與李元之報主父何以異？予尤嘉其終始以僕人自居也。三讀斯傳，起爱起敬，以爲臣子而奉君親者能如是，吾何憂哉？」

李卓吾曰：父子天性也。子而逆天，天性何在？夫兒尚不知有父母，尚不念昔者乳哺顧復之恩矣，而奴反能致孝以事其主。然則其天定者雖奴亦自可託，而况友朋！雖奴亦能致孝，而况父子！彼所謂天性者，不過測度之語，所謂讀書知孝弟者，不過一時無可柰何之辭耳。奴與主何親也？奴於書何嘗識一字也？是故吾獨於奴焉三歎，是故不敢名之爲奴，而直曰我以上人。且不但我以上人也，彼其視我正如奴矣。何也？彼之所爲，我實不能也。

孔明爲後主寫申韓管子六韜

唐子西云："人君不論撥亂守文，要以制略爲貴。《六韜》述兵權，多奇計；《管子》慎權衡，貴輕重；申、韓覈名實，攻事情。施之後主，正中其病。藥無高下，要在對病。萬全良藥，與病不對，亦何補哉？"又觀《古文苑》載先主臨終勅後主之言曰："申、韓之書，益人意智，可觀誦之！"《三國志》載孟孝裕問郤正太子，正以虔恭仁恕答。孝裕曰："如君所道，皆家門所有耳。吾今所問，欲知其權略知調何如也。"

由此觀之，孔明之喜申、韓審矣。然謂其爲對病之藥，則未敢許。夫病可以用藥，則用藥以對病爲功，苟其用藥不得，則又何病之對也？劉禪之病，牙關緊閉，口噤不開，無所用藥者也，而問對病與否，可歟？且申、韓何如人也？彼等原與儒家分而爲六。既分爲六，則各自成家；各自成家，則各各有一定之學術，各各有必至之事功。舉而措之，如印印泥，走作一點不得也。獨儒家者流，汎濫而靡所適從，則以所欲者衆耳。故汲長孺謂其内多欲而外施仁義，而論六家要指者，又以"博而寡要，勞而少功"八字蓋之，可謂至當不易之定論矣。孔明之語後主曰："苟不伐賊，王業亦亡。與其坐而待亡，孰與伐之？"是孔明已知後主之必亡也，而又欲速戰以幸其不亡，何哉？豈謂病雖進不得藥，而藥終不可不進，以故猶欲僥倖於一逞乎？吾恐司馬懿、曹真諸人尚在，未可以僥倖也。六出祁山，連年動衆，驅無辜赤子轉鬭數千里之外，既欲愛民，又欲報主，自謂料敵之審，又不免幸勝之貪，卒之勝不可幸，而將星於此乎終隕矣。蓋唯其多欲，故欲兼施仁義；唯其博取，是以無功徒勞。此八字者，雖孔明大聖人不能免於此矣。

愚嘗論之，成大功者必不顧後患，故功無不成，商君之於秦，吴起之於楚是矣。而儒者皆欲之，不知天下之大功，果可以顧後患之心成之乎否也？吾不得而知也。顧後患者必不肯成天下之大功，莊周之徒是已。是以寧爲曳尾之龜，而不肯受千金之幣；寧爲濠上之樂，而不肯任楚國之憂。而儒者皆欲之，於是乎又有居朝廷則憂其民，處江湖則憂其君之論。不知天下果有兩頭馬乎否也，吾又不得而知也。墨子之學術貴儉，雖天下以我爲不拔一毛不恤也。商子之學術貴法，申子之學術貴術，韓非子之學術兼貴法、術，雖天下以我爲殘忍刻薄不恤也。曲逆之學術貴詐，儀、秦之學術貴縱横，雖天下以我爲反覆不信不恤也。不憚五就之勞，以成夏、殷之績，雖天下後世以我爲事兩主而兼利，割烹要而試功，立太甲而復反可也。此又伊尹之學術以任，而直謂之能忍詢焉者也。以至譙周、馮道諸老寧受祭器歸晉之謗，歷事五季之耻，而不忍無辜之民日遭塗炭，要皆有一定之學術，非苟苟者。各周於用，總足辨事，彼區區者欲選擇其名實俱利者而兼之，得乎？此無他，名教累之也。以故瞻前慮後，左顧右盼。自己既無一定之學術，他日又安有必成之事功邪？而又好説「時中」之語以自文，又況依倣陳言，規跡往事，不敢出半步者哉！故因論申、韓而推言之，觀者幸勿以爲予之言皆經史之所未嘗有者可也。

管寧華歆

揮鋤不必，捉擲亦詐。果内忘于懷，則何所不可？未見其孰爲優，而孰爲劣也。然伏后之弑歆亦太甚矣。寧蓋逆知其所終者，是以謂之非吾友也，非以捉擲乘軒故。而捉擲乘軒，實可以覩所忽。雖然，歆之才識亦寧之流亞也，曷可少也。若寧之避地遼東，才識如此，氣節如此，古今容易多得耶？故吾重寧而亦不敢輕歆。

王戎

戴逵之論曰：「王戎晦嘿，于危亂之際，獲免憂禍，既明且哲，于是焉在。」李生曰：以吝鄙故絶戎于王公之壚，則阮籍失青眼。若曰用晦，則是以吝能損戎之高，乃曲爲之救解乎？方晉武未平吴之先，尚爲治朝，非用晦時也。世間病痛事，雖大賢不免，惟不自揜覆，而人皆見之，乃同于青天白日耳。彼不自揜蓋，而我曲爲之遮護，何哉？夫世之詐善者何多也，其不能拔一毛者又豈少哉！然皆惡吝之名鄙，而特竊古人之不輕與者以自文，卒之分香賣履，狐媚欺孤，欲自蓋覆不得，何其勞也。而戎豈爲之。然戎父没，九郡義故，懷其德惠，相率致賻數百萬，戎悉不受也。嗚呼！一介不與，是以鑽核；一介不取，是以數百萬不受。伊尹之教也，道學先生口實之矣！

《初潭集·賢夫》

甚矣，聲色之迷人也。破國亡家，喪身失志，傷風敗類，無不由此，可不慎歟！然漢武以雄才而拓地萬餘里，魏武以英雄而據有中原，又何嘗不自聲色中來也。嗣宗、仲容流聲後世，固以此耳。豈其所破敗者自有所在，或在彼而未必在此歟？吾以是觀之，若使夏不妺喜，吴不西施，亦必立而敗亡也。周之共主寄食東西，與貧乞何殊，一飯不能自給，又何聲色之娱乎！固知成身之理，其道甚大；建業之由，英雄爲本。彼瑣瑣者，非恃才妄作，果於誅戮，則不才無斷，威福在下也。此興亡之所在也，不可不慎也。

李固女

李姬、趙娥，一也。娥主于復讐，故性命不顧；姬主于有後，故委曲圖全。皆所重者，父也。但其才智實有大過人者。人亦何必不女，人之父亦何必以女女之乎！若但好名，將安用之？

李昌夔妻

李昌夔在荆州打獵，大修裝飾。其妻獨孤氏亦出女隊二千人，皆著紅紫繡襖子及錦鞍韉。李卓吾曰：此與夫人城一也，可謂真男子矣。天下皆男子，夫誰非真男子者，而曰真男子乎？然天下多少男子，夫誰是真男子者？不言真，吾恐天下男子皆以我爲男子也。故言男子而必繫之以真也。

竹林

竹林諸賢之風雖高，而禮教尚峻，元康中遂至放蕩越禮。樂廣譏之曰：「名教中自有樂地，何至於此。」樂令之言有旨哉！謂彼非玄心徒利其縱恣而已。李卓吾曰：不是無達意，只是無玄心，不恨無韻，只恨無骨。

陰鳳

賈思伯與弟思同，同師事北海陰鳳。業竟，無資酬謝，質其衣服。時人語曰：「陰生讀書不免癡，不識雙鳳脱人衣。」李卓吾曰：此非癡也，乃所志也。彼蓋真知孔聖人留此一鉢衣食飯，以遺後人耳。窮則開門受徒，計束脩羊，獨善其身；達則駟馬高蓋，擇美田宅，兼善天下。豈爲癡哉！

金縢

周公欲以身代兄之死，既以明告於神矣，而卒不死何耶？然猶可委曰：「神不許我以死，我豈敢自死乎？我直以明我欲代兄之心云耳，非以祈人之知我欲代兄之死也。」則册祝之詞，壇墠之設，珪璧之秉，金匱之納，何爲者哉？啰曰：「平地上起骨堆。」此之謂也。無風揚波，無事生事，一人好名，毒流萬世，卒使管叔流言，新莽藉口。聖人之所作爲，道學之所舉動，吾不知之矣。陳賈云云，此千古斷案也。

李克

李克兄弟二人，貧無擔石之儲。妻謂克曰：「今貧如此，妾有私財，可以分異獨居。」克聞之，乃請鄰里親戚，前跪白母，顧其妻，叱而遣之。李卓吾曰：克好名，妻愚，却撞著伊㸌柄也。與其無罪遣妻，孰若分與兄弟私財乎？

道學

世之不講道學而致榮華富貴者不少也，何必講道學而後爲富貴之資也？此無他，不待講道學而自富貴者，其人蓋有學有才，有爲有守，雖欲不與之富貴而不可得也。夫惟無才無學，若不以講聖人道學之名要之，則終身貧且賤焉，恥矣。此所以必講道學以爲取富貴之資也。然則今之無才無學，無爲無識，而欲致大富貴者，斷斷乎不可以不講道學矣。今之欲真實講道學以求儒釋道出世之旨，免富貴之苦者，斷斷乎不可以不剃頭做和尚矣。

聚書

孫蔚家世好學，有書七千餘卷。遠近來讀者恒有百餘人，蔚爲辦衣食。倪若水藏書甚多，列架不足，疊窗安置，不見天日。子弟直日看書，借書者先投束修羊。李卓吾曰：先投束修羊，然後准借書，則無有借書者矣。若皆辦衣食，夫誰不來也。

楊子雲

楊子撰《法言》，蜀有富人賫錢十萬，願載一名。子雲曰：「富人無義，正如圈中之鹿，欄中之牛，安得妄載乎！」李卓（吾）曰：奇哉富人，恨子雲老不曉事，致使姓名不傳。

陸士衡宋處宗

陸士衡入洛，次偃師。見一少年，姿神端邁，與士衡言，玄妙有辭致，知所遇者是輔嗣，士衡由此妙達玄理。宋處宗甚有思理，嘗買得一長鳴鷄，籠著窗前。鷄遂作人語，與宋談，極有致。宋因此玄功大進。李卓吾曰：王弼雖死，無可談者，幸遇士衡，便得一夕之歡。鷄初世爲人，無可談者，誓作長鳴鷄以洩其憤懣，乃得入宋手，置窗前，快哉！

夢

衛玠總角時，問樂令夢，樂曰：「是想。」衛曰：「形神所不接而夢，豈是想邪？」樂云：「因也。未嘗夢乘車入鼠穴，擣虀啖鐵杵，無想無因故也。」衛思因，經日不得，遂成病。樂聞故，命駕爲剖析之，衛即小差。樂嘆曰：「此兒胸中當必無膏肓之疾！」

按周禮六夢：曰正夢，曰噩夢，曰思夢，曰寤夢，曰喜夢，曰懼夢。東坡《夢齋銘》曰：「人有牧羊而寢者，因羊而念馬，因馬而念車，因車而念蓋，遂夢曲蓋鼓吹，身爲王公。夫牧羊之與王公亦遠矣，想之所因，豈足怪乎！」

李温陵曰：周公、樂令、蘇子，皆一偏之談，推測之見，青天白日，各自説夢，不足信也。無時不夢，無刻不夢，天以春夏秋冬夢，地以山川土石夢，人以六根、六塵、十二處、十八界夢。夢死夢生，夢苦夢樂，飛者夢于林，躍者夢於淵。夢固夢也，醒亦梦也。誰能知其故乎？雖至聖至神，于此無逃避夢中。若問其因，亦當縮首卷舌，不敢出聲矣。善哉衛玠形神所不接之問也！使得遭遇達磨諸祖，豈不超然夢覺之關，而何止差疾已也？惜哉好學而無其師，真令人恨恨！

顧長康

顧長康道畫：手揮五弦易，目送歸鴻難。李卓吾曰：留譜與人。

禰正平

人問禰正平：「荀令君、趙盪寇皆足蓋當世乎？」禰曰：「文若可借面弔喪，穉長可使監厨請客。」意以荀但有貌，趙健啖肉也。李卓吾曰：以荀有戚容，趙少食飲也。

姜肱

桓帝嘗徵姜肱不至，乃下彭城，使畫工圖肱形狀。肱卧闇室以被韜面，言感眩疾，不敢出風。工竟不得見之。李卓吾曰：與其卧闇室，孰若處溷穢；與其感眩疾，孰若長如風。

張季鷹

張季鷹曰：「使我有身後名，不如即時一杯酒。」李卓吾曰：正身後名也。

梅

袁豐居宅後有六株梅，嘆曰：「烟姿玉骨，世外佳人，恨無傾城笑耳。」李卓吾曰：自是肉眼。「巡簷索共梅花笑，冷蕊疎枝半不禁。」何曾不笑！

祖逖戴淵

卓吾曰：擊楫渡江，誓清中原，使石勒畏避者，此盜也。俗儒豈知。又曰：戴淵時時有，陸機世世無。

豪客

李温陵曰：不豪則自不達，不達則自非豪，唯達故豪，一也。

殷謝

王謝相謂曰：「淵源不起，當如蒼生何！」劉曰：「卿諸人真憂淵源不起耶？」謝公在東山畜妓，簡文曰：「安石必出。既與人同樂，亦不得不與人同憂。」李卓吾曰：安石真率外見，故簡文見其真；淵源矯情爲高，故真長識其假。

知人

劉峻《廣絶交論》云：「顧盼增其倍價。」故時人號王夷甫爲口中雌黄，以賴其顧盼者衆也。嗚呼！蒼蠅之飛不過十步，託驥之旄，乃騰千里之路，予安所託驥乎！雖然，即幸千里，猶然一蒼蠅耳，安足數耶！是故寧不遇伯樂，不可以不是騏驥。是騏驥，不論價矣。

尹敏

尹敏與班彪相厚，每相與談，常晏暮不食，晝即至冥，夜徹旦。彪曰：「相與久語，爲俗人所怪。然鍾子期死，伯牙破琴，曷爲陶陶哉？」卓吾曰：欲得永夕陶陶，難免俗人怪罵；欲免俗人怪罵，安得永夕陶陶！陶陶是我受用，怪罵是伊，何妨！吾今亦有怪罵，亦不見陶陶，傷哉！

孔融

融《家傳》曰：「融兄弟七人，融第六，幼有自然之性。」卓吾曰：自然之性，乃是自然真道學也，豈講道學者所能學乎！既不能學，又冒引聖言以自掩其不能，視融之六歲便能藏張儉，長來便能作書救盛孝章，薦禰正平，必以不曉事目之矣。嗟乎！有利于己而欲時時囑託公事，則必稱引「萬物一體」之說；有損于己而欲遠怨避嫌，則必稱引「明哲保身」之說。使明天子、賢宰相燭知其奸，欲杜此術，但不許囑託，不許遠嫌，又不許稱引古語，則道學之術窮矣。

篤義

義固生於心也。張堪有知己之言，文季即以信于心，「唯王修能冒難而來」，言未卒而修至。義固生于心也，豈好義而爲者之所能至乎？是故視之如草芥，則報之如寇讐，不可責之謂不義；視之如手足，則報之如腹心，亦不可稱之謂好義。故豫讓決死于襄子，而兩失節於范氏中行。相知與不相知，其心固以義也。

王維與魏居士書

王維《與魏居士書》曰：「稽康云：『頓纓狂顧，逾思長林而憶豐草。』頓纓狂顧，豈與俛受維縶有異乎！長林豐草，豈與官署門闌有異乎！異見起而正性隱，色事礙而慧用微，豈等同虛空，無所不偏，光明遍照，知見獨存之旨乎？近世有陶潛，不肯把板見督郵，後貧，《乞食詩》云：『叩門拙言詞。』是屢乞而多慚也。嘗見督郵，安食公田數頃，一慙之不忍，而終身慙乎！此亦人己攻中，忘大守小，不鞭其後之累也。」

李卓吾曰：此亦公一邊之談也。夫苟知官署官闌不異長林豐草，則終身長豐草，固即終身官署門闌矣。同等太虚，無所不偏，則不見督郵雖不爲高，亦不爲礙。若王維是，陶潛非，則一陶潛足以礙王維矣，安在其爲無礙無所不偏乎！

詆毁

夫相爲標榜，正所以自擡聲價；先期陰詆，正所以杜絶刺譏。好生羽毛，惡生瘡疣，孰敢違之！世人多愚，致使此等坐握重權耳。

交友

蓋交難則離亦難，交易則離亦易。何也？以天下盡市道之交也。夫既爲市矣，而曷可以交目之？曷可以易離病之？則其交也，不過交易之交耳，交通之交耳。是故以利交易者，利盡則疎，以勢交通者，勢去則反。朝摩肩而暮掉臂，固矣。夫唯君子超然勢利之外，以求同志之歡，而後交始難耳。況學聖人之學而深樂夫得朋之益者，則其可交必孔子，而後可使七十子之服從也。何也？七十子所欲之物，唯孔子有之，他人無有也；孔子所可欲之物，唯七十子欲之，他人不欲也。如此乎其欲之難也，是以終七十子之身不知所掉臂也。故吾謂孔子固難遇，而七十子尤難遘也。吾又以是觀之，以身爲市者，自當有爲市之貨，故不得以聖人而爲市井病。身爲聖人者，自當有聖人之貨，亦不得以聖人而兼市井。吾獨怪夫今之學者以聖人而居市井之貨也。陽爲聖人，則炎漢宗室既以爲篡位而誅之；陰爲市井，則屠狗少年又以爲穿窬而執之。非但滅族于聖門，又且囚首于井市。比之市交者，又萬萬不能及矣，吾不知其于世當名何等也。

謝公

郝隆曰：「處則爲遠志，出則爲小草。」卓吾曰：參軍誤了，出則爲遠志，處則爲小草。

癡臣

夫暴虐之君，淫刑以逞，諫又烏能入也。早知其不可諫，即引身而退者，上也；不可諫而必諫，諫而不聽乃去者，次也。若夫不聽復諫，諫而以死繼之，癡也。何也？君臣以義交也。士爲知己死，彼無道之主，曷嘗以國士遇我也！然此直云癡耳，未甚害也，猶可以爲世鑒也。若乃其君非暴而故誣之爲暴，無所用諫而故欲以强諫，此非以君父爲要名之資，爲吾他日終南之快捷徑乎？若而人者，設遇龍逢、比干之主，雖賞之使諫，吾知其決不敢諫矣。故吾因是而有感于當今之世也；下不如其上，臣不如其君，奴之才實不逮其主，胡然不自揣量而疏草日紛紛也？

强臣

臣之强，强于主之庸耳。苟不强，則不免爲舐痔之臣所讒，而爲弱人所食噉矣。死即死而噉即噉可也，目又安得瞑也！是以不得已於强也。顔魯公唯弗强也，卒以八十之年，使死于讒；李懷光唯不得已于强也，卒以入赴王室之難，而遂反于讒。皆千載令人痛恨者。甚矣，主之庸可畏也！然則所謂强臣者，正英主之所謂能臣，唯恐其禮待之不優者也。喬玄之言曰：「君治世之能臣，亂世之奸賊。」吾以是觀之，使老瞞不遭漢獻，豈少一匡之勲歟！設遇龍顔，則三傑矣。奈之何舐痔固寵者專用一切附己之人，日事讒毁，驅天下之能臣而盡入於奸賊也！敦之咎王導曰：「不聽吾言，幾至滅族。」夫晉元帝，其初蓋奴虜不盡之琅琊耳，非王導無以有江左，至明也。一有江左，即以刁恊爲腹心，而欲滅王氏，何邪？晉孝武亦幼沖之主也，非謝安出東山，則桓温之逆謀，其遂必矣。後乃代温位而居其任，故能却百萬之師，殺符融而降符朗也。既幸無事，而道子之讒遂行，又何邪？安唯恐不免于讒賊之口也，盡室以行，步丘是避，造汎海之裝於廣陵之下，欲由此還東矣。乃未就而疾作，傷哉！於是桓玄簒位，劉裕代晉，强者終能自强，而不敢强者終岌岌以死也。夫天下强國之臣，能强人之國，而終身不謀自强而甘岌岌以死者，固少也。是以英君多能臣，而庸君多强臣也。故言强臣而必先之庸君也。

范文正公

公爲帥日，辟置幕客，多取謫藉未牽復人。或疑之，公曰：「人有才能而無過失，朝廷自用之。若其實有可用之才，不幸陷于吏議，不因事起之，遂爲廢人矣。」故公所舉多得人。卓吾曰：至言至言！天下未有有才能而無過者。然公爲將帥，愛人取才如此，後居相位却不然，反紛紛好名何哉？以此見相臣之難也。

李温陵集卷之十七

李温陵集卷之十八

海虞後學顧大韶仲恭校

道古録

「《虞書》云『人心、道心』便是兩心。心安有兩也？」

曰：「心，一也。自其知覺運動而爲各人所發用者，謂之人心；自其主宰此知覺運動而爲天地人物大根柢者，謂之道心。人心不同，有如其面。即以嗜慾一端言之：南人食稻，而北人食粟；即北人又有喜食稻，而南人又有喜食粟者。至于七情之發，其爲不同也益甚。故有一喜則百草生色，一怒則羣雄喪膽者；亦有一喜則傾國傾城，一怒則伏屍流血者。其爲危險可畏，莫如人心之甚，豈不唯危也哉！蓋身之安危，國之興亡，實係之矣。若夫道心，則無聲無臭，不睹不聞，豈不是極微妙不可窺測之理乎？一危一微，而人心、道心，從此遂分。然微者既聽其自微，而不知潛心以究之；危者又聽其自危，而不知立本以定之。於是危者益危，非但知覺運動之僻者，破國亡軀，卒與敗草腐木同歸灰燼；即知覺運動之正者，令人歆豔誇述，亦不過草木偕春而已，至秋而生意亦盡，無復有存矣。其危而可畏，一至于此！故聖人重之慎之，兢之惕之，如履薄冰，如臨深淵，恐其卒死于危險之中而不能自活也。

「然則當如何？人心果有二乎，天下安得有兩心之人也！人心果無二乎，而危微不同，聖凡自別，又安得而不謂之二也。二之不得，不二之又不得，於是乎聖人有精微之功焉。精微之功，生知者自別。而生知者絶少，故其次爲學知；學知者十倍於生知。學知而不得，故其又次爲困知；困知者百倍於生知，則没身不懈矣，弗得弗措矣。如是而精之有不至於一貫之極乎？夫子之一貫，蓋學而知之者也。故曰：假我數年，五十以學《易》，吾蓋發憤而不知老之將至矣。其精也如此，是以能一，是以能繼堯舜之統，而執萬世之中於不墜也。」

「夫子仕魯，墮三都，却萊兵，誅少正卯，其作用亦只如此。乃子貢極其尊稱，至以斯立、斯行、斯和、斯來、生榮、死哀爲言，豈賢者獨有所見，而聖人功用固非人所識耶？」

曰：「却萊兵，自是正事；誅聞人，惡其惑衆。夫三家柄魯，魯君無民，政在季氏久矣。季氏能用夫子，不知夫子道大，非三桓所能用也。然桓子雅意，亦自難却。其墮成、墮費等，正是其欲好抽身處。夫當時之君相，夫子知之悉矣，周流不舍，蓋其道自與人群無所逃避也。然雖不得行道于上，亦自足明道于下。若果得邦家，其經綸手段，自然立斯立，道斯行，綏斯來，動斯和，生而榮，死而哀，的如子貢之説，非徒以尊稱其師爲也。夫子貢亦眼空一世之士者，自不容易服人，乃于夫子尊之如天，稱之不容口，築室獨居，三年猶不忍去。然則夫子縱得邦家，終不若得一子貢之爲快矣。況子貢而上，又有大賢如曾、閔者乎？故曰：『歸歟！歸歟！』夫子當時亦望庶幾有過于由、賜者，而不知由、賜亦難遘也。故決意反魯。蓋夫子之得由、賜，勝似得邦家也。如三桓之徒，何足以爲！」

「子夏云：『仕優則學，學優則仕。』今人居官理事，簿書填委，不遑暇食，何能讀書？且學者便能讀書尚志，行有餘力，無人薦舉，何能得仕？」

曰：「仕、學一也。仕何事？以行道爲事。是故出而治國，則國治；出而平天下，則天下平，便是實學。學何學？以行道爲學。是故脩身則道行于身，齊家則道行于家，便是真仕。仕即是學，學即是仕。仕與學一時具足，初非有待于外也。如此言仕與學，故其學爲真學，而其仕爲真仕矣。是故明德親民，一時並舉，簡易直截，不容欠缺，此之謂也。此乃吾夫子之學所以爲天下萬世之宗者，而曾子述之爲《大學》，子夏復發之爲『學優』之論，同是出於夫子，而惜乎今不講矣。」

曰：「審若是，則人民社稷，正學之地，子路之言乃實義也，夫子何故惡之？」

曰：「子路之言，唯其合義，是故夫子惡之。惡之者，惡其似義非義，特取口給是佞也。故曰：『惡佞，恐其亂義也。』隨時制宜之謂義，借義禦人之謂佞。」

用健曰：「《大學》言『至善』，便言『格物』。此可見至善原無物也。故止至善，在于知止。然必格物，而後知至；知至則得所止，而完吾無物之初矣，故格物要焉。然既言『格物』，而又言『物有本末』，又曰『自天子以至庶人，壹是皆以脩身爲本』，何邪？則身即是物，所以修身者，即是修此物矣。此物如何格去？得此物又豈宜格去之也邪？」

曰：「此身原無物也，人唯以物視之，則見，以爲有身耳。既見有身，則見有我；既見有我，則見有人。人我彼此，紛然在前，爲物衆矣，如何當得！其所以使人七顛八倒者，皆物也，故聖人格之。格之如何？聖人知天下之人之身，即吾一人之身，人亦我也；知吾之身，即天下之人之身；我亦人也。是上自天子，下至庶人，通爲一身矣。是以雖庶人之賤，亦皆明明德于天下，而親民以明其明德，凡以修吾一本之身，立吾無物之體，明吾無修之修故也。若有物則有身，有身則有我，如何修得此身來？」

用健曰：「既如此，則完吾無物之初，復吾太虚之體，便是《大學》之道了。却不曰『道』，而曰『近道』，又何邪？」

曰：「吾聖人欲人於有物上通無物，則知有物即是無物耳。故能通於無物，則物即是道，而何病於有物；苟不能通於無物，則物尚是物，而未可以言道也。故言物、言事、言近者，以此。夫天下唯物與事耳。物則有本末，而道其有本末邪？若謂道有本末，則舛矣。事則有終始，而道其有終始邪？若謂道有終始，則悖矣。但能知所先後，則于道庶幾近之。夫于物也，既能由末而先求其本矣，獨不可由本而復先之以求至于大本乎？于事也『既能由終而先求其始矣，獨不可由始而復先之以求至于無始乎？知大本，知無始，即此知所先後』之心爲之也。吾故曰：聖人欲人於有物上通無物。不曰無物，而但言物格也。」

用健曰：「《大學》言平天下，不曰天下當如何平，當如何使民興孝，如何使民興弟，如何使民不倍，而但曰老老、長長、恤孤焉。是欲平天下者，唯在一人之身能孝、弟、慈而已。一唯修身爲本，即平天下而可知也。言治國，不曰國當如何去治，當如何去事君，如何去事長，如何去使衆，而但曰孝、弟、慈焉。是欲治國者，唯在一人之身能孝、弟、慈而已。一唯修身爲本，即治國而可知也。至言齊家，又不曰家當如何而齊，如何而父父，如何而子子，如何而兄兄，如何而弟弟，如何而夫夫婦婦，而但曰，人莫知其子之惡，莫知其苗之碩焉。苟能好而知惡，惡而知美，不溺愛，不貪得，則自能去僻，自然身修而家自無不齊矣。是欲齊家者，唯在一人之身不偏僻於親愛、賤惡、畏敬、哀矜、傲惰，以順吾孝、弟、慈之性而已。一唯修身爲本，即齊家又可知也。至言修身，亦無别有修之之方，唯説無忿懥、好樂、恐懼、憂患數者之心而已。無忿懥，則自不偏于賤惡傲惰；無好樂，則自不偏于親愛；無恐懼，則自不偏于畏敬；無憂患，則自不偏于哀矜。故心正而身自修，家自齊者，以齊家之道修吾身也，離家無别有修身之方矣；以修身之道正吾心也，離身亦無别有正心之術矣。故曰：『壹是皆以修身爲本。』然天子而下，以至公侯卿大夫，皆有國與天下之寄，其本在修身是也。至庶人，則煢煢一身一家，于國于天下何歟？而通曰『壹是』，何也？且既曰『壹是』，則庶人與天子等矣。

普天之下，更無一人不是本，亦無一人不當先立其本者，吾是以未能無疑。觀今之天下，爲庶人者，自視太卑；太卑則自謂我無端本之責，自陷其身于頗僻而不顧。爲天子者，自視太高；太高則自謂我有操縱之權，下視庶民如螘蟻而不恤。天子且不能以修身爲本矣，况庶民邪？」

予謂：「天子有治平之責，固宜修身齊家以爲之本。若庶人雖無治平之任，然亦各有家，亦各有身，安得不修身以齊之？苟不齊，則禍敗立至，身不可保，家不可完，又安得不以修身爲本邪？故齊家觀乎身，天子庶人，壹是無别。由是推之，以治國平天下，直措之耳，無容别有治平術矣。」

用健曰：「既如此，則平天下但説老老、長長、恤孤，以盡孝、弟、慈三者足矣，何必更言理財，更言用人，添出許多政務乎？」

曰：「子但知《平天下章》又説用人，又説理財，不知爲政在人，取人以身，用人亦以修身爲本也。生財有道，則財恒足，理財亦不外修身大道也。試歷言之，可乎？夫不察雞豚，不畜牛羊，不畜聚斂，唯知好仁好義，以與民同其好惡，而府庫自充矣。則名曰理財，實公財耳；名曰生財，實散財耳。如此，理財乃所以修身者，何曾添出事耶？斷斷兮無他技，休休然如有容。人有技若己有，人彦聖心誠好。名曰用人，實不敢自用耳；名曰取人，實好人之所好耳。如此，用人亦所以修身者，又何曾添出事耶？故曰『壹是皆以修身爲本』也。」

懷林曰：「人皆言佛氏教人明心，孰知善明心者莫如孔子。《大學·正心章》分明是明心之旨。夫心，本無物也；若有所忿懥等，即有物矣。有物安能應物？且既有所忿懥矣，則忿懥在于吾心，好樂之來又何以應之。何也？有客常在吾所，主人不得空閑故也。又忿懥既有所在，在東乎，在西乎，在中乎？在東則西缺，西必以爲不正也；在西則東缺，東必以爲不正也；在中則東西俱缺，東西必皆以爲不正也。從此推之，凡有所在，無不皆然，孰能定其正位乎？故有所忿懥等，皆不得其正者。正以心如太虚，本無一物，不可以有所在而求之也。如此，則心誠無所在乎？若謂心無所在，則視不見，聽不聞，食不味，百爲皆廢矣。今視而見，聽而聞，食而知味，神應不匱，如此又安可謂心遂無所在也？有所在則不得其正，而不能應物，其爲心也，物而不神，非所以正心也；無所在則遂失其主，而何以應物，其爲心也，空而無用，亦非所以正心也。有所在，固非心；無所在，亦非心。于此明得，則心正矣。故曰：『此謂修身，在正其心。』終不言心如何正，蓋欲學人自明之耳。」

予謂：「此一章乃夫子明心圖也。伏羲一畫，而千畫萬畫自變易而不可窮，是象圖也。物生而後有象，非吾心之初矣。大禹九疇，而千疇、萬疇自洪著而可垂法，是數圖也。象生而後有數，去吾心益遠矣。故自古唯心難圖，而唯夫子能圖之。嗚呼！孰知其高出《易》《範》之上而爲往聖之所不能發者？」

「《中庸》言天命之性，是命者性之原也。若不知命，則無由知其原，何以爲君子；既知命，則千了百當，而知禮、知言自在其中矣。豈知命之後，又有知禮、知言之功哉！抑知禮、知言正知命之實下手處也？夫維天之命，無聲無臭，安得有言。言之與命，似無關涉，何以獨急？夫子罕言命，豈言也者乃所以言乎其罕言之命邪？」

「《中庸》言：『思知人，不可以不知天。』『百世以俟聖人而不惑』。由於知人，則知人固君子要緊處。不知言無以知人，則知言又是其極緊要處矣。今觀小人，唯其不知天命，是以不知聖人之善言天而侮之；既不知聖人之善言天，則必不能知聖人之爲大人而狎之矣。狎大人，不知人也；侮聖言，不知言也。」

用相曰：「《中庸》一書，皆吾夫子示人知命之學。故首言『天命之性』，而繼之以『維天之命，于穆不已』，終復結言之曰：『上天之載，無聲無臭，至矣。』其詳言命也如此，其欲人知命也如此。然『中庸』言命，而命又本『中庸』，故以『中庸』立名焉。中者，至正而不偏；庸者，至常而不易。是謂大中至正常久不易之理。理即禮也，即中庸也。故又曰知禮，知禮即是知中庸，知中庸即是知天命矣。但自其『於穆』『無朕』而不可窺測者謂命，命則疑於虚，若不言理，則恐或墮於空寂。以空寂言命，豈知命也哉！自其真實不虚而不可抑遏者謂理，理則涉於爲，若不言命，則恐或滞於典要。以典要言理，豈知理也哉！故真知命者，不假言禮。何也？雖於穆也，而實不已，本至空也，而又至實，所以爲真空耳矣。真知禮者，不假言命。何也？雖不已也，而又於穆，本至實也，而又至空，所以爲妙有耳矣。真空、妙有，是謂至誠。不誠則何物，而何貴於命？妙有、真空，是謂費隱。不隱則誰費，而安得有禮？今學者但見老子以禮爲忠信之薄，不知老子所病之禮，即夫子與奢寧儉之禮，先進後進之禮，子夏禮後之禮耳。豈知吾夫子有克己復禮之禮，顔氏子有博文約禮之禮，須由約而後會，由克而後復者乎？約而會之，則可以反本而得大德之敦化；克而復之，則可以立本而合天下以歸仁。此顔子所以能卓然自立而未嘗有所倚也。苟不知禮，其何以立天下之大本乎？是故知禮要矣。然所以能知禮與命者，以其讀《中庸》之書而能知聖人之言也。知聖人之言，則自能知聖人之人；能知聖人之人，則自能知吾心之人，知天下歸仁之人，萬物一體之人矣。我與聖人、天地、萬物本無別也。如此知人，則禮由此立，命由此出，方可以言君子。故曰：『不知命無以爲君子也。』」

晉川曰：「審如此，則中庸其至矣。讀《中庸》者，不可以不知言矣。孟子後聖人而生，聞而知其言者也，故自謂知言，而竊比於私淑。曾子幸而見聖人，得親聞其言者也，故述之爲《太學》，而傳之爲《中庸》，以授子思。若夫顔子，與之語則不隋，與之言則終日無言不説，未嘗助我。今無一言在焉，可悲也夫！今所欲知者，僅僅《學》《庸》諸書之言耳，而又不知，真自棄其人也夫！自畔于禮也夫！自絶其命于天也夫！」

卓吾曰：「知言誠難哉！知人誠不易哉！仲尼之徒，及門者三千，最稱穎悟，莫如子貢。然夫子有

『莫我知』之嘆，而子貢不知慚愧，反問何謂其莫知子。則夫子之爲人，子貢不能知之矣，是子貢全不知人也。猶庶幾望之，而又曰：『予欲無言！』子貢又不知慚愧，復反而問曰：『子如不言，則小子何述？』是子貢又全不知言也。以子貢之賢，尚不知人，尚不知言，則子貢而下，又可知矣。吁！知言誠難哉！人固不易知，知誠不易也哉！」

「聖人言『富而可求』，又曰『如不可求』，蓋言富貴不當求耳。」

予謂：「聖人雖曰『視富贵如浮雲』，然得之亦若固有；雖曰『不以其道得之，則不處』，然亦曰『富與貴是人之所欲』。今觀其相魯也，僅僅三月，能幾何時，而素衣麑裘，黄衣狐裘，緇衣羔裘等，至富贵享也。禦寒之裘，不一而足；裼裘之飾，不一而襲。凡載在《鄉黨》者，此類多矣。謂聖人不欲富貴，未之有也；而謂不當求，不亦過乎？」

曰：「若言富不可求，似亦未安。今世挾詐行私者，恃其才力，往往從微賤立致富厚。此皆唾手而得，令人歆羡企慕，真謂富贵之可以智力求也。故吾以謂富實可求，但人自不當求之耳。」

予謂：「聖人尊重，自然不肯求人，比見世之營營狗狗無所不至者，心實厭之，故發爲不可求之論云耳。其意蓋曰此皆有命存焉，非可以强求而得也。故曰『富如可求』『吾亦爲之』，然其如不可求焉何哉！今子但見世人挾其詐力者，唾手即可立致，便謂富贵可求，不知天與以致富之才，又藉以致富之勢，畀以强忍之力，賦以趨時之識，如陶朱、猗頓輩，程鄭、卓王孫輩，亦天與之以富厚之資也。是亦天也，非人也。若非天之所與，則一邑之内，誰是不欲求富贵者？而獨此一兩人也邪？姑以大郡庠士論之，其多者或至千，或至八百。即此八百人者，皆是求富贵利達者也，然至其拖金腰玉，多不過三四十人止矣。此三四十人者以爲可求，則此餘剩七百五六十人者必以爲不可求矣。果孰爲定論乎？由此觀之，富之不可求明矣。求而不得者，固天也，命也；求而得者，亦天也，亦命也，皆非人之所能爲也。天則莫之爲而爲，命則莫之致而至，而乃自取羞辱，可傷也哉！」

「夫皇皇求財利，如恐後時者，細人之事也。故曰：『何必曰利，亦有仁義而已矣！』今者，身居大人之位，心有君子之思，而屑屑然與細人同其皇皇，真是可羞！」或對曰：「人生處世，以財爲命。一日無財，便去不得，安得不急？但能順其自然，行其所當然，不貪多，不争競，于此行財之中，即是行義之地，物我兼得，益見其美，何羞之有？」

予謂：「此中亦難言。若果有行義之心，又本是重義之人，則雖終日言利，亦是終日行義也。但此等之人絶少，多是托名行義，而實藉以爲利者。比之專意爲利者，尤爲可羞之甚；而方自以爲得計，則益賤耳。故世之君子，只宜抽身財利之外，不染不淄，乃得脱然無累，不得假行義以自托也。然世之所以爲財役者，亦起于多欲耳。心志之欲太廣，耳目口鼻之好無窮，故雖匹夫，亦不免於聚斂也。其實一匹之夫，一匹之婦，衣食之供，所費幾何，本自易足，而自不肯足，反曰：『衆生以財爲命，其没於財也固宜。』」

用健曰：「此等勢利之人，本無足言，若是聖人，安得有一毫利欲之心哉？」

予謂：「此言亦非也。夫聖人亦人耳，既不能高飛遠舉，棄人間世，則自不能不衣不食，絶粒衣草而自逃荒野也。故雖聖人，不能無勢利之心；雖盗跖，不能無仁義之心。故伯夷能讓千乘之聖人也，聞西伯善養老，則自北海而往歸之。太公本鷹揚之聖人也，時未得志，則自東海而來就養于文王。皆以爲勢利故也。淮陰雖長大，而寄食于漂母，利也；陳平本窮巷，而門外多長者車轍，勢也。以此觀之，財之與勢，固英雄之所必資，而大聖人之所必用也，何可言無也？吾故曰：『雖大聖人不能無勢利之心。』則知勢利之心，亦吾人禀賦之自然矣。盗跖至暴横也，然或過孝子之廬則不入，或聞貞士之邑則散去，或平生一受其惠即百計投報之不少忘。此皆仁義之心根于天性，不可壅遏，而謂盜跖無仁義之心，可乎？吾故曰：『雖盜跖亦有仁義之心。』但就其多寡論之，於是乎有聖人，又有盜跖，遂至懸絶耳。若五分勢利，五分仁義，便是中人。中人可移而上下，故習不可不慎。習與盜跖居，則所聞、所見皆盜跖，而終身遂爲盜跖；習與聖人居，則所聞、所見皆聖人，而終身遂爲聖人。

「故天下唯中人最多，亦惟中人爲可移。此聖人所以重于習也，而師友之所係爲不輕矣。若夫上智下愚之不移者，亦豈必十分仁義而後爲上智，十分勢利而後爲下愚哉？但于勢利上加一分，便不可移而之上；但於仁義上加一分，便不可移而之下。蓋此一分者，皆天之所獨厚。仁義加一分，便是中人以上，是天之所以厚上智而使之不可移也；勢利加一分，便是中人以下，亦是天之所以厚下愚而使之不可移也。故上智下愚，只爭一分耳。上智雖曰只重一分，然即此一分，便有泰山之重，不可動摇，矧可移奪耶？下愚之勢利，雖曰亦只重得一分，然即此一分，便有河海之深，不可傾竭，矧可移奪耶？故曰：『豪傑之士，雖無文王猶興。自能學而時習，傳而必習也。』又曰：『吾末如之何也矣！』所謂雖聖人與居，不能化而入也，而自然同惡以相濟，積習以至此矣，是亦習也。習之而愈上，不可復下；習之而愈下，不可復上。遂亦各成就至于十分耳，故曰『習相遠也』。此又上智下愚不可移者之所習然也。

「嗚呼！其初也，本只有一分之差，若不遠而甚近，故曰『性相近』；而其終，遂至于十分差别：一爲聖人，一爲盜跖，天淵懸絶也如此。吾子無他度量，只自度其一分者，是多一分勢利乎，抑多一分仁義乎？多則不可移易矣。不多而僅僅五分，無有輕重，是正可移，是正可習。吾大爲吾子喜之！」

晉川曰：「德性、問學，前輩分作兩事，所以有朱、陸之辨。今言尊德性即是問學，似信不及。且德性既尊，一了百當，何又有許多枝節？廣大精微安在？何處温故敦厚？何處下手？如此修德，只了得自家，何便能宜于上下，關國興敗？既以身當國，何又得自保其身？明哲保身，如公似矣，又何益于天下國家乎？終日勸劬，手不停披，目不廢卷，問學道矣，又安在其尊德性乎？多少不知問學者，其居上爲下，或語或默，亦自合時，而迂闊道學，執古板，任己見，激變致忿，予竊惑焉！且今守空寂者，閉目凝神，通不理會學問，是又何說？而號爲道學者，人各守門户，以粗心浮氣爲廣大，以瑣屑細務爲精微，以卑己畏人爲不驕，以怕事徇人爲不倍，以負氣多言爲興邦，以包羞忍辱爲能容，以全軀苟免爲保身之明哲，又何貴于學？而又何益于天下國家也？」

卓吾曰：「人之德性，本自至尊無對，所謂獨也，所謂中也，所謂大本也，所謂至德也。然非有修道之功，則不知慎獨爲何等，而何由致中，何由立本，何由凝道乎！故德性本至尊無對也，然必由問學之功以道之，然後天地之間至尊、至貴、可愛、可求者常在我耳。故聖人爲尊德性，故設許多問學之功；爲慎獨、致中，故説出許多修道之教。《中庸》一書，皆聖人修道之教也，道問學之事也。此道問學與尊德性所以不容有二也。豈可謂尊德性便不用道問學乎？正欲人道問學以尊吾之德性耳。是故德性本至廣也，本至大也，所謂『天下莫能載』是也。而又至精焉，至微焉。精則虞廷之『唯精』，微則虞廷之『唯微』。而《中庸》亦曰：『夫微之顯』，曰『莫顯乎微』，其所以狀吾德性之精微者，至矣，極矣！夫廣大也而又精微，不可以見吾德性之尊乎？德性本至高也，本至明也，雖昭昭之天，不足以比其明，蒼蒼之天，不足以擬其高者也。而又至中焉，至庸焉。中則無東西南北之可擬，無方所定位之可住，是故不得已焉强而名之曰『中』。中則人皆可能，誠則本自無息，所以爲萬世不易之常，千古不朽之德者在是，非庸而何？夫高明也而又中庸，又不可以見德性之尊乎？

「德性之來，莫知其始，是吾心之故物也。是由今而推之于始者然也。更由今而引之以至于後，則日新而無敝。今日新也，明日新也，後日又新也，同是此心之故物，而新新不已，所謂『日月雖舊，而千古常新』者是矣。日月且然，而况于德性哉？其常故而常新也如此，又不可以見德性之尊乎？博厚如地，雖足爲厚，未足比吾德性之厚也。是猶爲自上而之下也。更由下而之上，則可以築九層之臺也，可以造凌霄之宫也，可以建凌雲之閣也，所謂彌堅而愈不可鑽，又極高而愈不可仰者矣。何其所厚者愈敦愈固，其所謂禮者又日隆日崇乎！是謂忠信之足以進德也，充實之可以光輝也，敦化之自然川流也，德性之尊又不可見乎？合而觀之，皆德性也。而人不知所以尊之，是故有道問學之功焉。苟不知問學之功，則廣大誰爲之致，精微誰爲之盡，高明誰爲之極，中庸誰爲之道？而所以温、所以敦，又誰爲之哉？故聖人重問學焉。

「重問學者，所以尊德性也。能尊德性，則聖人之能事畢矣。於是焉或欲經世，或欲出世，或欲隱，或欲見，或剛或柔，或可或不可，固皆吾人不齊之物情，聖人且任之矣。故曰：『以人治人。』

「若夫不驕不倍，語默合宜，乃吾人處世常法。此雖不曾道問學，而尊德性者或優爲之。故聖人之意若曰：爾勿以尊德性之人爲異人也。彼其所爲，亦不過衆人之所能爲而已。人但率性而爲，勿以過高視聖人之爲可也。堯舜與途人一，聖人與凡人一。自今觀之，文王非大聖人乎？羑里之囚，身幾不保，雖文王亦有時而不知默之足以容也。幸而有散宜生輩，獨出奇計，脱西伯於虎口。然身雖幸免，又不免陷君於不義矣。且夫子自謂『居上不驕』是也。夫居上猶不可驕也，况隱而在下者乎？然孺悲不見足矣，胡爲乎取瑟之歌？陽貨不拜足矣，胡爲乎瞰亡之往？謂夫子爲驕固不可，謂爲不驕，吾亦未敢信也。以此見聖人若論處世，亦多有不合衆人議論處矣。然亦何足以窺聖人，而又何足以病聖人乎？獨『保身』之云，『明哲』之云，學者似未可遽以藉口也，蓋此謂『危邦不入，亂邦不居』者云耳。若既食君之禄，仕人之國，則國尔忘家，公尔忘私，其義也。豈可嘿嘿以取容，而曰我欲爲明哲乎？且夫子又不曰『臣事君以忠』『事君敬其事，而後其食』『事君能致其身』乎？彼道學者獨竊此以自文，是賊道矣。

「噫！欲處世而身致治平者，恐別有經綸之學在，未可以《大學》之道爲迂緩而不講也。方今聖天子在上，賢公卿在下，食禄任職，報主竭忠，保身之説，非但不可言之於口，而亦不可萌之於心。若有此心，便是不忠。

「此何時也？豈春秋時邪？夫子不幸而當其時，故惓惓以明哲爲言。然比干剖心，夫子且大以爲仁。豈可遂謂夫子好明哲，而復責比干以不能保身歟？况今又何時矣？只可責食禄者或未嘗有尊德性之功則可。苟能尊德性矣，而曰不能委身事君者，未之有也。大抵身家之念重，則君父之念輕；或名義之念重，則君父之念亦輕。雖有高下，其爲不念君父一也。以故情義不通，上下間隔，古今皆然，誰肯自任其咎乎？

「若力小而任不稱，年高而志昏惰，苟不知歸，則貶斥隨之矣，此於明哲本無交涉也。大抵《中庸》一書，專言尊德性之事，此則堯舜以來相傳之學，夫子不能異也。《大學》一書，專言大人之學，雖庶人亦未嘗不明明德於天下者，此則夫子獨得之學，千古聖人不能同也。」

此尊德性之功所以不可不亟也。

懷林曰：「若説《大學》『正心』，是聖人明心之圖，則《論語》言『有知』『無知』，亦是明心圖矣。今聖人曰『吾有知乎哉』，是以有知自疑也；曰『無知也』，是又若以無知自信也。有知無知，皆不敢知如此。何以故？蓋若説我爲有知歟，則鄙夫有問，我實空空如，而若無一知識在心者，似若不足以答鄙夫之問也；若説我爲無知歟，則扣兩端而與之竭，雖我又不知其從何而來矣。然則謂我爲有知，不可也；謂吾爲無知，亦不可也。此亦夫子明心之圖也，果然否？」

予謂：「若如此説，則夫子到處皆是明心以示人者。蓋心原是無方所之物，故不可以有所而求，又不可以無所而得。心亦原是無知識之物，故不可執以爲有知，亦不可執以爲無知，唯在人默而識之則知。有所無所，有知無知，真何有於我也哉！」

「天下之事，合義則已，故聖人曰：『義之與比。』則君子之於天下也，義以爲質焉盡之矣，何故又説禮行，又説遜出，又説信成，不既贅乎？」

曰：「單言義則四德皆具。故義爲總名，如乾之有四德是也。今各舉言之，正所以盡義之用耳。夫天下之事，固有在我以爲宜，而在彼或不宜者，則禮不順矣。禮者，人人各具，人人不同。若滿堂宴笑，而一人獨有向隅之泣，亦未爲各得其所也。故必禮以行之，而後彼我皆得，衆志皆洽。既得而洽之矣，若顯然自以爲功，是不遜也，故必遜以出之。而讓美與人，吾不見其爲美也；推功與人，吾不知其爲功也。則無義之名，無禮之名，是謂委曲遜出，令人不覺斯善矣。若此者，蓋出自真心，本自實意，成始成終，表裏若一，是主之以忠信也，豈不君子其人哉！蓋天下唯讓德爲難，故夫子曰：『能以禮讓爲國乎何有！』由也不讓，是以哂之。蓋能讓則天下無復事矣。今觀夫子平日唯説『當仁不讓』而已，可知當仁之外更無一事不當讓也。自今觀之，伯夷、泰伯，宜有國者也，此二子之義也。然太王有欲立季歷之心，孤竹君有欲後叔齊之意，二子若執嫡長以爲義，則太王、孤竹之心不遂，而二子欲順太王、孤竹之禮拂矣。故決之於禮，則泰伯決不宜承宗廟之統；若顯然推之於季歷，則恐太王或未安。此委曲以從禮，尤人子所難者，故至于被髮佯狂，逃竄蠻荆，使季歷有得國之實，太王無欲傳之名，而泰伯又無讓國之迹，此義之盡而禮之精，委曲遜讓，天下不識，古今不識，非伯之所可望明矣。伯夷只可言讓，不可言能讓。非遜也，須是連讓亦讓方是遜。然此只就讓國一事言之耳。凡事皆然，寧獨讓國？若子房借漢祖以爲韓，義也；而卒竭謀以成漢祖之業，則禮之行也符於義；終焉辟穀不食，而辭萬户之封，則遜之出也協於禮。終始一心，誠信無僞，故漢祖獨深心信之而不疑。嗚呼！此非君子處世之大法哉？使韓信當其時即能讓王而取淮陰，又何有赤族之慘邪！」

或曰：「淮陰當年，非但不讓，亦且無禮矣。假王之請，於禮何在？」

予謂：「淮陰非但無禮，亦且無義矣。固陵之約，信已不至。非漢祖聽留侯之説，先封爵邑，則垓下之事未可知也。故一得則四善兼得，一失則連義亦失，讓其可少歟？孟子曰：『辭讓之心，禮之端也。』則讓乃禮之大者。古今天下，以讓而得，以不讓而失者多矣。嗚呼！可不讓歟！讓又是美德，又可以不讓歟！連讓亦讓，始爲泰伯，始爲遜出。嗚呼！至矣！盡矣！無以復加矣！萬全無患矣！真實有利矣！」

「《關雎》之詩，未得則展轉反側，寤寐思求，其神傷也；既得則鐘鼓琴瑟，樂之不厭，其樂淫也。夫子反曰『不淫』『不傷』，何哉？」

曰：「此即有慟乎之説也。非夫人之爲慟而誰慟？然則《關雎》樂之淫也，而自不得謂之淫；哀之傷也，而自不得謂之傷矣。」

「今之言政、刑、德、禮者，似未得禮意，依舊説在政教上去了，安能使民格心從化也？彼蓋但知禮之爲中，齊之爲齊。中則不可使人有過不及之差，齊則欲齊人之所不齊以歸于齊。夫天下至大也，萬民至衆也，物之不齊，又物之情也。中無定在，又孰能定其太過而損之，定其不及而益之也？若一一而約束之，整齊之，非但日亦不給，依舊是走在政教上去矣。彼政教之所以不能使民格心歸化者，正以條約之密，無非使其就吾之條理，而約之於中，齊其不齊，而使之無太過不及之病也。是欲强天下使從己，驅天下使從禮，人自苦難而弗從，始不得不用刑以威之耳。是政與刑自是一套，俗吏之所爲也，非道之以德者之事也。然不知是如何乃爲道民以德者之禮乎？禮又何如去齊得他？若曰齊其所不齊，則强其所難，拂民之性，如何便肯格心？」

予謂：「此問極好，此疑極是。蓋道之以德，則爲民上者純是一片孝弟慈真心。既以其躬行實德者道之于上，則爲下者既自耻吾之不能孝弟與慈矣，而上焉者又不肯强之使從我，只就其力之所能爲，與心之所欲爲，勢之所必爲者以聽之，則千萬其人者，各得其千萬人之心，千萬其心者，各遂其千萬人之欲。是謂物各付物，天地之所以因材而篤也。所謂萬物並育而不相害也。今之不免相害者，皆始於使之不得並育耳。若肯聽其並育，則大成大，小成小，天下更有一物之不得所者哉？是之謂『至齊』，是之謂『以禮』。夫天下之民，各遂其生，各獲其所願有，不格心歸化者，未之有也。世儒既不知禮爲人心之所同然，本是一箇千變萬化活潑潑之理，而執之以爲一定不可易之物，故又不知齊爲何等，而故欲强而齊之，是以雖有德之主，亦不免於政刑之用也。吁！禮之不講久矣。《平天下》曰：『民之所好，好之；民之所惡，惡之。』好惡從民之欲，而不以己之欲，是之謂『禮』。禮則自齊，不待别有以齊之也。若好惡拂民之性，災且必逮夫身，况得而齊之邪？」

「《中庸》言明善誠身，又曰擇善固執。《大學》言知止能得，又曰知至意誠。雖以顔子之學，亦止曰擇中庸，而得一善則拳拳勿失而已。然則學問之道，知及仁守，盡矣。何故又説莊以莅、動以禮乎？」

曰：「此謂臨民動民者言也。臨民則有上下之分，不莊則民慢，而上下無禮。動民則有教學之益，非禮則不當，而教學難施。故雖知及仁守於己，所學有實造矣。若概以簡易佚樂臨之，謂無事可以坐致太平，謂酣醉偃卧可令齊國東海大治，此則子桑伯子之簡，夫豈不可？然其使人不敬，何哉？故曰無爲而治，而又曰恭己南面也。至於教學而相長，全要因材而篤，所謂禮也。若可以語上而語，不可以語上而又與之語，皆違時失幾，不中禮矣。故曾子能唯，即呼而告之『一貫』；子貢能疑，故設以多學多識，而使之自然自非。此皆吾夫子動人以禮處，所謂相時而動，不累學人者也。唯顏子一人，則克己復禮之訓，博文約禮之訓，不一而足。」

「志道、據德，依仁、游藝，何謂也？」

曰：「此即知而好、好而樂之謂也。夫志於道，則志有所在而不遷矣。猶未得也。得則謂之『德』，有得則謂之德，有得則可據之以爲守也。仁則由中以發外，本是吾之固有，吾但依而行之，足矣。夫豈他人所能奪而吾據而守之邪？然曰『依』，則尚見有仁；曰『仁』，則尚見有己未忘也。夫雜物撰德，皆仁之地；百爲泛應，皆仁之施。何莫非仁者，而乃依仁也邪？故日用應酬，但有藝事；出往游衍，但與藝游。無他道也，無他德也，無他仁也。所謂兩忘，則自然好而樂之矣。故曰好之者不如樂之者。孔子樂在其中，顏子樂而不改者此也。所以尋仲尼、顏子樂處者，尋此者也。嗚呼！盡之矣。」

《大學》釋誠意即首言「如好好色如惡惡臭」，蓋即此以比好惡之真實不欺處。使人知此是誠意，誠即實也；知此是獨知，獨知即自不敢欺也。不欺則意誠矣。不欺己則慊於己，不欺心則慊於心，不欺人則自不至於消沮閉藏，而無惡之可掩矣。不患千目而視、千手而指矣，而何有於十視與十指邪？何等安閑！何等自在！心亦由此正，身亦由此修，所謂一了百了者是也。而其原只於不欺此「獨知」之一念耳。一念之動者，意也。意之誠邪，不欺邪，吾獨知之，而天下之人亦皆知之，後世之人亦皆知之；意之不誠邪，自欺邪，吾獨知之，而天下之人又皆知之，後世之人又皆知之。何也？以此意之同也。故即此獨知之中，實爲天下後世同知之地。既爲天下後世之所同知，而又何以欺爲邪？而又烏用欺人爲邪？是以治平君子舉此加彼不難矣。

孟子告齊宣曰：王毋以好色爲疾也！王唯真知吾之好色，則一國之男女皆得所矣。毋以好貨爲疾也！　王唯真知吾之好貨，則一國之衣食皆有餘矣。又毋以好勇爲疾也！　王苟真知吾之好勇，則一怒而一國之民舉安，民唯恐王之不好勇矣。此類而推，王若無疾則已，倘別有他疾，皆是自獨知而來，皆是自真真心意所發而來，不肯一毫瞞人者，非意誠而何？　夫人正賴有此實意，有此真知，故能推以及人，與人同其好，與人同其惡，便是王政了矣。使齊王自以爲疾而欲去之，又安肯容人之疾，而又安肯容百姓之疾邪？既而自己之疾又不能去，終不免瞞昧以過日；百姓之疾又欲如法以去之，而曰尔何以好色、好貨、好勇，而犯吾之所疾惡爲也？　吁！　豈非起於自欺之一念，而意不誠之故哉！　故君子莫先於誠意焉。意誠則有可推之地，由此而齊家、治國、平天下，直推之而已。故能推即是修身，推之以及人，即是齊家、治國、平天下之功效，再無別有修之功、齊之功、治之功、平之功也。好者推之，以同其好，通天下，亘萬古，此好同也；惡者推之，以同其惡，通天下，亘萬古，此惡同也。故意誠則推之自有餘矣。推之者，强恕之道也，取譬之道也，勿施之道也，絜矩之道也。故夫子不許子貢以無施，而自謂慥慥君子，唯在真知，吾之未能而不敢不勉焉。則聖人亦猶人也，無自欺而已。聖人之治平，無異術也，亦惟善推其所謂毋自欺者而已。則無自欺，要矣；意誠，本矣。獨知之知之不可欺，甚矣。然而人終不免于欺此獨知者，何哉？　則以不知此知之真實故也。故《大學》言誠意，而必先之以致知。嗚呼！　致知焉，盡之矣。

李温陵集卷之十八

李温陵集卷之十九

海虞後學顧大韶仲恭校

道古録

舜好問已矣，而又好察；好察是矣，而所察者又是其極邇之言。謂之曰好問，則自四岳、九官、十二牧以至芻蕘工瞽，無不好問可知也，而未必皆其所好察也。唯是街談衖議，俚言野語，至鄙至俗，極淺極近，上人所不道，君子所不樂聞者，而舜獨好察之。以故民隱無不聞，情僞無不燭，民之所好，民之所惡，皆曉然洞徹，是民之中，所謂善也。夫善言即在乎邇言之中，則邇言安可以不察乎？曰察，則不止於問；曰好察，則不止於好問。然則聖人之於邇言，善矣。夫唯以邇言爲善，則凡非邇者必不善。何者？以其非民之中，非民情之所欲，故以爲不善，故以爲惡耳，非真如今人所謂妨政蠹民之惡也。既知其爲惡，則隱而置之不復用；既知其爲善，則揚而舉之以用其中於民。隱惡揚善，兩端之執也，用中於民。聖人無中，以民爲中也。夫民之所欲，天必從之，况居民上而爲天子者哉？天之立君，所以爲民。舜唯日夜思所以用民之中，俾之無有失所欲者，安得而不違違焉而唯邇言是察也？邇言者，近言也。察言者止於近言，何以成智？又何以成大智？蓋言而曰近，則一時之民心，即千萬世之人心，而古今同一心也；中而曰民，則一民之中，即千萬民之中，而天下同一民也。大舜無中，而以百姓之中爲中；大舜無善，而以百姓之邇言爲善。則大舜無智，而唯合天下、通古今以成其智。夫智而至於合天下、通古今也，其謂小智乎？大智乎？當自知之矣。故曰：「舜其大智也歟！」

索隱則智者欲其過，行怪則賢者欲過之。既隱既怪，自然與世不同，自然超出尋常之外，天下後世自然有稱述之者矣。故夫子曰：「吾弗爲。」以其用心於不必用之地，無益於百姓之日用也。日用者，中庸也，本無名而又烏用有述爲哉？然天下之事，非名則誰述？無述則誰爲？故君子雖以學道爲事，遵道爲功，然既無赫赫之名，而能淡然不厭者鮮矣。此又不免半途之廢矣。故夫子曰：「吾弗能已。」以此自學，則不敢厭；以此誨人，則不敢倦。若賜之願息，求之自畫，我無是也，我唯依乎中庸而已。循吾未發之中，執吾不易之庸，雖無有一人稱述我者，直至於遯世而不我知也，我亦不因之自悔，而遂廢於半途。此則夫子之事，而夫子不以自居，故又曰：「唯聖者能之。」意蓋曰必如是而後爲君子之能依於中庸也。然而未可以遽責之君子也；必也聖人乎！所謂非天下之至精，不足以與此精，則隱怪不能惑矣；非天下之至健，不足以與此健，則半途不能廢矣；非天下之至神，不足以與此神，則出有入無，窺乎太始，而能爲天地之先矣。此雖至平常，至簡易，爲百姓之所與能，而非聖人則决不可能者，故曰：「唯聖者能之。」

既説「唯聖者能」，則不必曰「中庸不可能」。蓋唯中庸不可能，故非聖人則必不能；聖人之能，能其所不可能者耳。今天下之事，凡可以容吾力者，人無不竭力以爲之，如天下之均，爵禄之辭，白刃之蹈，此皆世間第一等難能之事。然以天下之衆，而能使之均平若一人；以天下之大，與之而不屑受。此固難矣，猶謂所重者身耳。至於白刃之蹈，則生死且不顧，身亦度外物矣。即此三者，人皆可能。可見天下無不能之人，人無不能之事，凡稍可致力，人争勉焉，則以可能故也。若中庸者，費矣而隱；既已隱，則雖神眼不能窺。微矣又顯；既已顯，則雖神力莫能遏。其柰之何哉！故曰不可能也。又曰：「中庸其至矣乎，民鮮能久矣！」又曰：「雖聖人亦有所不能焉。」蓋世人但知百姓與夫婦之不肖不能，而豈知聖人之亦不能也哉！以故告之曰：「爾勿謂聖人能是也！」自我言之，聖人所能者，夫婦之不肖可以與能，勿下視世間之夫婦爲也。此一「與」字，下得甚妙。若説夫婦所不能者，則雖聖人亦必不能，勿高視一切聖人爲也。此一「雖」字，下得又甚妙。蓋道有至者，中庸則道之至也。至則决不可以智力勉强而能，故説「莫能載」「莫能破」「上下察」等。若曰非但聖人所不能也，雖天地亦且不能。若不極言其至，非但夫婦可與能也，雖微而鳶魚，察而飛躍，皆可與能之耳。以此觀之，彼天下之均，爵禄之辭，白刃之蹈，皆極其力之所可能。鳶魚類耳，夫婦等耳。曷足怪哉！是又安足道邪！莊生謂「塵滓粃糠」「陶鑄堯舜」，豈荒唐語邪？正與先正「堯舜事業一點浮雲過目」相合。

聖人言知必言行，以見行不離知；言行必言知，以見知不離行。其曰：「道之不行也，我知之，智者過而愚者不及。」由不明，故不行；「道之不明也，我知之，賢者過而不肖者不及。」由不行，故不明。知行相須，蓋可知矣。然則陽明先生「知行合一」之旨，實出于此。世間一飲一食，莫不皆然。雖有嘉肴，不食不知其旨。非先行之，旨何由知？既知其旨，安肯不食乎？唯是二種人：坐在飯蘿之中，强作聰明富贵之相，以爲此常飯耳，貧乞人之食，吾安能食？務求奇品異味，而奇異又卒不可得，遂餓而死。此一種也，所謂賢者、智者流也。亦以不行故不得知，不知故不肯行，是自爲過，非飯罪也。又一種者，亦坐在飯籮中，妄以爲毒物所留，寧餓而死，不敢輕嘗。是謂至愚至不肖，不知不行、不行不知交相瞞者也。吁嗟！使無此二種人，天下豈不皆飽煖之夫哉！是以中庸之道，終莫之行、莫之明者以此。

聖人以擇中庸而能服膺弗失者爲大賢上士；以擇中庸而不能期月守者，比之驅人於罟獲陷阱而不知避，如禽獸貪夫，犯死不顧。夫中庸何物也？擇而守之則生，不知擇而守之則遂自納於死，豈非謬歟！今之不知中庸者衆矣，何以不入於阱也？予實思之而未得。釋氏動以生死恐嚇人，曾謂吾聖人亦言生死乎？意者，夫子十五便志學，五十猶學《易》，正謂陷阱在前，當思所以急避之邪！不如是戒慎恐懼，臨深履薄，恐此身出不得苦。是以比之禽獸，比之貪夫，比之網罟，比之牢獄，令人早依於中庸耳矣，非不義而言之太甚也。予實不知中庸之可以免死，因書之以請教四方之講道學者。

道本不遠於人，而遠人以爲道者，是故不可以語道。可知人即道也，道即人也，人外無道，而道外亦無人。故君子以人治人，更不敢以己治人者，以人本自治；人能自治，不待禁而止之也。若欲有以止之，而不能聽其自治，是伐之也，是欲以彼柯易此柯也。雖近而實遠，安能治之，安足爲道也邪？然其所以不能以人治人者，由其不能推己及人耳。故說忠恕：中心爲忠，自己不容已之實心也；如此中心爲恕，自己不容二之初念也。所謂施諸己而不願，則勿以施之於人是也。不願者，中心之實也；勿施者，如心之推也。如是則自能以人治人，而不忍執柯以伐之矣。忠恕非道也，而可以近道，故曰違道不遠。夫道者，無人無己，何待於推？有推則猶見有己，於道尚遠，但須由此進之耳。既能推己及人，以行吾强恕之功，則自能以人治人，自妙夫無爲之化。然世又有不能推己及人者，則以不知反己自責之道耳。故夫子曰：「君子之道，丘未能一。」歷數子、臣、弟、友，而皆曰「吾實不能」，何敢責人爲邪？學者既不知平常倫理人實難盡，反以聖人爲致謙，於是乎明於責人，暗於自責，身陷於言行相違之失而不自知，况乃推己以恕於人邪？不知夫子是真實語，是以不敢自足，而惟日孳孳，不敢放言，而唯恐或盡。即此是相顧，即此是慥慥，即此是篤實君子，皆自一念反己自責之心爲之也。是以中心平恕，而自然有可推之地也。

「既說以人治人，則條教禁約皆不必用，聖人何以又說修道之教？」

曰：「修道便是教，以人治人便是修道。《中庸》一書，皆教也，皆恐人不知道不離人，人不離道，而欲遠人以爲道，於是乎愈修愈遠，愈治愈不治，故説道不遠人，而欲以人治人也。然非知道者，終不能修道；非學以知人者，終不可以治人。」

或曰：「若如此，則我與百姓咸相安于無事，豈不是至治之世，無爲之極，垂衣之朝？然如何行得？夫民生有欲，無主乃亂。强凌衆暴，誰能静之？一日無法，則一日不治，雖以舜爲君，恭己南面，坐享無爲，亦必有九官、十二牧，代天之工。今何言治之之易也？」

曰：「子但知舜有九官、十二牧，以代天工，而不知九官濟濟相讓，九官之臣亦無爲也。禹掌治水，家門不入者三，呱呱弗子者其年八，而能順水利導，不與水争地，行所無事，禹無爲矣。稷掌教穡，因地之利，稷無爲矣。契掌五教，敬敷在寬，契無爲矣。益掌工虞，能使草木鳥獸咸若，益亦無爲矣。獨一皋陶，明五刑以弼五教，而曰『辟以止辟』，似不免於殘民者。今觀舜之稱陶曰：皋陶邁種德，措刑不用，黎民懷之。則皋陶亦何爲之有！由此觀之，舜之君臣，俱熙皞休享于無爲者。獨四凶之誅，説者謂其大不及堯，則甚有理。故夫子以天配堯，以君稱舜。君則只於有天下而不與，天則蕩蕩焉民莫能名矣。其爲絶遠，實天之與淵然。今觀鯀之殛也，甚無謂也。以禹爲子，而又有平水土之大功。夫禹之功，萬世永賴者也；鯀之罪，九載績用弗成者也。獨不可以其萬世之功，原其九載弗成之績乎？堯既能從容以聽之於九載，舜獨不爲禹念其親，非情也。然則堯之化遠矣！故夫子言篤恭，至于聲臭俱無，而後爲至，而後爲不顯之德，而後可以刑百辟，平天下。若猶有聲色者存，則雖曰不大，亦末耳。此可以語治人之理矣。是故不見而章者在，不動而敬者在，不言而信者在，不賞而勸者在，不怒而威者在，不顯而儀刑者在，不聲不色而化民者自在，是謂篤恭而天下平。非玄也，亦非禪也，是吾夫子之言也。倘若出自我口，入自汝耳，則必笑駡叫號，目爲玄言禪語，不可以垂訓矣。」

曰：「子所云以人治人，似也。何舜以下，夫子皆不以無爲許之？三代以降，幾人曉了此旨，而亦以治，何邪？其亦資性有偶合者邪？今之學者，終日談學，何以不聞談到此也？」

余謂：「百世無善治，千載無真儒。」此二語，昔人已極談之矣。第談者未必用，用者未必知談，以是相左，孤負聖人《學》《庸》諸書耳，非絶不談也。若漢祖之神聖，漢文之明聖，直與放勳暗合，未嘗知學問也；即令極意問學者，亦安能及之哉！是謂天性至到，聰明超詣，非常遇也。曹相國舍中堂以奉蓋公，九年而齊國安集；汲長孺病閨閣不壞一鑪，七年而淮陽政清。皆天資近道，無爲而理，非學所加者，亦可貴也。夫栽培傾覆，天必因材，而况於人乎？强弱衆寡，其材定矣。强者弱之歸，不歸必并之；衆者寡之附，不附即吞之。此天道也，雖聖人其能違天乎哉！今子乃以强凌衆暴爲法所禁，而欲治之，是逆天道之常，反因材之篤，所謂拂人之性，災必及其身者，尚可以治人邪？故誠意責矣，誠意則好惡合天，是故不可以不知天；誠身要矣，誠身則天人一道，是故不可以不知人。是故《大學》言誠意，必先致知；《中庸》言誠身，必先明善也。善明則身自誠，而成己成物，時措之咸宜，無假借也。知至則意自誠，而好好惡惡，到處皆自慊，無造作也。是故欲治人者，必以知道、知人爲先。不知人而能治人者鮮矣，不能治人而能自治者未之有也。」

古人不出户而知天下，不窺牖即見星斗，非謬語也。夫星斗至高也，不待窺牖而可見；天下至遠也，不待出户而自知。是近之未始不遠，遠之未嘗不近也；卑之未始不高，高之又未嘗不卑也。使近而不遠，則誠近也，何取於近？遠而不近，則徒遠耳，又何貴於遠邪？唯其近而又遠，遠而即近，卑者又高，高者即卑。此自邇自卑之論也，蓋言其未嘗有遠與邇、高與卑也。若果有卑高遠邇，如四維上下之不可易，然則亦四維上下焉耳，非所以論於君子之道也。故夫子既引《詩》，而復以「父母其順乎」結之。夫吾妻子之樂，兄弟之翕，本非所以爲順父母計也，而父母自順。則道固有不行而至，無堦而升者，一讀《詩》而可知也。而謂父母爲遠，必須自兄弟妻子之邇以至之，可乎？ 是不通之談也。 而謂必先和吾之妻子，以及吾之兄弟，而後求順吾之父母，循序以進途焉，可乎？ 是又不通之論也。 此自邇自卑之説也，蓋言邇之可遠，邇之即遠。君子之道，自邇足矣，不必極遠也；自卑足矣，不必窮高也。

記者謂夫子不語神，而《中庸》乃盛言鬼神之德之盛。 雖視之不見，聽之不聞，而實體物而不可遺。 故能使天下之人，齊明盛服，以承祭祀，駿奔走，執豆籩，洋洋乎！ 如在其上，如在其左右，儼若對越，肅若陟降，而或見之者焉。 夫不見不聞，至微也，而能使天下歷萬古之人自然畏敬奉承，拜而禮之，祀而祭之，則其體物不遺之驗，又甚顯也。 微而又顯，顯而實微，鬼神之爲德，不既盛乎哉！ 故其詩曰：神之來也無方，既不可以私心圖度，而遽以爲有；而神之應也如響，又自能使人不可以厭斁不敬，而遂謂之無。 然則鬼神信非虚也，鬼神信非誣也。 夫子之語神也如此，彼謂其不語者，直記者之語耳。 記《魯論》者，又是何人？ 多出曾子與有子之門人也。 夫神爲不測，故緩詞不足以盡神；鬼爲難知，故顯詞不足以道鬼。 此唯曾子得聞之，雖有子尚不知其得聞與不何如也，而可使其門人弟子聽之哉？ 而可與其不可與語者語之哉？ 則其謂夫子之不語神也固宜。

曰：「鬼神之道，幽遠難明。 非但有子不得聞，即子路亦未之聞也。 季路問事鬼神，而夫子不語，但告之曰：『爾且未能事人，安能事鬼乎？』夫當時之所謂人者，果孰有過於夫子也？ 正名之告，直以夫子爲迂而不聽，則其不畏天命、狎大人而侮聖言甚矣，安在其能事人也？ 不能事人，安能事鬼？ 便是直語以事鬼之道，非不語之也。 何也？ 人鬼一道，不能事人以故不能事鬼。 則凡不能事鬼者，便是有鬼神而不信。 其赫然臨之在上，質之在旁也，又豈有能事人之理哉！ 然則今之所謂能事人者，事勢也，非事人也。 真能事人，則自能事鬼矣。 故唯大聖人爲能事鬼，則以大聖人能真事人故也。

「今觀夫子之言曰：吾若有他妨，而不得與祭，是即不祭，是即慢神，吾不敢也。是故祭先先在，祭神如神在。凡《鄉黨》一書，所以紀聖人之事神者詳矣。雖以鄉人之儺，鄙俚俗惡，聖人亦必朝服焉，自阼堦以臨之。若曰是皆有神明在，鄉人所爲禱祀而祈禳者也，敢不敬歟！唯是祭不欲數，數則煩，其慢神也滋甚；又不欲瀆，瀆則諂，其慢神也益甚。故曰：『敬鬼神而遠之！』唯是春秋二時，乃修其祖廟，陳其宗器，設裳衣而薦時食，蓋敬神也，恐煩神也。又曰：『非其鬼而祭之，諂也。』如魯之郊禘，季氏之旅泰山，王孫賈之欲媚竈，皆諂之也，大不敬也，神其享之乎？故又曰：『曾謂泰山不如林放乎！』林放知禮之本，深爲夫子所大，是以抑揚言之。言泰山之神不可以非分而求。本欲求福，吾恐其反速之降殃也。大不可也，又非林放者比也。即夫子此言觀之，則泰山爲有神乎？爲無神乎？如其無神，祭之何益？如其有神，可安祭邪？故夫子曰：『我戰則克，祭則受福。』然則，國之大事，在祀與戎，蓋自有天地以來，直至今日矣。有此天地，即有此人鬼，有此世界，即有此賢聖，有此賢聖，即有此祀典。使其無神，聖人何謂而制此祀典，以貽萬世？設使一聖人者作聰明以舉之于前，後來千聖相繼，獨無一人見其不可乎？即聲言以辨其爲惑世誣民，正所以見其不苟同者。何以愈經濟開發區經後王，而祀典愈備也？

「今之學者，言及鬼神則以爲異端釋老之教，小言之則以爲耻，大言之則斷以爲狂。然自入仕以來，一入公門，則必先祭門而後敢入，祀土地神而後敢坐。不先齊宿於城隍，仍爲文以告於城隍之神，則不敢遽坐政事堂而聽政。則自九卿、百執事而下，以至郡守、邑令諸大小官，罔不皆然矣，何獨無一人明其不然者毁神像而惜此牲醴之供也？不但是也，春秋二丁，先聖先賢，報本反始，似矣。若夫山川社稷之壇，風雲雷雨之壇，無祀厲鬼之壇，則自上元、清明，以至初秋霜落冬寒陰氣慘慄之候，無不有祭；祭又必遍於各里、各鄉、各村、各社，不太煩乎！此何義也？今之官者，雖不敢廢祀，然亦故典焉耳。非但既灌而後，乃不足觀，披倚臨祭，神亦吐之矣。寧獨諸壇，即以夫子言語，童而習之，以取功名富貴，而兩廡爲馬糞之巷，牌次爲厨庖之版矣，藐然不理，是尚能事人乎！中間有真實愛民者，蠲潔牲醴，（齊）〔齋〕戒必明，山川鬼神，自降之福，化災爲祥，厲不作殃，歲時豐稔，民日以寧，而是等反笑之以爲拙，癡之以爲大認真矣。然是等也，平居無事，則慢神而虐民，小小疾病，細細驚惶，即求神問鬼，禱祀並作，雖淫祠妖魔，祀典不載者，亦哀求之萬端也。其最信神信鬼者，則又莫如此等輩，不亦可笑之甚歟！故聖人之祭以受福，而世人之祭以致禍，則不能事神之故可知已。夫唯聖人能事神，故其敬之也專。夫『天命玄鳥，降而生商』，何其誕也！而聖人以爲至祥極瑞，筆之於經而不删。若在今人，必且吐噦棄之矣。帝賚良弼，説築唯肖，何其誣也！而武丁即以爲上聖大賢，爰立作相而不問。若在今人，必且交章彈劾，而以死諍之矣。此無他，不知人故也。不知人，由於不知天。故曰『質諸鬼神而無疑，知天也。』此非至誠如神者又孰能知之？故又曰『神以知來』，又曰『原始反終』。故知死生之説，故知幽明之故，故知鬼神之情狀，一實理之自然，一真誠而不可掩也。如此非誕也，非誣也，特心非至誠，見滯凡近，遂怪之不信，執之以爲誕且誣耳矣。嗟嗟！執無鬼之説者，卒爲鬼所拷而不知；作無佛之論者，因爲婦所譏而後省。古今迷人大抵然矣，而何足以費吾喙？」

君子所以無願外之念者，以其能素位也；所以能素位者，以其無入而不自得於己也。若無自得之益，則見内輕，見外重，而能不願外者，未之有矣。既願外，安能素位？故君子之心自得焉耳矣。今夫貧賤我素有也，一旦而居乎富貴之位，則視富貴又若素有然，而行乎富貴之所得行，不見其身之從貧賤來也。今夫富貴我素有也，一旦而居乎貧賤之位，則視貧賤又若素有然，而行乎貧賤之所宜行，初不見其身之從富貴來也。以至患難夷狄，莫不皆然。平居無事，初不知有患難也，卒然而立於患難之地，則患難與居，若素患難然，不以爲異也。素居中國，初不識有夷狄也，卒然而入於夷狄之鄉，則夷狄與同，若素夷狄然，初不知其爲中國人也。夫富貴貧賤、患難夷狄，皆位也，而視之若素，則易位而安，而自無願外之想；富貴貧賤，患難夷狄，皆外也，而外者不入，則無入不得，而自無出位之思。故君子欲其自得之也，苟自得，又何往而不可哉？居上居下，處己處人，皆可知矣。

曰：「昔人謂：『光陰者，百代之過客。』又謂：『人生如寄，多憂何爲？』此莊生之所以稱達也。今夫子言素位，則步步皆實際，似與莊生等所見不同。」

余謂：「前聖後賢，皆重在自得上。其自得同，則所言自無不同者。苟無自得之妙，則視之如傳舍，亦一時影響之見，自解之意耳；履之如實地，亦一時氣質之强，好勝之私耳，非孔子、莊子本旨也。今觀夫子視富貴如浮雲，寧獨傳舍？莊生魚樂於濠梁之上，貧賤若曳尾之龜，其爲素位亦已極矣。扶杖逍遥與逍遥御風，何殊百代過客乎？觀《人間世》以《應帝王》，步步皆實詣，寧獨吾夫子教人素位哉？故學者須得聖賢自得之益。苟自得，縱不同亦何妨也！」

「哀公，一小國之君也，兼是昏弱太甚之君，不足與言矣。就使有問當對，亦豈無別方便接引之語，而即告之以『九經』，語之以『誠明』。九經則自修身、尊賢、親親而推之，以至於柔遠人、懷諸侯；誠明則詳之以博學審問，知天知人，以至於人一己百，人十己千，弗得弗措焉。此皆聖人平天下之事功，夫豈哀公之所能辨也？」

余謂：「夫子非告哀公也，所以告諸弟子也，正所以教天下萬世之爲人君者也，特因哀公之問而遂發之耳。縱春秋之天下無一人能知而行，萬世之天下終無有一人能知而行之者邪？則夫子之教在也。今觀《大學》一書，所言平天下之道備矣。是皆自問自答，自唱自和，雖弟子亦不待其問，而遂自言之，况因君有問，猶謂發之有端，夫子安能以已也邪？大抵聖人之人，千萬世合爲一人之人也；故不在天下，則在萬世，非世人一人之人所可比也。既不得而比，而又烏得而知之哉？《大學》言古人欲明明德於天下，余謂吾夫子欲明明德於萬世。」

盡性之道，唯至誠能之。蓋性盡則洞徹到底，不留一塵矣，故曰盡性。性盡則人性亦盡，物性亦盡。何也？人物與我同一性也。若猶見有人，猶見有物，未爲能盡其性也。性盡則化育在我，參贊自我。何也？天地與我同一性也。若化育不自我，參贊不自我，猶未爲能盡其性也。故中和一致而天地自我乎位，萬物自我乎育。嗚呼，至矣！非虛言也。

夫至誠則無事矣。未至於誠，必有物以蔽之；蔽則不亮，而未免於自欺。故必物格知至，而後意誠。此《大學》所以言格物也。誠之未至，必有物以遏之；遏則不直，而不能以通流。故必致曲通礙，而後誠至。此《中庸》所以言致曲也。致曲則疎暢直達，誠自在矣。誠則形不可遏也，形則著自日章也，著則明遂光顯也。然形則猶滯於象，滯則尚未活動，著則猶著於影，著則尚未變通，明則尚疑有光景，景則迹未融。而誠尚在，非化也；化則乃可以言至誠。故曰：「唯天下至誠爲能化。」

人存政舉，故人道敏政；人道敏政，故爲政在人。是故必敬大臣也，必體羣臣也，必知尊賢也。知尊賢，則自然知其孰爲大臣而當敬，孰爲羣臣而當體矣。等殺有不了然乎？然何以知其爲賢也？蓋取人之本在身，又必先修身以爲取人之本焉。身又當如何修？修之以天下所共由之五達道也。道又當如何修？修之以吾身三達德之「仁」也。而仁又非他，反而求之，即此「人」是已。故曰：「仁者人也。」是故欲修身者，不可以不知人；而仁之發莫大於親親。有人則有義，而義之用莫大於尊賢，則修身即爲仁，尊賢即爲義矣，原非在外也；有人必有禮，而禮之施，則尊親有序，親賢有秩，亦非在外也。夫「仁」，即此「人」，則君子固不可以不知人；而出之爲義，生之爲禮，義實天之制，禮實天之經，則君子尤不可以不知天矣。既知人，又知天，則身修而取人之本豫矣。修身則能順親，可知也；取人則能尊賢而敬大臣、體羣臣，又可知也。由是而子庶民、來百工、柔遠人、懷諸侯，以爲政於天下，有不易易乎哉？故曰：爲政在人，取人以身，修身以道，修道以仁。而仁者人，義與禮者天；天之未始不爲人，人之未始不爲天也。故知天知人，則身修而自能取人。嗚呼，盡矣！下文天道人道，皆説知天知人以修身事，故詳言之。蓋不患其不能爲政，而患其不能取人；不患其不能取人，而患其不能修身也。

「思知人，不可以不知天」。而天道則不勉不思，而從容自中，所謂誠者也。思知天又不可以不知人。而人道則必詳擇此不勉不思從容自中之善，而固執之不敢失，所謂誠之者也。故誠者，其道自然，是謂至善，是以謂之天也；誠之者，之其所自然，是謂擇善，是以謂之人也。故道以誠爲至，而學以思誠爲功。天固未始不爲人，人亦未始不爲天。則我爲誠之，亦爲誠者。而修身之事畢矣，豈别有脩之之功哉！我自有天，而我自知之耳；我自有人，而我自知之耳。一誠焉已矣，一善焉已矣。故中間兩言所以行之者，一指此誠也，指此善也。善即誠而誠即善，一實理而無以尚。自其真實不虚曰誠，自其物莫能尚曰善，又一也。故次言明善誠身，終言擇善固執。明則待於擇，擇則無不明。然善又如何擇？下文博學五句，正所以擇善而誠之之事也。

自今觀之，夫子每教人博文矣，雖顔子亦每從事於斯矣。但學者但知徒博，而不知反約。唯顔子能知夫子之善誘，即於博文之中而擇乎中庸，遂得一善云耳。蓋謂之曰博學，則自朝至夕，凡目之所視，耳之所聽，口之所味，身之所遘，足之所履，手之所持，一切五倫交接酬應，何莫而非學也？何莫非學，則何莫非文；無往非文，則無往非博矣。故曰博文。然博矣，而約者何在？詳矣，而至一者何在？吾又於何而擇之而執之哉？不就明師良友而審問焉不可也。問而曰審，則非汎問可知矣。既問既審，而得夫疑信相參之機，則退而思之，方爲有地。然思又不可以不慎也。不慎則遠思，是謂外馳，非通微之思也；不慎則苦思，是謂勞志，非無思之旨也。必慎思之，而得其所以憧憧往來者，然後辨而明之，以就正於有道，亦庶幾達其所謂不思不勉焉者矣。是反約之功、明善之學也，而能篤而行之者誰歟？或日一至，或月一至，不啻足矣，故又曰『篤行之』。生知者一，而學知者以百能之而不讓；生知者十，而困知者以千能之而不辭。必得乃已，弗得弗措。果能如是篤行，雖愚必明，況非愚邪？雖柔必强，況非柔邪？故必篤行此審問、慎思、明辨之功，務得一善焉乃已，尤爲擇善誠之者之最要切處，故以篤行終焉。此唯顔子能之，若由、賜之徒，非不由審問、慎思、明辨以恍惚其所謂一者，而篤行之弗力，是以不能期月守，不能拳拳服膺而弗失。非不能服膺之罪也，未見其的然有可守之實，而遂自以爲足之罪也；非不能期月守之罪也，未得而自以爲得，而不肯篤實而力行之，以求其實得之罪也。實得則誠矣。誠者，實之謂也。既實得，又烏用守？若又有待於守，有待於固執焉，非實得也。即此不誠甚矣，非誠也，非天道也。若夫博文之旨，則民咸用之，百姓與能之，愚夫愚婦共由之矣。夫誰不學？夫誰能離之而不博？

無德而作禮樂，愚而好自用也；無位而作禮樂，賤而好自專也。有德矣，有位矣，而不當時，而作禮樂，生乎今之世，反古之道也。夫自用也，自專也，生今而反古也，如是而災不及其身者，未之有也。夫議禮、制度、考文，此王者之禮樂，而有德、有時、有位之天子之所作也。若非此等天子，而欲議禮、制度、考文，以興禮樂，得乎？試觀天下之今日，時王之制作尚在，庶民之信從未改。故車則同軌，無敢制度者；書則同文，無敢考文者；行則同倫，無敢制禮者。是故「雖有其位，苟無其德，不敢作禮樂焉。」可見王天下者，其所重先在德也。「雖有其德，苟無其位，不敢作禮樂焉。」可見王天下者，其所重又在位也。有德有位，而不當時，則夏殷是已。今之所用者周禮，吾不從周而誰從哉？可見王天下者，其所重尤在時也。故曰：「王天下有三重焉。」有此三重，而後儀禮、制度、考文，以作禮樂，則無自用自專、生今反古之失，災不及身，而過可寡矣。故又覆言之曰：上焉者，有德有位，而不當時，是無徵也。無徵不信，不信民弗從。三重缺其一，是以不可。下焉者，有德而無位與時，是不尊也。不尊不信，不信民弗從。三重缺其二，尤不可矣。故君子之道，本諸身，有其德也；徵諸庶民，又信且從，有其位當其時也。如此則三重在我，寧獨可以寡過乎哉？將見考三王而不謬，雖三王不能違時也；建天地而不悖，雖天地不能違時也。以質鬼神則鬼神不疑，吾不能違時之論也；以俟百世則百世聖人不惑，吾不能違時之言也。

然則時乎時乎，固聖王之所獨重矣。以夫子之聖而不當時，又安能已？吾夫子又安能已於反覆而言之詳也與哉？雖然，若夫子者，又豈時位之所能限也？使時位而可以限夫子，則夫子亦與千古帝王、百世聖人等耳，烏在其爲賢於堯舜，生民以來之所未有者乎？故夫子亦自知之，夫子亦自言之。若曰：「質諸鬼神而無疑，知天也；百世以俟聖人而不惑，知人也。」夫學，以知天知人也。則萬古同一天，萬古同一人。是謂萬世一時，天且弗敢違之矣，而何時之待乎？是謂萬世爲土，人人胥載之矣，而何位之有乎？是故唯無動也，動即世爲天下道，而豈直當世；唯無言也，言即世爲天下法，而豈直當世；唯無行也，行即世爲天下則，而豈直當世。近而千百年，服之無斁，而厭者誰？遠而萬億載，望即興師，而欲從末由，不心服者又是誰？此可以見夫子之無時不然矣，此可見時之不能違吾夫子矣。夫子雖以此稱君子，其實蓋自謂也。彼君子者，又烏能然？以今觀夫子，其果世爲天下道，世爲天下法與則否也。夫子之言，真若合符契矣。故復引《詩》以自明。

夫君子安能不從時也，必也至聖乎！至聖則聰明睿智已具，雖未嘗臨民，而足以有臨也；寬裕温柔等咸具，雖未嘗容物，而自足以有容、有執、有敬、有別也。蓋涵之爲溥博淵泉之德，而時出之爲莫不説、莫不敬、莫不信之施，時在聖人，不過以時出之而已，又何時之待也？ 況有位與否乎？ 是以聲名洋溢乎中國，施及蠻貊，舟車所至，人力所通，天之所覆，地之所載，日月所照，霜露所墜，凡血氣含生之屬，莫不尊之如天地，親之如父母，故曰配天。 以今觀吾夫子，夫孰不尊？ 夫孰不親？ 從今以後，以至萬億年載，其尊且親，但見其有加而不替矣，豈若當時之王，見在則尊，過則已。 見在則親，過則已者所可比邪？ 又豈能以一人之身，合中國蠻貊，盡舟車人力之所至所通，天地之所覆載，日月霜露之所照所墜乎？ 則夫子之澤遠矣，廣矣，夫子之言至是又若符契矣。 故稱之曰「至聖」焉。 吾以謂千古可以語至聖者，夫子也。 夫子雖以推之至聖，其實蓋自許云。

夫子之意曰，令天下萬世皆尊之以爲天，親之以爲父，無可疑也。 然欲其能真知其所以可尊可親者，則未也。 何也？ 以人至於至聖，則實未易知也。 何也？ 至聖者，至誠者也，故「唯天下之至誠，爲能經綸天下之大經，立天下之大本，知天地之化育。」經大經，一仁也。 人但見肫肫其仁焉耳，初何嘗倚於仁也？ 立大本，一淵也。 人但見淵淵其淵焉耳，初何嘗倚於淵也？ 知化育，一天也。 又但見浩浩其天焉耳，初何嘗倚於天也？ 是之謂至誠之真經綸、真立本、真知化矣。 知化則本自立，本立則綸自經。 苟不固聰明聖智達天德者，其孰能知此也？ 蓋唯至誠，乃能知天下之至聖也；唯至聖，乃能知天下之至誠也。 則必有夫子而後能知夫子也，又何疑哉！ 夫子在當時，雖由之强，夫子每對之而嘆曰：「知德者鮮。」雖賜之穎，夫子必對之而嘆曰：「莫我知也夫！」獨一回而不幸短命，則夫子已不見知於當時矣，況萬世歟！ 雖尊之以爲天，親之以爲父母，敬而事之以爲萬世之宗師，夫子弗善也，夫子弗樂也，夫子弗亨也。 嗚呼！ 此固夫子之所以爲至聖也。

有子言：「禮之用，和爲貴。」甚是也。 夫使禮而不出於和，則爲强。 世非中節之和，天下之達道矣，曷足貴歟？又烏在其爲美也？唯其和，所以民咸用之，萬世同之，自無不可行之理耳。彼或有窒礙而不可行者，非和之罪也，不知和之罪也。今若曰知和而和，不以禮節之是以亦不可行。如此，則和反不如禮，和又不足爲美而可貴矣。何也？必待禮以節之故也。和而尚須禮幫助，然後能中節而成和，則宜曰「和之用，禮爲貴」可也。而何以獨貴和？吾故曰：「此非有子之言也，有子弟子之言也。」

子貢欲去告朔之餼羊，非愛羊也，傷時君之廢禮也。夫子不欲去告朔之餼羊，非不愛羊也，冀時君之能復禮也。全賴聖賢相與發明而筆之於書，使天下知告朔之禮不當廢，又知告朔之禮所當復。此《春秋》旨也。吾因是而知聖賢愛禮之深也。今若徒泥夫子之言，以謂賜也但知愛羊而不愛禮，則聖賢之意荒矣。

「夫子語太師之知樂，全是聲容節奏之間。此亦何難知者，而夫子故語之邪？」

曰：「此正所謂樂之可知者也。故曰：『樂其可知也。』夫始作而翕如，縱之而純如、皦如、繹如，則樂成矣。此則太師之所知也。至其所不可知者，則出於聲容節奏之外，可以和神人而協上下，可以儀鳳凰而舞百獸，如季札所謂『如天之無不覆也，如地之無不載也。』吾夫子所謂『不圖爲樂之至於斯也』，聞之三月而不知肉味也。則太師當自得之，非夫子之所能語也。所謂樂之所不可知者也。」

舜之稱禹曰：「克勤于邦，克儉于家。」可知古之聖人語勤儉，莫有過者矣。今觀禹之言曰：「予乘四載，隨山刊木。」夫以帝臣之重，跋涉九州，隨山刊木，即大而乘車，小而乘馬，無不可者。乃水行則以木爲舟，陸行則以木爲履；下山則前高後低，上山則前低後高。經言其手足胼胝，不辭勞苦；史稱其肢體焦枯，卒受風寒暑濕之患，終葬會稽之山。則當時稱禹者，固以儉；而所以病禹者，亦謂其過於儉而不可以垂訓也。故夫子獨以「無間然」稱之。其意若曰：如禹之儉勤，吾實無間然矣。無間然，言其無間隙之可議也。而敢以議禹，是何心哉！故重言「無間然」以深釋之。夫菲飲食，是其儉也；而致孝鬼神，則祭祀極其豐潔，不儉也。惡衣服，是其儉也；而致美黻冕，則祭服極其潔精，不儉也。卑宮室是其儉也；而盡力溝洫，則一財一力，皆爲民費，無一毫而不用之於民者，不儉也。夫舍己之飲食、衣服、宮室，凡所以奉身者無不薄，而唯知神之與民也。如此，是尚可以儉病之哉！故再言「吾無間然」以深美之。禹之學，後傳而爲墨翟，則(于)〔与〕夫子同時。于時天下並重之，故其稱曰孔、墨。孔子稱禹，而於墨翟之儉，不敢闢以爲非，蓋信其傳之有自也。今《墨子》之書具在，有能取其書讀之，而得其所以非樂之意，則經綸之術備焉。斷斷乎可以平天下而均四海也。雖作用手段，各各不同然，但可以致太平，亦何必拘一律哉？孟氏以無父闢之，過矣，是闢禹也。禹過門不入者三，是無父之甚者，何不闢乎？

「人與禽獸全然不同，孟子何以但言『幾希』？」

曰：「禽獸雖殊類，然亦有良知，亦有良能，亦知貪生，亦知畏死，亦知怕怖刑法，何嘗有一點與人不同，只是全不知廉耻爲可恨耳。若人則必有羞惡之心，是其稍稍不同於禽獸者，賴有此耳。非『幾希』而何？所賴者正以有此『幾希』之異，故可以自別於禽獸；而所患者又以所異不過只於『幾希』，亦容易遂入於禽獸也。是以庶民不知『幾希』之可懼，而遂去之，以入於禽獸之中；而唯君子知此『幾希』之有賴，每兢惕以存之，而遂自異於禽獸之倫焉。故言『幾希』，正以見其大可畏，而又有大可喜者在焉耳。若舜也，禹也，湯也，文、武也，周公、孔子也，皆所以存此『幾希』者，所謂君子也。豈其初真有異於禽獸哉？亦曰存之而已。存之者初無難事，異之者不過幾希。而其究也，一爲聖賢，一爲禽獸，天淵懸矣。嗚呼！可不存歟！若我則私淑夫子之道者也，其亦幸免於禽獸之歸哉！此孟子志也。」

李温陵集卷之十九

李温陵集卷之二十

海虞後學顧大韶仲恭校

四言長篇

讀書樂

曹公云：「老而能學，惟吾與袁伯業。」夫以四分五裂，横戈支戟，猶能手不釋卷，况清遠閒曠一老子邪！雖然，此亦難强。余蓋有天幸焉：天幸生我目，雖古希猶能視細書；天幸生我手，雖古希猶能細書字。然此未爲幸也。天幸生我性，平生不喜見俗人，故自壯至老，無有親賓往來之擾，得以一意讀書。天幸生我情，平生不愛近家人，故終老龍湖，幸免俯仰逼迫之苦，而又得以一意讀書。然此亦未爲幸也。天幸生我心眼，開卷便見人，便見其人終始之概。夫讀書論世，古多有之，或見皮面，或見體膚，或見血脈，或見筋骨，然至骨極矣。縱自謂能洞五臟，其實尚未刺骨也。此余之自謂得天幸者一也。天幸生我大膽，凡昔人之所忻艷以爲賢者，予多以爲假，多以爲迂腐不才而不切于用；其所鄙者、棄者、唾且駡者，余皆的以爲可託國託家而託身也。其是非大戾昔人如此，非大膽而何？此又余之自謂得天之幸者二也。有此二幸，是以老而樂學，故作《讀書樂》以自樂焉。

天生龍湖，以待卓吾。天生卓吾，乃在龍湖。龍湖卓吾，其樂何如？四時讀書，不知其餘。讀書伊何？會我者多。一與心會，自笑自歌。歌吟不已，繼以呼呵。慟哭呼呵，涕泗滂沱。歌匪無因，書中有人。我觀其人，實獲我心。哭匪無因，空潭無人。未見其人，實勞我心。棄置莫讀，束之高屋。怡性養神，輟歌送哭。何必讀書，然後爲樂？乍聞此言，若悯不穀。束書不觀，吾何以歡？怡性養神，正在此間。世界何窄，方册何寬！千聖萬賢，與公何冤！有身無家，有首無髮。死者是身，朽者是骨。此獨不朽，願與偕殁。倚嘯叢中，聲震林鶻。歌哭相從，其樂無窮。寸陰可惜，曷敢從容！

五七言長篇

富莫富於常知足

富莫富於常知足，貴莫貴於能脱俗。貧莫貧於無見識，賤莫賤於無骨力。身無一賢曰窮，朋來四方曰達。百歲榮華曰夭，萬世永賴曰壽。

解者曰：常知足則常足，故富；能脱俗則不俗，故貴。無見識則是非莫曉，賢否不分，黑漆漆之人耳，欲往何適，大類貧兒，非貧而何？無骨力則待人而行，倚勢乃立，東西恃賴耳，依門傍户，真同僕妾，非賤而何？身無一賢，緩急何以，窮之極也。朋來四方，聲應氣求，達之至也。吾夫子之謂矣。舊以不知耻爲賤亦好，以得志一時爲夭尤好。然以流芳百世爲壽，只可稱前後烈烈諸名士耳，必如吾夫子，始可稱萬世永賴，無疆上壽也。

九日同袁中夫看菊寄謝主人

去年花比今年蚤，今年人比去年老。盡道人老不如舊，誰信舊人老亦好。秋菊總開舊歲花，人今但把新人詩。不見舊日龍山帽，至今猶共説孟嘉？去年我猶在陰山，今年爾復在江南。傍人錯指前身是，一是文殊一瞿曇。花開于我復何有，人世那堪逢重九？舉頭望見鍾山高，出門便欲跨牛首。袁生袁生攜我手，欲往何之仍掣肘。雖有謝公墩，朝朝長在門。雖有堦前塔，高高未出雲。褰裳緩步且相隨，一任秋光更設施。天生我輩必有奇，感君雅意來相期。入門秋色上高堂，烹茶爲具呼兒郎。歡來不用登高去，撲鼻迎風尊酒香。子美空吟白髮詩，淵明采采亦徒疲。何如今日逢故知，菊花共看未開時！

至日自訟謝主翁

明朝七十一，今朝是七十。長而無述焉，既老復何益！
雖有讀書樂，患失又患得。患失是伊何？去日已蹉跎。
患得是伊何？來日苦無多。聰明雖不逮，精神未有害。
筆秃鋒鋩少，指柔龍蛇在。宛然一書生，可笑亦可愛！
且將未死身，暫作不死人。所幸我劉友，供饋不停手。
從者五七人，素飽爲日久。如此賢主人，何愁天數九！

朔風謡

南來北去何時了？爲利爲名無了時。爲利爲名滿世間，南來北去正相宜。
朔風三月衣裳單，塞上行人忍涷難。好笑山中觀静者，無端絶塞受風寒。
謂余爲利不知余，謂渠爲名豈識渠。非名非利一事無，奔走道路胡爲乎？
試問長者真良圖，我願與世名利徒，同歌帝力樂康衢。

題繡佛精舍

聞説澹然此日生，澹然此日卻爲僧。僧寶世間猶時有，佛寶今看繡佛燈。
可笑成男月上女，大驚小怪稱奇事。陡然不見舍利佛，男身復隱知誰是？
我勸世人莫浪猜，繡佛精舍是天台。天欲散花愁汝著，龍女成佛今又來。

十八羅漢漂海偈

十八羅漢漂海，第一胖漢利害。失脚踏倒須彌，抛散酒肉布袋。猶然嗔怪同行，要吃諸人四大。
咄！天無底，地無蓋，好箇極樂世界。

十八羅漢游戲偈

不去看經念偈，卻來神通遊戲。自誇能殺怨賊，好意翻成惡意。

咦！南無阿彌陀佛，春夏秋冬四季。

哭耿子庸

楚國有一士，胸中無一字。令人讀《漢書》，便道賴有此。
蓋世聰明者，非君竟誰歟？所以羅盱江，平生獨推許。
行年五十一，今朝真死矣！君生良不虚，君死何曾死！

其二

我是君之友，君是我之師。我年長於君，視君是先知。
君言「吾少也」，如夢亦如癡。去去學神仙，中道復棄之。
歸來山中坐，静極心自怡。大事苟未明，兀坐空爾爲。
行行還出門，逝者在於斯。反照未生前，我心不動移。
仰天一長嘯，兹事何太奇！從此一聲雷，平地任所施。
開口向人難，誰是心相知？

其三

太真終日語，東方容易談。本是閩越人，來此共閑閑。
君子有德音，聽之使人慙。白門追隨後，萬里走滇南。

移家恨已滿，敢曰青於藍？志士苦粧飾，世儒樂苟安。
謂君未免俗，令人坐長嘆。

其四

君心未易知，吾言何惻惻！大言北海若，小言西河伯。
緩言微風入，疾言養叔射。麤言褌俚語，無不可思繹。
和光混俗者，見之但争席。浩氣滿乾坤，收斂無遺跡。
時來一鼓琴，與君共晨夕。已矣莫我知，雖生亦何益！

五言四句

宿吴門

秋深風落木，清水半池荷。驅馬向何去，吴門客子多。

其二

屋有圖書潤，庭無秋菊鮮。應知彭澤令，一夜不曾眠。

同深有上人看梅

東閣觀梅去，清尊怨未開。徘徊天際暮，獨與老僧來。

又觀梅

雷雨驚春候，寒梅次第開。金陵有逸客，特地看花來。

鄭樓

谷口鄭子真，棲遲市門裏。小樓延上客，酒酣猶未已。

薙髮

空潭一老醜，薙髮便爲僧。願度恒沙衆，長明日月燈。

其二

有家真是累，混俗亦招尤。去去山中卧，晨興粥一甌。

其三

爲儒已半世，食禄又多年。欲證無生忍，盡拋妻子緣。

其四

大定非關隱，魂清自可人。而今應度者，不是宰官身。

哭貴兒

水深能殺人，胡爲浴於此？欲眠眠不得，念子于兹死！

其二

不飲又不醉，子今有何罪？疾呼遂不應，痛恨此潭水！

其三

骨肉歸故里，童僕皆我棄。汝我如形影，今朝惟我矣！

哭黄宜人

結發爲夫婦，恩情兩不牽。今朝聞汝死，不覺情凄然！

其二

不爲恩情牽，含悽爲汝賢。反目未曾有，齊眉四十年。

其三

中表皆稱孝，舅姑慰汝勞。賓朋日夜往，軀手事香醪。

其四

慈心能割有，約己善持家。緣余貪佛去，別汝在天涯。

其五

近水觀魚戲，春山獨鳥啼。貧交猶不（有）〔棄〕，何況糟糠妻！

其六

冀缺與梁鴻，何人可比蹤？丈夫志四海，恨汝不能從！

夜半聞鴈有引

改歲以來，老病日侵，計不久矣。夫余七十人也，追思五十以前，抱此巖疎，遨游四海，兼圖升斗以贍俯仰，憑尺寸以奉高尊。人人皆視爲畏途，余獨坦行闊步二十五載，不少一日，遍交當世名流，無空過者，直至今日，猶然念余不舍也。是世之所難者，余之所易也。及其解組入楚，身退矣，名且隱矣，可謂易而又易矣，乃行畏途覺平妥，逃空虛轉顛躓，何邪？豈非理之不可曉者邪？夫余執此道以終始，未嘗一毫改步也。

今難者反易，易者反難，雖余亦自不知其故矣。内實自傷，故因聞鴈而遂賦之。

孤鴻向北征，夜半猶哀鳴。哀鳴何所爲？欲我如鴻冥。

其二

自有凌霄翮，高飛安不得。如何萬里行，反作淹留客？

其三

獨雁雖無依，羣飛尚有伴。可憐何處翁，兀坐生憂患！

其四

日月湖中久，時聞冀北音。鴻飛如我待，鼓翼向山陰。後數歲，余竟赴冀北，過山陰，其詞卒驗。

莊純夫還閩有憶

乘龍人歸去，誰復到吾門？薄暮多風雨，知子宿前村。

其二

海物多奇錯，礪房味正清。夫妻共食噉，不得到麻城。

其三

三子皆聰明，必然早著聲。若能舉孝廉，取道過西陵。

其四

七十古來稀，知余能幾時？君宜善自計，莫念出家兒！

歲暮過胡南老

胡牀挂空壁，窮巷有深居。滿目繁華在，先生獨晏如。

其二

河内著碑銘，瞿塘流頌聲。百年林下叟，隱隱作儀刑。

其三

四鄰簫管沸，大都爲歲除。君看五馬貴，囊有一錢無。

其四

有席雖長穿，有朋亦喜歡。園蔬堪摘矣，不用一錢看。

哀，蘿月復飛來。如何當此夜，萬里獨登臺？

鄭子玄

鄭子玄不顧雨雪之難，走潞河，欲尋舊交，予愳其或有「嗟來」也，故作詩三章，以慰其行。

雨雪東南行，貧交家上京。當時孔北海，極重鄭康成。

右一章

四顧堪愁絶，連天一月雪。恐抵張家灣，難對貧交説。

右二章

貧賤少親交，許由故棄瓢。許由千古少，蒙袂且相招。

右三章

寓武昌郡寄真定劉晉川先生

密密梧桐樹，亭亭相與許。中夜聞人聲，疑是見君子。

其二

芒種在今朝，君行豈不遥！農夫歡倒極，雨立迓星軺。

其三

細問公來者，暮宿漢陽城。三日望京山，五日過西陵。

其四

青翠滿池臺，徒增静者哀。一步一回遠，君今去不來。

其五

方我來歸日，是君傾蓋時。通玄信長者，北海好男兒！

其六

季心何意氣，夜半猶開門。幸免窮途哭，能忘一飯恩！

其七

黄昏入夏口，無計問劉琦。假若不逢君，流落安所之！

其八

[illegible]留棠陰，江城遺白叟。君思用趙人，猶憶江南否？

塞上吟時有倭警

乘槎欲問天，只怕衝牛斗。乘桴欲浮海，又道蛟龍吼。

賦松梅

二八誰家女，曲彈塞上聲。且莫彈此曲，無家人難聽。

其二

皎皎中秋月，無聲誰論價。有色兼有聲，松梅明月下。

贈何心隱高第弟子胡時中

三日三渡江，胡生何忙忙？師弟恩情重，不忍見武昌。

偈二首答梅中丞

本無家可歸，原無路可走。若有路可走，還是大門口。

其二

莫誇家裏富，家富令人醜。若實到家人，一毫亦無有。

懷林答偈附

亦知都府内，事事無不有。只是從外來，令人難長守。

六言四句

雲中僧舍芍藥

芍藥庭開兩朶，經僧閣裏千聲。木魚暫且停手，風送花香有情。

其二

笑時傾城傾國，愁時倚樹凭闌。爾但一開兩朶，我來萬水千山。

士龍攜二孫同弱侯過余解粽

解粽正思端午，懷沙莫問（汨）〔汩〕羅！且喜六龍下食，因知二妙堪多。

其二

元方既難爲弟，季方又難爲兄。如此食稟自可，何必白日飛昇！

其三

我本老而好學，故隨真人東行。兩家並生才子，自然常聚德星。

其四

泗州説有大聖，金陵亦有元城。何似維明與公，並稱「二李先生」。

七言四句

南池二首

濟漯相將日暮時，此間乃有杜陵池。三春花鳥猶堪賞，千古文章只自知。

其二

水入南池讀古碑，任城爲客此何時？從前秪爲作詩苦，留得驚人杜甫詩。

太白樓

世事真同水上浮，金龜好换酒家愁。山東李白今何在？城下惟瞻太白樓。

其二

天寶年間事已非，先生不醉將安歸？當時豪氣三千丈，傾國名花贈玉妃。

恨菊

不是先生偏愛菊，清霜獨有菊花開。滿庭秋色無人見，敢望白衣送酒來。

哭陸仲鶴

二十年前此地分，孤帆萬里出重雲。滇南昔日君憐我，白下今朝我哭君。

其二

歲歲年年但寄書，草萍消息竟何如？巨卿未解山陽夢，垂老那堪策素車！

九日坪上

如鳥飛飛到處棲，今年九日在山西。太行正是登高處，無菊亦應有酒攜。

其二

坪上無花有酒錢，謾將沽酒醉逃禪。若言不識酒中趣，可試登高一問天！

其三

身在他鄉不望鄉，閑雲處處總淒涼！故人若問涼邊事，日射坪田索酒嘗。

除夕道場即事

衆僧齊唱阿彌陀，人在天涯歲又過。但道明朝七十一，誰知七十已蹉跎！

其二

坪上相逢意氣多，至人爲我飯樓那。燒燈識炭紅如日，旅夕何愁不易過。

其三

白髮催人無奈何，可憐除夕不除魔！春風十日冰開後，依舊長流沁水波。

閉關

閉關正爾爲參禪，一任主人到客邊。無奈塵心猶不了，依然出户拜新年。

元宵

元宵真是可憐宵，獨對孤燈坐寂寥。不是齋居能養性，嗔心幾被雪風摇。

哭懷林

南來消息不堪聞，腸斷龍堆日暮雲！當日雖然扶病去，來書已是細成文。

其二

年少才情亦可誇，暫時不見即天涯。何當棄我先歸去，化作楚雲散作霞。

其三

夢中相見語依依，忘卻從前抱病歸。四大已隨風火散，去書猶囑寄秋衣。

其四

年在桑榆身大同，吾今哭子非龍鍾。交情生死天來大，絲竹安能寫此中！

晉陽懷古

水決汾河趙已分，孟談潛出間三軍。如何智伯破亡後，高赦無功獨首論？

過鴈門

盡道當關用一夫，昔人曾此扞匈奴。如今冒頓來稽顙，李牧如前不足都。

其二

千金一劍未曾磨，陡上關來感慨多。關下人稱真意氣，關頭人説白頭何！

渡桑間

逢人勿問我何方，信宿并州即我鄉。明日桑間横渡去，兩程又見梅衡湘。

初至雲中

錫杖朝朝信老僧，蒼茫山色樹層層。出門秖覺音聲别，不審身真到白登。

贈兩禪客

孟嘗門下客三千，狗盜鷄鳴絶可憐。自脱秦關歸去後，始知二子會參禪。

得上院信

世事由來不可論，波羅忍辱是玄門。今朝接得龍湖信，立唤沙彌取水焚。

重來山房贈馬伯時

一别山房便十年，親栽竹篠已參天。舊時年少惟君在，何處看山不可憐！

古道通三晉

黄河遠綴白雲間，我欲上天天不難。三晉誰云通古道，人今惟見太行山。

中州第一程

程程物色使人羞，同上中原第一樓。太行雖有摧車路，千載人人到上頭。

詠史

荆卿原不識燕丹，秖爲田光一死難。慷慨悲歌惟擊筑，蕭蕭易水至今寒。

其二

夷門畫策却秦兵，公子奪符出魏城。上客功成心遂死，千秋萬歲有侯嬴。

其三

晉鄙合符果自疑，揮鎚運臂有屠兒。情知不是信陵客，刎頸迎風一送之。

却寄

一迴飛錫下江南，咫尺無由接笑談。却羡婆須蜜氏女，發心猶願見瞿曇。

其二

持鉢來歸不坐禪，遥聞高論卻潸然！如今男子知多少，盡道官高即是仙。

其三

盈盈細抹隨風雪，點點紅粧帶雨梅。莫道門前車馬富，子規今已唤春回。

其四

聲聲唤出自家身，主死如山不動塵。欲見觀音今汝是，蓮花原屬似花人。

喜楊鳳里到攝山

十年相守似兄弟，一别三年如隔世。今日還從江上來，孤雲埜鶴在山寺。

其二

憶别龍湖才幾時，天涯霜雪净鬚眉。君今復自龍湖至，鬢裏有絲君自知。

山中得弱侯下第書

秣陵人去帝京游，可是隋珠復暗投。昨夜山前雷雨作，傳君一字到黄州。

同周子觀洞龍梅

一枝斜倚古垣東，白首逢君出洞龍。莫怪花神争笑語，周郎昨夜此山中。

湖上紅白梅盛開戲題

始知春意屬閑身，紅白相將入望頻。才到開時君又去，看花不是種花人。

贈周山人

謾道男兒四海身，百錢賣卜不愁貧。即今欲上黄梅路，誰把十金抛與人？

牡丹時

牡丹才記欲開時，芍藥于今久離披。可是山中無人到，花開花謝總不知。

其二

憶昔長安看花時，牡丹獨有醉西施。省中一樹花無數，共計二百單八枝。

五言八句

初到石湖

皎皎空中石，結茅俯青溪。魚遊新月下，人在小橋西。入室呼尊酒，逢春信馬蹄。因依如可就，笻竹正堪攜。

春宵燕集得空字

高館張燈夜，清尊興不空。故交來昨日，千里動春風。竹影寒塘下，歌聲細雨中。可憐新歲月，偏向舊衰翁。

中秋劉近城攜酒湖上

舉網澄潭下，凭闌看得魚。誰將從事酒，一問子雲廬？水白沙鷗凈，天空木葉疎。中秋今夜月，爾我獨躊躇。

秋前約近城鳳里到周子竹園

竹徑來三友，清幽半在君。拋書爲對客，把酒好論文。

青苔過雨後，獨鶴向人群。攜手欲同去，相看日未曛。

其二

暑在人還倦，竹深風自涼。茶來頻我酌，酒到與君嘗。
徙倚窺馴鹿，聞呼過短牆。沈吟秋日近，容易得相將。

環陽樓晚眺得碁字

不是環陽客，何來席上碁！推窗雲亦去，俯檻月猶遲。
水底魚龍醒，花間鳥鵲饑。眼看春又半，雖老亦忘疲。

重過曾家

冰肌仍帶雪，霜鬢更逢梅。花是去年白，人知何日回？
一杯臨老客，三度隔牆開。無計就君住，明朝還復來。

送鄭子玄兼寄弱侯

我乃無歸處，君胡爲遠游？窮途須痛哭，得意勿淹留！
旅鬢迎霜日，詩囊帶雨秋。薊門雖落莫，應念有焦侯。

丘長孺生日

似君初度日，不敢少年看。百歲人間易，逢君世上難。
三杯生瑞氣，一雨送春寒。對客猶辭醉，尊前有老聃。

謁關聖祠

交契得如君，香烟可斷雲。既歸第一義，寧復昔三分？
金石有時敝，關張孰不聞！我心無所似，只是敬將軍。

觀鑄關聖提刀躍馬像

英雄再出世，烈烈有暉光。火焰明初日，金精照十方。
居然圍白馬，猶欲斬顔良。豈料人千載，又得見關王。

秋懷

白盡餘生髮，單存不老心。栖栖非學楚，切切爲交深。
遠夢悲風送，秋懷落木吟。古來聽聽者，或别有知音。

閒步

灌園看老圃，秋色似江南。畦沁蔬堪摘，霜黄柿未甘。
爾非陳仲子，我豈老瞿曇！聊共班荆坐，憑君説兩三。

立春喜常融二人至

客久歲云暮，吾衰道自尊。時辰催短速，晷刻變寒温。
人賤時争席，神傷早閉門。新春看爾到，應念我猶存。

其二

正爾逢春日，到來兩足尊。偷生長作客，僧臘始開門。
淡淡梅初放，如如雪可吞。千三四百里，又是一乾坤。

乾樓晚眺

呼朋萬里外，拍手層霄間。塞晚浮煙重，天空歲月閒。
斷雲迷古戍，落日照西山。幸有聲歌在，更殘且未還。

其二

凭高一灑衣，望遠此何時。正是中元節，兼聽遊女悲。
杯乾旋可酌，曲罷更題詩。願將北流水，彈與鍾子期。

其三

中丞綏定後，攜我共登臨。所喜聞謠俗，非干懷壯心。
山雲低薄暮，樓日壓重陰。欲歸猶未可，此地有知音。

贈利西泰

逍遥下北溟，迤邐向南征。刹利標名姓，仙山紀水程。
回頭十萬里，舉目九重城。觀國之光未？中天日正明。

六月訪袁中夫攝山

懷人千佛嶺，避暑碧霞顛。試問山中樂，何如品外泉？
陰陰籐挂樹，隱隱日爲年。坐覺涼風至，披襟共灑然。

薜蘿園宴集贈鷗江詞伯

爲有玉田飯，任從金粟過。名園花樹早，小徑（求）〔牛〕羊多。

賁茗通玄理，焚香去染痾。宗侯非曠蕩，若意在煙蘿。

望東平有感

我來齊境上，弔古問東平。雨細河魚出，雲收山鳥鳴。

夭桃夾岸去，弱柳送春行。最樂誰堪比？惟君悟此生。

過聊城

誰道百夫長，勝作一書生。渤海新開府，中原盡點兵。

倭夷兩步卒，廊廟幾公卿。不見魯連子，射書救聊城。

過武成

絃歌古渡口，經過欲停舟。世變人何往，神傷意不留。

文章誇海岱，禮樂在《春秋》。堪笑延陵札，同時失子游。

其二

先師無戲論，一笑定千秋。白雪難同調，青雲誰見收。
春風吹細草，明月照行舟。魯國多男子，幾人居上頭？

七言八句

自武昌渡江宿大别

疎鍾夜半落雲房，今夕何由見武昌。流水有情憐我老，秋風無恙斷人腸。
千年芳草題鸚鵡，萬里長江入漢陽。大别原非分别者，登臨不用更悲傷。

曉行逢征東將士却寄梅中丞

烽火城西百將屯，寒烟曉爨萬家村。雄邊子弟誇雕轕，絶塞將軍蚤閉門。
傍海何年知浪静，登壇空自拜君恩。雲中今有真頗牧，安得移來覲至尊！

晚過居庸

重門天險設居庸，百二山河勢轉雄。關吏不聞占紫氣，行人或共説非熊。

灣環出水馬蹄瀠，回復穿雲月露融。燕市即今休感慨，漢家封事已從容。

九日至極樂寺聞袁中郎且至因喜而賦

世道由來未可孤，百年端的是吾徒。時逢重九花應醉，人至論心病亦蘇。
老檜深枝喧暮鵲，西風落日下庭梧。黄金臺上思千里，爲報中郎速進途。

元日極樂寺大雨雪

萬國衣冠共一新，婆娑獨占上方春。誰知向闕山呼日，正是飛花極樂辰。
寂寂僧歸雲際寺，溶溶月照隴頭人。年來鬢髮隨刀落，欲脱塵勞却惹塵。

雨中塔寺和袁小脩韻

無端滯落此江瀕，雨濕征衫逢故人。但道三元猶浪跡，誰知深院有孤身。
才傾八斗難留客，酒賦千鍾不厭貧。自是仙郎佳況在，何妨老子倍精神。

讀羊叔子勸伐吴表

三馬同槽買鄴都，轉身賣與小羌胡。山濤不是私憂者，羊祜寧知非算無。
天塹長江權入晉，地分左袵終輸吴。當時王謝成何事？只好清談對酒壚。

讀劉禹錫金陵懷古

王濬樓船下益州，金陵懷古獨稱劉。千尋鐵鎖沈江底，百萬龍驤上石頭。賦就群公皆閣筆，功成二子莫爲讐。鍾山王氣千年在，不見長江日夜浮。

瑠璃寺

瑠璃道上日初西，馬遶秋風萬木低。僧舍不關從客(主)〔去〕，田家有酒爲誰攜？籬邊小雨催黄菊，山岫明星報曉雞。自有深公爲伴侣，何妨一笑過前溪！

赴京留别雲松上人

支公遯跡此山居，深院巢雲愧不如。自借松風一高枕，始知僧舍是吾廬。風吹竹柏袈裟破，月滿池塘鍾磬虚。獨有宿緣酬未畢，臨岐策馬復躊躇。

望魯臺禮謁二程祠二程俱産於此

日暮西風江上臺，森森古木使人哀。楚雲一夜真堪賦，魯國何年入望來？千載推賢惟伯仲，百年想像見嬰孩。倏然欲下門庭雪，知是先生愛不才。

李温陵集卷之二十終